創価中学校

〈収録内容〉

便利な DL コンテンツは右の QR コードから

⇒ 

※データのダウンロードは 2025 年 3 月末日まで。
※データへのアクセスには、右記のパスワードの入力が必要となります。 ⇒ 537308

〈合格最低点〉

※学校からの合格最低点の発表はありません。

本書の特長

実戦力がつく入試過去問題集

- ▶ 問題 …………… 実際の入試問題を見やすく再編集。
- ▶ 解答用紙 …… 実戦対応仕様で収録。
- ▶ 解答解説 …… 詳しくわかりやすい解説には、難易度の目安がわかる「基本・重要・やや難」の分類マーク（下記参照）。各科末尾には合格へと導く「ワンポイントアドバイス」を配置。採点に便利な配点つき。

入試に役立つ分類マーク 

基本 確実な得点源！
受験生の 90%以上が正解できるような基礎的、かつ平易な問題。
何度もくり返して学習し、ケアレスミスも防げるようにしておこう。

重要 受験生なら何としても正解したい！
入試では典型的な問題で、長年にわたり、多くの学校でよく出題される問題。
各単元の内容理解を深めるのにも役立てよう。

やや難 これが解ければ合格に近づく！
受験生にとっては、かなり手ごたえのある問題。
合格者の正解率が低い場合もあるので、あきらめずにじっくりと取り組んでみよう。

合格への対策、実力錬成のための内容が充実

- ▶ 各科目の出題傾向の分析、合否を分けた問題の確認で、入試対策を強化！
- ▶ その他、学校紹介、過去問の効果的な使い方など、学習意欲を高める要素が満載！

解答用紙ダウンロード 解答用紙はプリントアウトしてご利用いただけます。弊社ＨＰの商品詳細ページよりダウンロードしてください。トビラのＱＲコードからアクセス可。

famima PRINT 原本とほぼ同じサイズの解答用紙は、全国のファミリーマートに設置しているマルチコピー機のファミマプリントで購入いただけます。※一部の店舗で取り扱いがない場合がございます。詳細はファミマプリント（http://fp.famima.com/）をご確認ください。

UD FONT 見やすく読みまちがえにくいユニバーサルデザインフォントを採用しています。

創価中学校

小学校から大学までの一貫教育体制。英語教育に力を注ぎ、世界市民を育成

URL	https://tokyo-junior.soka.ed.jp/

生徒数　627名
〒187-0032
東京都小平市小川町1-860
☎042-341-2611
西武国分寺線鷹の台駅　徒歩10分

世界の文化に貢献する人材を育成

1968（昭和43）年に、創立者池田大作先生により、中高一貫の男子校として創立された。その後、幼稚園、小学校などを設立。1982年には中・高ともに男女共学に移行し、小学校から大学まで男女共学の一貫教育体制が整えられた。

「健康な英才主義」と「人間性豊かな実力主義」の教育方針のもと、「世界市民探究」の授業を実施し21世紀の平和と文化を担う「世界市民」の育成を目指している。また、モットーとして「英知・栄光・情熱」「良識・健康・希望」を掲げている。

緑に囲まれた豊かな学園環境

創価学園は、玉川上水のほとりの武蔵野の面影を残す恵まれた環境の中にある。小・中・高が互いに隣接しており、学校行事やクラブ活動などを通じて多くの交流の機会がある。

校内のWi-Fi環境も整備され、ICT教育もすぐれている。体育館やグラウンド、プールなどのスポーツ施設も整備され、授業やクラブ活動などで有効に活用されている。総合教育練や蛍雪図書館を中心に充実した学びの施設が完備されている。そのほか地方出身者のために、寮（中高男子・高校女子）や下宿（高校女子）も用意されている。

アクティブラーニング全面的に実施中

「誰も置き去りにしない」ことを合い言葉に、対話による学び合いの授業を行っている。「言語・探究」の授業を実施し、３年間の集大成として、卒業研究を通した「卒業研究論文」を全員が作成する。

輝かしい実績を残すクラブ活動

人間教育の面からクラブ活動を積極的に勧めている。運動系では、過去８回甲子園出場を果たした硬式野球部をはじめ、サッカー部など、文化系では、吹奏楽部やコーラス部などが活発に活動し、ディベート部、箏曲部などが全国１位などの優秀な成績を収めている。

学校行事も多彩で、「英知の日・栄光の日・情熱の日」の三大行事をはじめ、各種フィールドワーク、創価大学との連携講座や行事などが学園生活に彩りを添えている。

創価大学推薦制度が充実

中学からは希望者は条件を満たせば全員が創価高校に進学できる。併設の創価大学・同女子短大へは、在学中の評定平均と推薦試験により決定される推薦入学制度がある。２年次より文系クラスと理系クラスに分かれる。東京大、東京工業大、筑波大、東京医科歯科大、千葉大、東京都立大などの国公立大のほか、早稲田大、慶應義塾大、東京理科大、明治大などに合格している。アメリカ創価大学をはじめ海外大学に進学する生徒も多い。

総合教育棟

英語教育と探究学習を通じて世界市民を育成

高校は文部科学省が設置した「スーパーグローバルハイスクール（SGH）ネットワーク」の一員として、教科教育はもとよりICTを活用した先進的な教育に取り組んでいる。中学校での「言語・探究」の学びをうけ、高校では「世界市民探究（GCIS）」を通して主体的な学びを図っている。外国人講師やオンラインによる英会話授業を積極的に行っている。卒業段階では、CEFRのB1レベル（英検２級以上相当）に約60％以上、B2レベル（英検準１級以上相当）に約10％の生徒が到達している。また、３年次にはドイツ語・中国語・スペイン語・フランス語・ロシア語・ハングルを選択することができ、放課後には希望者が各言語の研究会に参加し異文化理解を深めている。SUA（アメリカ創価大学）など海外大学への進学者も多く輩出している。国内外の有識者によるセミナー（オンラインも活用）を開催しグローバル人材の資質・能力を養っている。

2024年度入試要項

試験日　2/1（2月1日入試）　2/3（プレゼン型）

試験科目　国・算・社・理または国・算・英＋面接（2月1日）　作文+プレゼン（プレゼン型）

2024年度	募集定員	受験者数	合格者数	競争率
2月1日	約100	187	100	1.9
プレゼン型	約10	63	18	3.5

過去問の効果的な使い方

① **はじめに**　ここでは，受験生のみなさんが，ご家庭で過去問を利用される場合の，一般的な活用法を説明していきます。もし，塾に通われていたり，家庭教師の指導のもとで学習されていたりする場合は，その先生方の指示にしたがって，過去問を活用してください。その理由は，通常，塾のカリキュラムや家庭教師の指導計画の中に過去問学習が含まれており，どの時期から，どのように過去問を活用するのか，という具体的な方法がそれぞれの場合で異なるからです。

② **目的**　言うまでもなく，志望校の入学試験に合格することが，過去問学習の第一の目的です。そのためには，それぞれの志望校の入試問題について，どのようなレベルのどのような分野の問題が何問，出題されているのかを確認し，近年の出題傾向を探り，合格点を得るための試行錯誤をして，各校の入学試験について自分なりの感触を得ることが必要になります。過去問学習は，このための重要な過程であり，合格に向けて，新たに実力を養成していく機会なのです。

③ **開始時期**　過去問との取り組みは，通常，全分野の学習が一通り終了した時期，すなわち6年生の7月から8月にかけて始まります。しかし，各分野の基本が身についていない場合や，反対に短期間で過去問学習をこなせるだけの実力がある場合は，9月以降が過去問学習の開始時期になります。

④ **活用法**　各年度の入試問題を全問マスターしよう，と思う必要はありません。完璧を目標にすると挫折しやすいものです。できるかぎり多くの問題を解けるにこしたことはありませんが，それよりも重要なのは，現実に各志望校に合格するために，どの問題が解けなければいけないか，どの問題は解けなくてもよいか，という眼力を養うことです。

算数

どの問題を解き，どの問題は解けなくてもよいのかを見極めるには相当の実力が必要になりますし，この段階にいきなり到達するのは容易ではないので，この前段階の一般的な過去問学習法，活用法を2つの場合に分けて説明します。

☆偏差値がほぼ55以上ある場合

掲載順の通り，新しい年度から順に年度ごとに3年度分以上，解いていきます。

ポイント1…問題集に直接書き込んで解くのではなく，各問題の計算法や解き方を，明快にわかるように意識してノートに書き記す。

ポイント2…答えの正誤を点検し，解けなかった問題に印をつける。特に，解説の 基本 重要 がついている問題で解けなかった問題をよく復習する。

ポイント3…1回目にできなかった問題を解き直す。同様に，2回目，3回目，…と解けなければいけない問題を解き直す。

ポイント4…難問を解く必要はなく，基本をおろそかにしないこと。

☆偏差値が50前後かそれ以下の場合

ポイント1～4以外に，志望校の出題内容で「計算問題・一行問題」の比重が大きい場合，これらの問題をまず優先してマスターするとか，例えば，大問②までをマスターしてしまうとよいでしょう。

理科

理科は1から順番に解くことにほとんど意味はありません。理科は，性格の違う4つの分野が合わさった科目です。また，同じ分野でも単なる知識問題なのか，あるいは実験や観察の考察問題なのかによってもかかる時間がずいぶんちがいます。記述，計算，描図など，出題形式もさまざまです。ですから，解く順番の上手，下手で，10点以上の差がつくこともあります。

過去問を解き始める時も，はじめに1回分の試験問題の全体を見通して，解く順番を決めましょう。得意分野から解くのもよいでしょう。短時間で解けそうな問題を見つけて手をつけるのも効果的です。くれぐれも，難問に時間を取られすぎないように，わからない問題はスキップして，早めに全体を解き終えることを意識しましょう。

社会

社会は1から順番に解いていってかまいません。ただし，時間のかかりそうな，「地形図の読み取り」，「統計の読み取り」，「計算が必要な問題」，「字数の多い論述問題」などは後回しにするのが賢明です。また，3分野(地理・歴史・政治)の中で極端に得意，不得意がある受験生は，得意分野から手をつけるべきです。

過去問を解くときは，試験時間を有効に活用できるよう，時間は常に意識しなければなりません。ただし，時間に追われて雑にならないようにする注意が必要です。“誤っているもの”を選ぶ設問なのに“正しいもの”を選んでしまった，“すべて選びなさい”という設問なのに一つしか選ばなかったなどが致命的なミスになってしまいます。問題文の“正しいもの”，“誤っているもの”，“一つ選び”，“すべて選び”などに下線を引いて，一つ一つ確認しながら問題を解くとよいでしょう。

過去問を解き終わったら，自己採点し，受験生自身でふり返りをしましょう。できなかった問題については，なぜできなかったのかについての分析が必要です。例えば，「知識が必要な問題」ができなかったのか，「問題文や資料から判断する問題」ができなかったのかで，これから取り組むべきことも大きく異なってくるはずです。また，正解できた問題も，「勘で解いた」，「確信が持てない」といったときはふり返りが必要です。問題集の解説を読んでも納得がいかないときは，塾の先生などに質問をして，理解するようにしましょう。

国語

過去問に取り組む一番の目的は，志望校の傾向をつかみ，本番でどのように入試問題と向かい合うべきか考えることです。素材文の傾向，設問の傾向，問題数の傾向など，十分に研究していきましょう。

取り組む際は，まず解答用紙を確認しましょう。漢字や語句問題の量，記述問題の種類や量などが，解答用紙を見て，わかります。次に，ページをめくり，問題用紙全体を確認しましょう。どのような問題配列になっているのか，問題の難度はどの程度か，などを確認して，どの問題から取り組むべきかを判断するとよいでしょう。

一般的に「漢字」→「語句問題」→「読解問題」という形で取り組むと，効率よく時間を使うことができます。

また，解答用紙は，必ず，実際の大きさのものを使用しましょう。字数指定のない記述問題などは，解答欄の大きさから，書く量を考えていきましょう。

算数　出題傾向の分析と 合格への対策

●出題傾向と内容

近年の出題は，大問5題もしくは6題，小問数にしてほぼ20題という構成になっている。

1が「計算問題」中心，2が複数の分野についての「一行問題」，3から後が，分野別の大問である。出題率が高い分野は「平面図形」・「立体図形」・「速さ」・「割合比」・「数列・規則性」などであるが，目新しい問題はほとんどなく，基本が定着している生徒にとって，考え込むような難しい出題は今のところ見当たらない。

したがって，各分野の基本問題，標準問題までをしっかり練習しておけば，充分に対応できる。1の計算問題も，分数の多い複雑な計算ではなく基本的な計算力を試す内容になっている。

学習のポイント

各分野の基本・標準問題を，反復して練習しよう。まず，「計算」と「単位の換算」を充分に練習しよう。毎日やることが大事。

●2025年度の予想と対策

出題率の低い分野は「演算記号」・「縮図と拡大図」・「2量関係」・「植木算・方陣算」などであるが，これらの分野についても今後，出題される可能性があるので，分野に偏りなく，各分野の基本・標準問題を反復してマスターするようにしよう。

本校は特に，「平面図形」・「立体図形」の出題率が高く，また，「数列・規則性」・「速さ」・「割合と比」・「数の性質」などの分野もよく出題され，これらは受験算数にとって重要な分野であるから，過去問を利用して自分の感覚で出題レベルをつかみ，弱点分野がないように練習しよう。

▼年度別出題内容分類表

※　よく出ている順に☆，◎，○の３段階で示してあります。

出題内容			2020年	2021年	2022年	2023年	2024年
数と計算	四則計算		○	○	○	○	○
	概数・単位の換算			○	◎	○	☆
	数の性質			◎	○	☆	☆
	演算記号						
図形	平面図形		☆	☆	☆	☆	☆
	立体図形		☆	☆	☆	☆	☆
	面積		☆		○	◎	◎
	体積と容積		○		○	☆	◎
	縮図と拡大図						
	図形や点の移動		☆		☆		○
速さ	三公式と比		☆	☆	◎	○	☆
	文章題	旅人算	○	○			☆
		流水算					
		通過算・時計算			○		
割合	割合と比		○	☆	☆	☆	☆
	文章題	相当算・還元算					
		倍数算					
		分配算					
		仕事算・ニュートン算		○			
文字と式							
2量の関係(比例・反比例)				○			
統計・表とグラフ			☆	○	☆	☆	
場合の数・確からしさ			◎		○		☆
数列・規則性			☆	☆	☆	☆	○
論理・推理・集合			○	○	◎		
その他の文章題	和差・平均算			○	○		
	つるかめ・過不足・差集め算		○			○	
	消去・年令算				○		○
	植木・方陣算						

創価中学校

――グラフで見る最近５ヶ年の傾向――

最近５ヶ年に出題されたすべての問題を内容別に分類・集計し，全体に対して何パーセントくらいの割合になっているかを示しました。

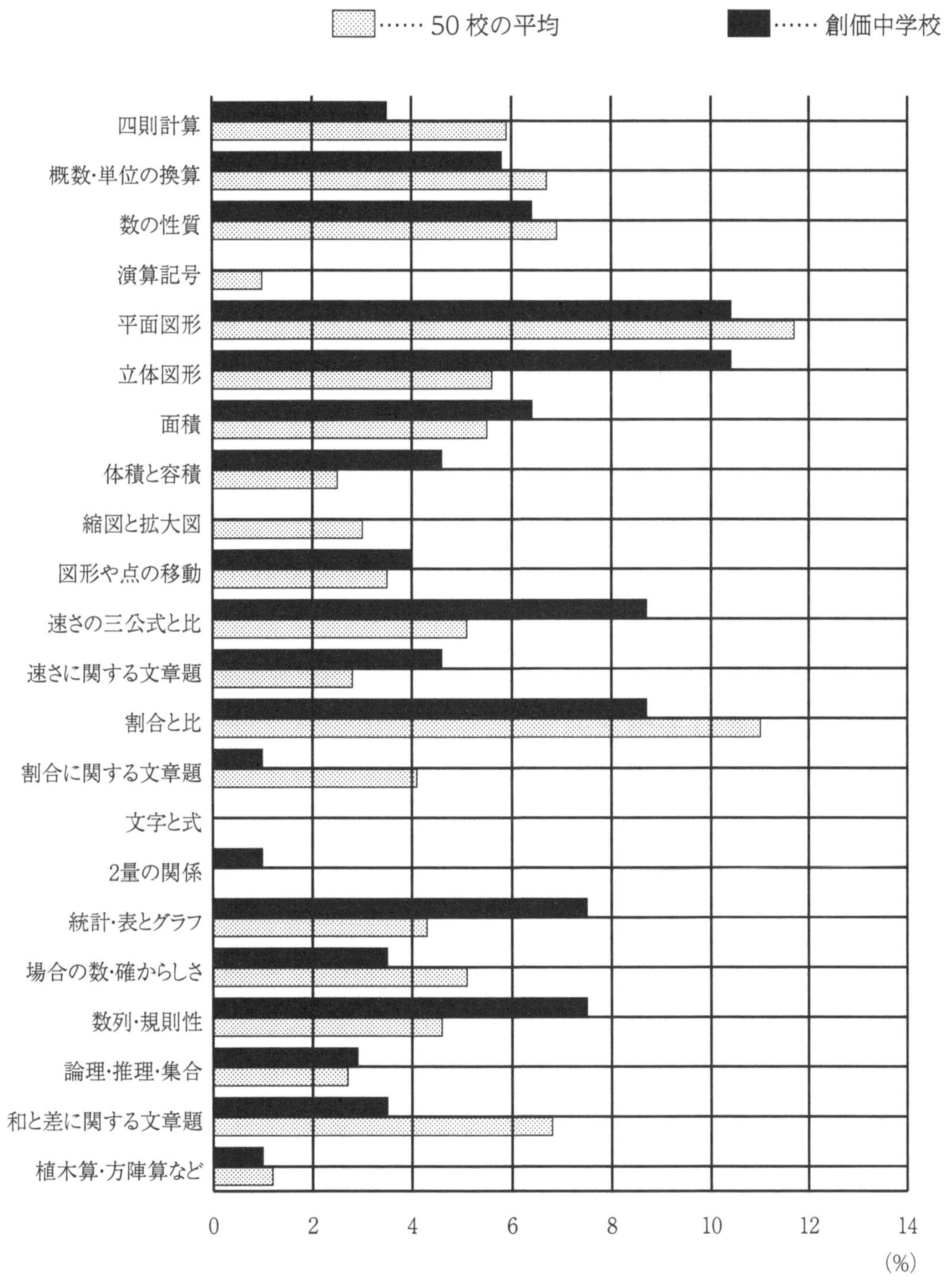

……50 校の平均　　……創価中学校

四則計算
概数･単位の換算
数の性質
演算記号
平面図形
立体図形
面積
体積と容積
縮図と拡大図
図形や点の移動
速さの三公式と比
速さに関する文章題
割合と比
割合に関する文章題
文字と式
2量の関係
統計･表とグラフ
場合の数･確からしさ
数列･規則性
論理･推理･集合
和と差に関する文章題
植木算･方陣算など

0　2　4　6　8　10　12　14

(%)

理科 出題傾向の分析と合格への対策

●出題傾向と内容

試験時間は社会と合わせて45分で，問題数は大問が4題であった。時間的に余裕はなく，問題を素早く読み，何を問われているかを正確に把握する力が必要である。

大半の問題は基本知識や基本の考え方を問うものだが，実験の結果から考えるタイプの問題が多い。

計算問題も比較的やさしく，基本～標準の問題を超えるものはない。

過去の出題を見ると，「植物」「電流」「力のはたらき」「気体の性質」などが多くみられる。

✔学習のポイント

基本的な問題が多いので，ケアレスミスがないように確認しながら解答しよう。

●2025年度の予想と対策

本校の入試はそのほとんどが基本的な知識，考え方をもとに解答する問題で構成されている。各分野の基本的な問題を十分に身につけ，典型的な計算問題の解き方をしっかりと理解していれば十分対応できる。そのため，家庭学習用の，問題集も基本～標準レベルの問題集を選んで学習することが望ましい。

基本的な問題がほとんどなので，1つのミスが大きな影響を与えることがあるため，答えを確認する習慣を身につけたい。計算ミスや問題文の読み違えなどがないかなど，チェックすることを忘れないようにしよう。

▼年度別出題内容分類表

※　よく出ている順に☆，◎，○の３段階で示してあります。

	出題内容	2020年	2021年	2022年	2023年	2024年
生物	植物		☆			☆
	動物	◎			☆	
	人体	☆		☆		
	生物総合					
天体・気象・地形	星と星座	☆				
	地球と太陽・月	☆		○		
	気象		☆			
	流水・地層・岩石			☆	☆	
	天体・気象・地形の総合					
物質と変化	水溶液の性質・物質との反応					
	気体の発生・性質					
	ものの溶け方					☆
	燃焼	☆				
	金属の性質					
	物質の状態変化		☆			
	物質と変化の総合					
熱・光・音	熱の伝わり方		☆			
	光の性質					
	音の性質					
	熱・光・音の総合					
力のはたらき	ばね					
	てこ・てんびん・滑車・輪軸					☆
	物体の運動		☆			
	浮力と密度・圧力					
	力のはたらきの総合					
電流	回路と電流				☆	
	電流のはたらき・電磁石	☆				
	電流の総合					
実験・観察		☆	☆	☆	☆	☆
環境と時事／その他						

創価中学校

―グラフで見る最近5ヶ年の傾向―

最近5ヶ年に出題されたすべての問題を内容別に分類・集計し，全体に対して何パーセントくらいの割合になっているかを示しました。

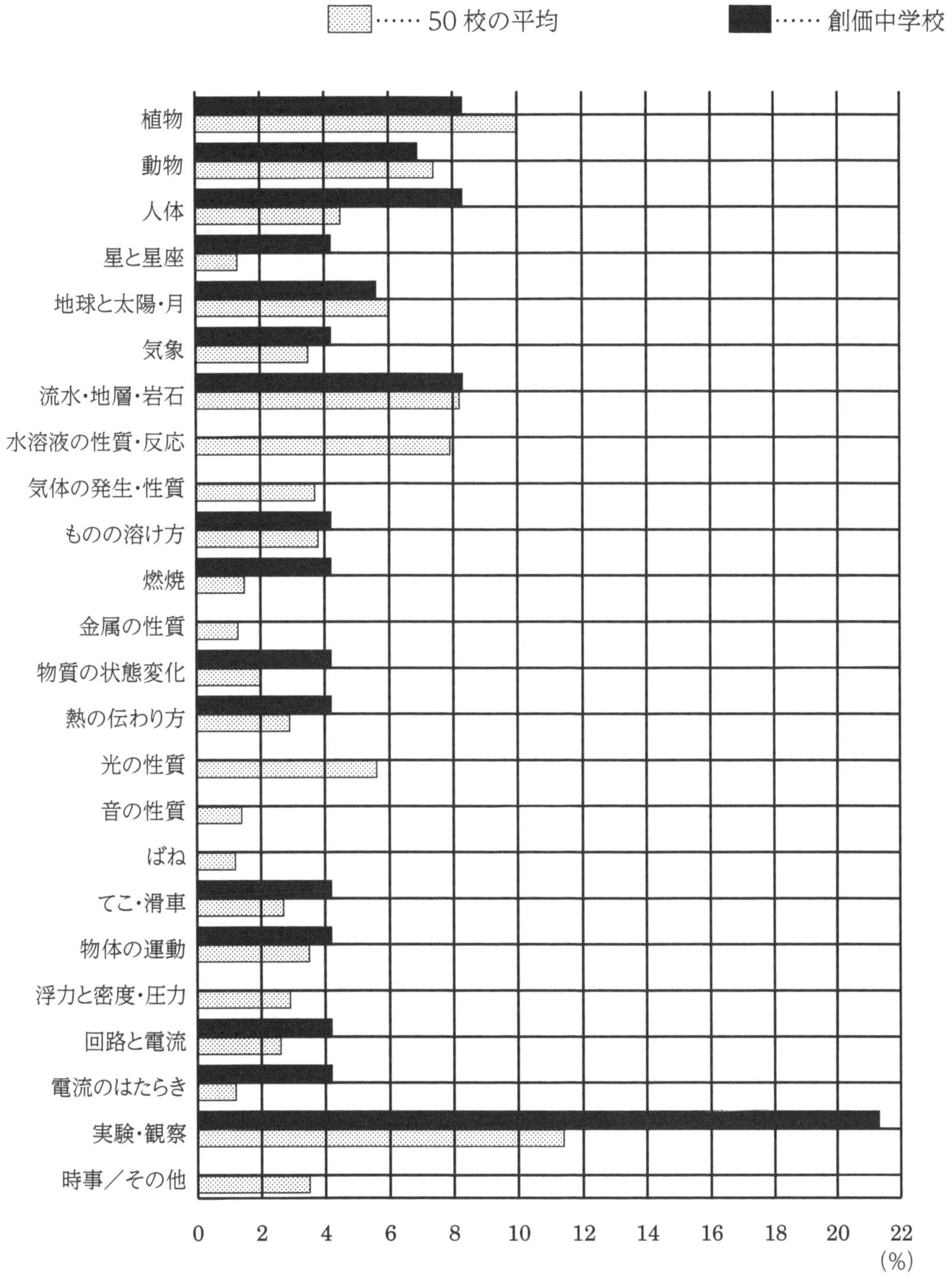

……50校の平均　　……創価中学校

植物
動物
人体
星と星座
地球と太陽・月
気象
流水・地層・岩石
水溶液の性質・反応
気体の発生・性質
ものの溶け方
燃焼
金属の性質
物質の状態変化
熱の伝わり方
光の性質
音の性質
ばね
てこ・滑車
物体の運動
浮力と密度・圧力
回路と電流
電流のはたらき
実験・観察
時事／その他

0 2 4 6 8 10 12 14 16 18 20 22
(%)

社会　出題傾向の分析と 合格への対策

●出題傾向と内容

大問は3題で小問数は25問程度，理科と合わせて45分と内容，難易度ともに例年通りで大きな変化はないといえるだろう。

地理は今年も世界地図と日本各地の自然や産業などについての出題。地図や写真，グラフの読み取り問題などがみられる。歴史は飛鳥から昭和前半までの6つの時代を説明した文章からの出題。史料の判読や時代の並び替えが今年もみられるが難易度的には難しくない。政治は本年度も歴史問題が紛れているが，中心は政治のしくみや財政，社会保障問題である。ただ，社会保障費や待機児童問題に関する記述が3題出題されているので注意が必要である。

学習のポイント

地理：世界地理への対策も忘れずに。
歴史：まずは時代の特徴のチェックから。
政治：国際社会や環境問題にも要注意。

●2025年度の予想と対策

大問数など若干の変動は予想されるが，内容的には大きく変わることはないと思われる。分野を問わず様々な資料や表・グラフなどを用いた出題方法が多いので，こうした傾向に慣れる必要がある。

地理は地方ごとに県の特徴をつかむことから始めよう。世界地理も出題されるので地図帳を上手に利用すること。歴史は各時代の特色を理解することが先決。時代ごとの並び替えも頻出事項なのでその対策も忘れずに。写真などの史料も多用されるので教科書に掲載されているものは完ぺきに。政治は憲法や政治が基本だが，国際社会や環境問題も要注意である。

▼年度別出題内容分類表

※　よく出ている順に☆，◎，○の３段階で示してあります。

出題内容			2020年	2021年	2022年	2023年	2024年
地理	日本の地理	地図の見方				○	
		日本の国土と自然	◎	◎	◎	◎	◎
		人口・土地利用・資源	○	○			
		農業		○	○	○	
		水産業	○	○		○	
		工業	○	○	○		○
		運輸・通信・貿易		○	○		○
		商業・経済一般					
	公害・環境問題		○	○		○	
	世界の地理		○	○	○	○	◎
日本の歴史	時代別	原始から平安時代	◎	◎	◎	○	○
		鎌倉・室町時代	○	○	○	○	○
		安土桃山・江戸時代	○	○	◎	◎	◎
		明治時代から現代	◎	○	◎	○	◎
	テーマ別	政治・法律	◎	◎	◎	◎	◎
		経済・社会・技術	○	○	○		○
		文化・宗教・教育	○	○		◎	○
		外交	○	○	◎	◎	○
政治	憲法の原理・基本的人権					○	
	政治のしくみと働き		○	○	☆	○	○
	地方自治			○			
	国民生活と福祉		○	○		○	◎
	国際社会と平和		○		○	○	
時事問題			○			○	
その他							

創価中学校

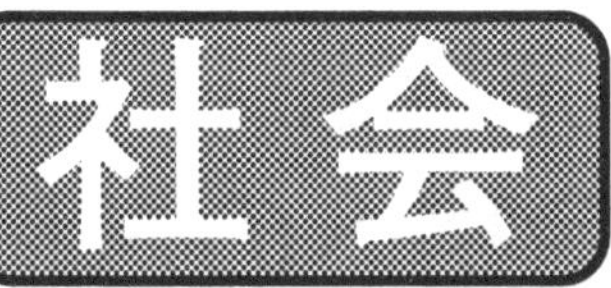

――グラフで見る最近５ヶ年の傾向――

最近５ヶ年に出題されたすべての問題を内容別に分類・集計し，全体に対して何パーセントくらいの割合になっているかを示しました。

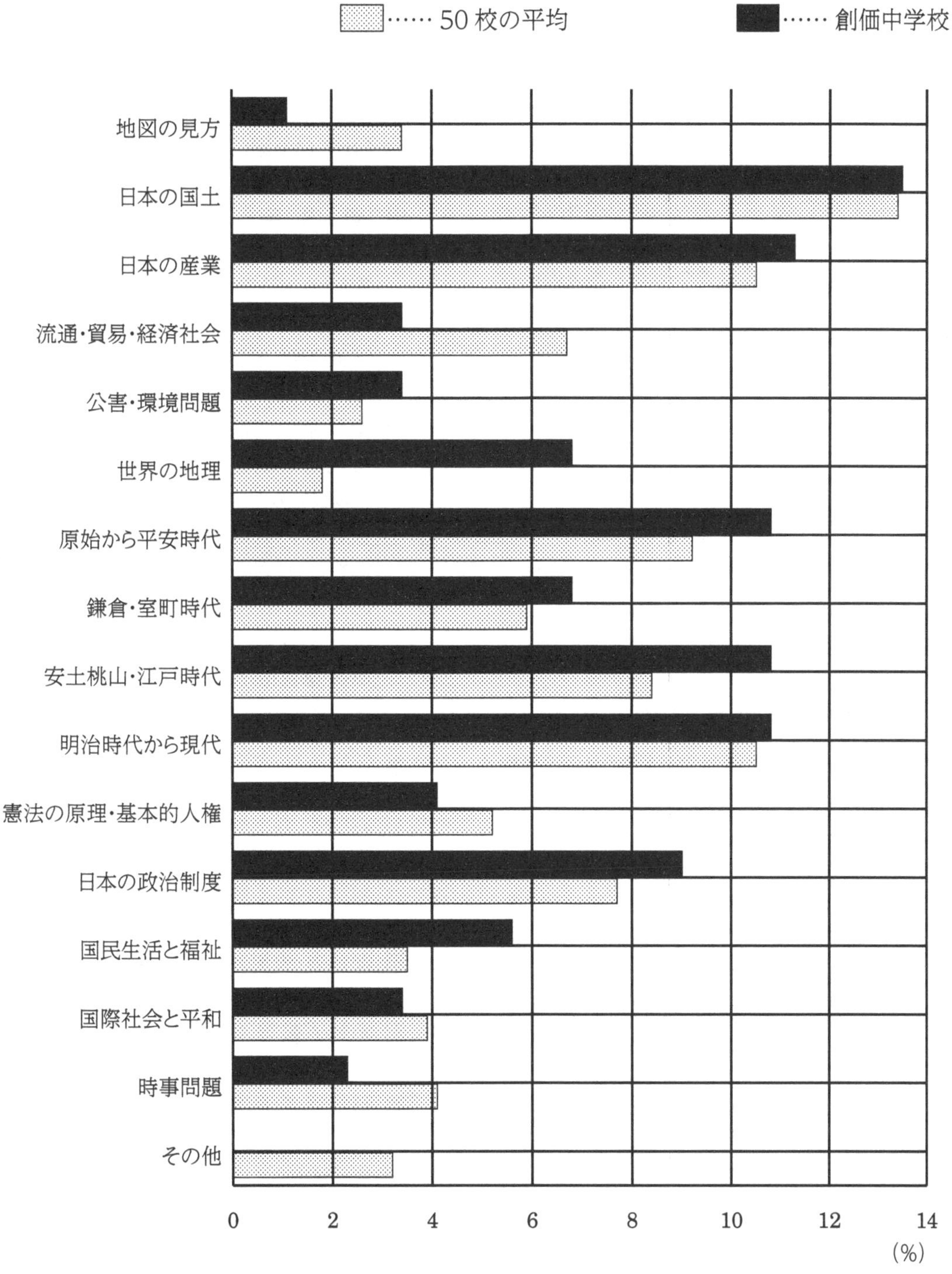

……50校の平均　　……創価中学校

地図の見方
日本の国土
日本の産業
流通・貿易・経済社会
公害・環境問題
世界の地理
原始から平安時代
鎌倉・室町時代
安土桃山・江戸時代
明治時代から現代
憲法の原理・基本的人権
日本の政治制度
国民生活と福祉
国際社会と平和
時事問題
その他

0　2　4　6　8　10　12　14
(%)

国語　出題傾向の分析と合格への対策

●出題傾向と内容

本年も論理的文章と文学的文章が各1題の大問2題構成であった。漢字などの知識分野は本文に組み込まれた形である。

論理的文章・文学的文章，どちらも内容・長さとも標準的である。文章の細部の読み取りが中心のほか，空欄補充などの問題では，要旨や文脈を的確にとらえる必要がある。本文の内容について，条件にしたがって説明する記述問題も出題されている。

知識分野の難易度も標準的で，全体として基本的な国語力とともに，的確な読解力が問われている。

学習のポイント

文章を丁寧に読んで，書かれている内容を確実におさえるように心がけよう。文脈をたどるのはもちろん，ことばの意味も正しくおさえよう。

●2025年度の予想と対策

論理的文章1題，文学的文章1題の大問2題構成に変更はないと思われる。知識分野が文章中で出題される形式も変更はないだろう。

読解問題では，中学入試用の問題集に幅広く取り組んで，さまざまな文章に目をとおしておくことが効果的。設問は，文章の細部理解に関する問題が多い。論理的文章では指示語・接続語や段落の要点，論理展開に着目しよう。文学的文章は，登場人物の心情の理解がポイント。

100字程度の記述問題も必ず出題されているので，本文中の言葉を使って解答をまとめる練習をしておこう。知識分野は，漢字の読み書きの練習をおこたらないこと。その際，意味のわからない言葉は辞書を使うこと。

▼年度別出題内容分類表

※　よく出ている順に☆，◎，○の３段階で示してあります。

		出題内容	2020年	2021年	2022年	2023年	2024年
内容の分類	読解	主題・表題の読み取り					
		要旨・大意の読み取り	◎	◎	◎	◎	◎
		心情・情景の読み取り	☆	◎	◎	◎	◎
		論理展開・段落構成の読み取り	○		○	○	○
		文章の細部の読み取り	☆	☆	☆	☆	☆
		指示語の問題	○	○			
		接続語の問題	○	○	○		○
		空欄補充の問題	○	◎	◎	◎	◎
	知識	ことばの意味					
		同類語・反対語					
		ことわざ・慣用句・四字熟語		○	○	○	○
		漢字の読み書き	☆	☆	☆	☆	☆
		筆順・画数・部首					
		文と文節					
		ことばの用法・品詞					
		かなづかい					
		表現技法		○			
		文学作品と作者					
		敬語					
	表現	短文作成					
		記述力・表現力	◎	◎	◎	◎	○
文の種類		論説文・説明文	○	○	○	○	○
		記録文・報告文					
		物語・小説・伝記	○	○	○	○	○
		随筆・紀行文・日記					
		詩（その解説も含む）					
		短歌・俳句（その解説も含む）					
		その他					

創価中学校

国語 ——グラフで見る最近５ヶ年の傾向——

最近５ヶ年に出題されたすべての問題を内容別に分類・集計し，全体に対して何パーセントくらいの割合になっているかを示しました。

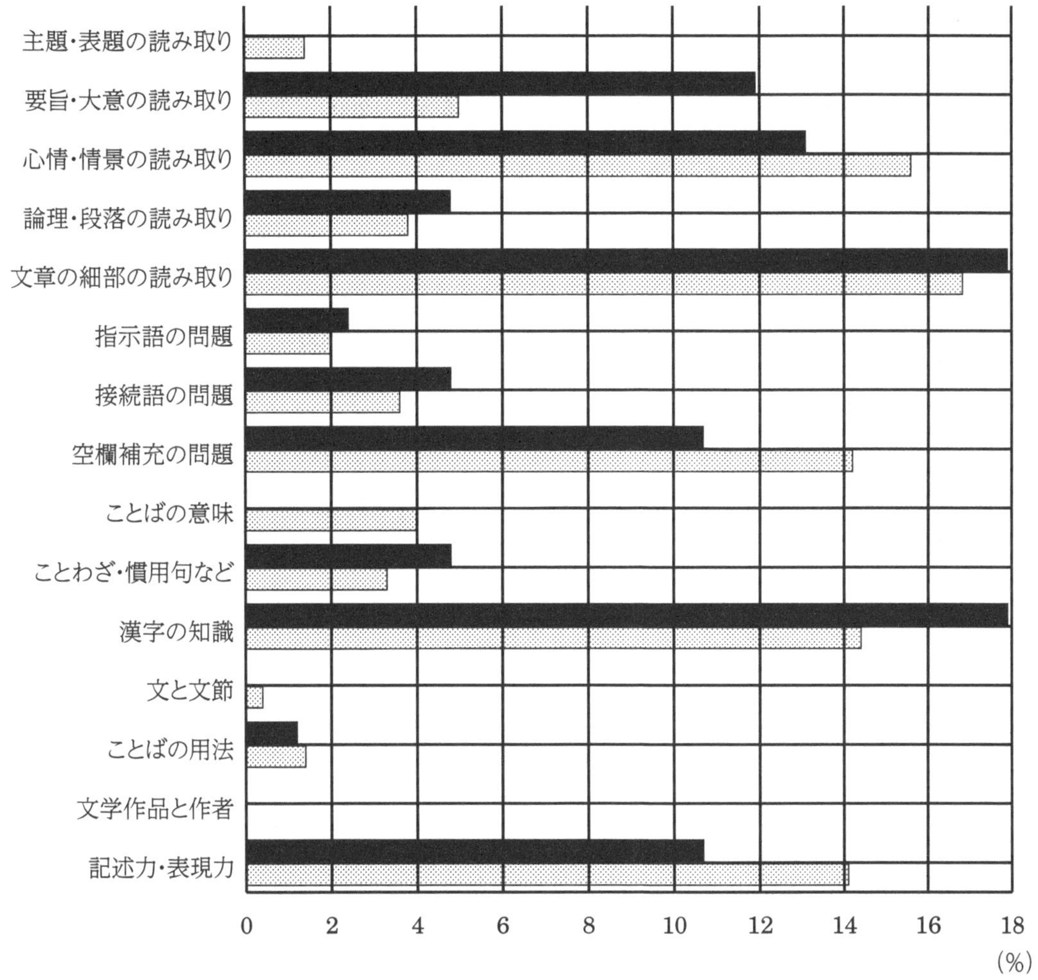

	論説文 説明文	物語・小説 伝記	随筆・紀行 文・日記	詩 (その解説)	短歌・俳句 (その解説)
創価中学校	50.0%	50.0%	0.0%	0.0%	0.0%
50校の平均	47.0%	45.0%	8.0%	0.0%	0.0%

2024年度　合否の鍵はこの問題だ!!

算　数　②　(3)

「消去算」の基本レベルの問題であり，正解しなければいけない。
解き方が複数あるので，挑戦してみよう。

【問題】

兄が貯金している金額は，妹が貯金している金額の5倍より2000円少なく，兄が貯金している金額と妹が貯金している金額の合計は16000円である。兄が貯金している金額は何円か。

【考え方】

兄の貯金額と妹の貯金額…それぞれ□，○で表す
□＝○×5－2000…ア　□＋○＝16000…イ
アとイ…○×5－2000＋○＝16000より，○×6＝18000，○＝3000
したがって，兄の貯金額は16000－3000＝13000(円)

こういう方法もある

○×5＝□＋2000…カ　□×5＋○×5＝16000×5＝80000…キ
カとキ…□×6＋2000＝80000
したがって，兄の貯金額は(80000－2000)÷6＝13000(円)

理　科　②　(3)

大問が4題で各分野から出題されていた。計算問題や論述形式の問題が出題される。標準レベルの問題が多く，典型的な例題をしっかりと理解できているかが試される良問である。この中で合否を分ける問題として，②の(3)を考える。

てんびんの問題である。てんびんがつり合うとき，支点の両側で(支点からおもりまでの距離)×(おもりの重さ)の値が等しくなる。(3)の①ではAにつるされたおもりの重さと，Bにつるされたおもりの重さの比が1：2になっている。それでAとBの長さの比は2：1になる。

②では，○の形のモビールの重さが80gなので，これとつり合う□のモビールの重さは80×3÷5＝48(g)である。この2つが支点の左側にかかるので合計の重さが128gであり，これとつり合う右側の重さは128×10÷8＝160(g)になる。これより右側の上から2つ目のてんびんには，左右にそれぞれ80gの重さがかかっていることがわかる。右側の一番下のてんびんの支点からの距離は左側：右側＝4：1になるので，▯の形のモビールと☆の形のモビールの重さの比が1：4になり，☆の形のモビールの重さは80×4÷5＝64(g)になる。

③の問題も，溶解度の典型的な計算問題である。どの問題集でも取り上げられる典型的な内容の計算

問題はしっかりと理解し，確実に解けるように備えておきたい。
出題される問題の多くが基本的な問題なので，基礎力をしっかり身につけミスのないように気を付けたい。論述形式の出題もあり，自分の考えを短くまとめる練習もしておこう。

社 会 3 問5

本年度も現代の日本社会が抱える様々な問題についての記述が出題されている。字数は1行から2行程度と多くはないのだが，理科と合わせて45分という試験時間からしてテキパキと解答することが合格の2文字を獲得するために必須の条件となるのは確かであろう。

設問は「待機児童数と共働き世帯の推移といった2つの資料を参考に，待機児童数の減少につながった解決策とその解決策を進めた理由を答えよ」というもの。数年前「保育園落ちた日本死ね」という衝撃的な投稿がきっかけとなって全国に待機児童問題が吹き荒れることとなった。最近はあまり話題にはならないが資料でも待機児童数は8分の1以下に減少しているように見える。待機児童の定義がはっきりしていないのだが減少しているのは確かなようだ。それではその減少につながった解決策とは何であろう。普通に考えれば保育園の数を大幅に増やさなければ収容できるはずがないのだが，ただ増やすとしただけの解答では不十分といわざるを得ない。2021年から出生数は81万→77万→73万と急速に減少している。文字通り少子化が進む中，安易に数だけを増やすのでは保育所の倒産や保育士の失業などにも結び付きかねない。小規模な保育所を駅の近くに設置したり，ショッピングセンターや公共施設などの中に設置したりと今までにないいろいろな工夫が必要となる。また，保育士不足が原因ともいわれるがその理由は何といっても仕事の内容に比べて賃金が安いことといわれる。働く意欲を持てるだけの給与を支給し担当する児童の数を減らすことも必要になるだろう。一方，解決策を進めた理由は何といっても専業主婦世帯の減少に尽きる。資料では2021年の専業主婦割合が30.6%となっているが，2000年ごろは約50%であった。3世代が同居する家族構成や専業主婦がふつうだった時代ではない。家庭での保育が難しくなったのであるから家庭外にその解決策を見つけざるを得ない。それがどんなに奇抜なアイデアでも合理性があれば解答としては問題ないはずである。日本の社会設計は「母親は家庭で専業主婦として働きながら2人の子供の面倒を見る」といったモデルケースで考えられていることが多い。こうした発想でいる限りは急速に変わりつつある社会に対応した解決策は不可能といえるのかもしれない。

国 語 一 問7

★合否を分けるポイント

この文章を内容から二つに分けるとしたら，どこで分けるのがよいと考えられるか，後半が始まる段落の初めの五字を書き抜く問題である。論の流れをつかみ，どのようなことを述べているかを的確に読み取れているかがポイントだ。

★段落の要旨をつかみ，論の流れの変化を読み取る本文の内容を論の流れとともに確認する。思考を深めるには，自分の思うことを文章にしてみるとよい→自分の思いを語ったり書いたりすることが大事なのは，まだ意味をもたない解釈以前の経験に意味を与えることで，経験を整理することにつながるからだ→それには言語能力が必要で，日本語能力が鍛えられていないと思考を深めることはできない→読書は思考を深めるのに役立つだけでなく，自分自身を見つめる機会にもなる→本を読むことは，情報収集のためだけではなく，意識していなかった記憶が浮かび上がる効用もあり，読書習慣は読解力や思考力を高める→☆思考力を磨くには，いろんな視点を取り込むことが必要→関心のあるニュースばかりを引き出すネットだけでなく，視野を広くするためにも新聞やテレビのニュースに触れておくことも大事である，という内容である。これらの内容から，☆までは，思考を深めるには心の内を語ったり文章にしたりすることが大事で，そのために必要なのは読解力や思考力を高める読書であること，☆以降は，思考力を磨くめには，いろんな視点を自分のなかに取り込むことが必要で，ネットだけでなく，新聞やニュースを読んだり見たりして，関心のない情報にも触れることが大事であることを述べており，☆まで＝思考を深めるために必要な読書について，☆以降＝思考力を磨くために必要なこと，であることから，「思考力を磨く……」で始まる段落が後半の初めの段落ということになる。この設問のように本文を内容で分ける場合，用いられているキーワードに着目しながら，段落ごと，あるいは複数の段落ごとに一行程度に要旨をまとめてみると，内容がよりつかみやすくなる。小見出しをつけるつもりで内容をまとめていき，論の流れの変化を的確につかんでいくことが重要だ。

英語 5

一般的に，英作文問題は配点が高く，合否の鍵となる重要な問題である。減点方式で採点されるため，指定された単語数や文の数を必ず守り，知っている単語と文法を使って簡単な構造の文にしよう。スペルミスにも十分注意する。

入試問題において50～80語ほどの英作文が出題される場合，社会的に関心が高いテーマや，学校生活について，2，3の理由を挙げて自分の意見を述べるものや，自分自身について紹介するものが典型的である。一昨年度は，通常授業とオンライン授業について，どちらがよいかを書くものだった。昨年度は，友情は自分にとって大切かどうかを書くものだった。本年度は，将来住んでみたい国について書くものだった。語数も40語程度に減り，書きやすくなったと言える。以下に出題が予想されるテーマを挙げるので，英語で書く練習をしておくとよいだろう。

・自分自身について…「趣味」「特技」「家族の紹介」「尊敬する人物」「家でやっている家事について」「将来の夢や希望する職業」など

・学校生活について…「宿題は学生にとって必要か」「制服通学と私服通学のどちらがよいか」「入学したらどの部活動に参加したいか」「入学後に楽しみにしている学校行事について」「スマートフォンは小学生・中学生にとって必要か」「修学旅行はどこにいきたいか」など

・社会的テーマ…「地球環境を守るために私たちが日常生活で実行できること」「参加したことのある，または参加してみたいボランティア活動について」など

2024年度
★★★★★★★★★★★★★★★★★★★★★★★

入　試　問　題

2024年度

創価中学校入試問題

【算　数】（45分）　＜満点：100点＞
【注意】 定規（じょうぎ）・コンパス・分度器・計算機を使わずに答えてください。

1 次の問いに答えなさい。

(1) $67+(16-9)\times 4$　を計算しなさい。

(2) $24\times\left(0.25+\frac{1}{6}-\frac{3}{8}\right)$ を計算しなさい。

(3) 13m＋130cm＋1300mm＝□cmの，□にあてはまる数を求めなさい。

(4) 小数第２位を四捨五入して小数第１位までの小数で表したとき8.7となる数は，いくつ以上いくつ未満ですか。

(5) Ａの24％とＢの42％が等しいとき，Ａ：Ｂを最も簡単な整数の比で表しなさい。

2 次の問いに答えなさい。

(1) 長さが240ｍある道の片側に，５ｍおきに木を植えます。道の両はしにも木を植えるとき，全部で何本の木が必要ですか。

(2) ８を2024個かけてできる数の一の位の数字はいくつですか。

(3) 兄が貯金している金額は妹が貯金している金額の５倍より2000円少なく，兄が貯金している金額と妹が貯金している金額の合計は16000円です。兄が貯金している金額は何円ですか。

(4) プリン１個の値段は，ケーキ１個の値段の$\frac{3}{5}$で，プリン５個とケーキ９個の代金の合計が3600円のとき，プリン１個の値段は何円ですか。求める過程の計算も書きなさい。ただし，消費税は考えないものとします。

(5) 下の図のように，たての長さが13cm，横の長さが37cmの長方形の辺の外側にそって，半径が２cmの円が１周するとき，円が通ったあとにできる図形の面積は何cm^{2}ですか。求める過程の計算も書きなさい。ただし，円周率は3.14とします。

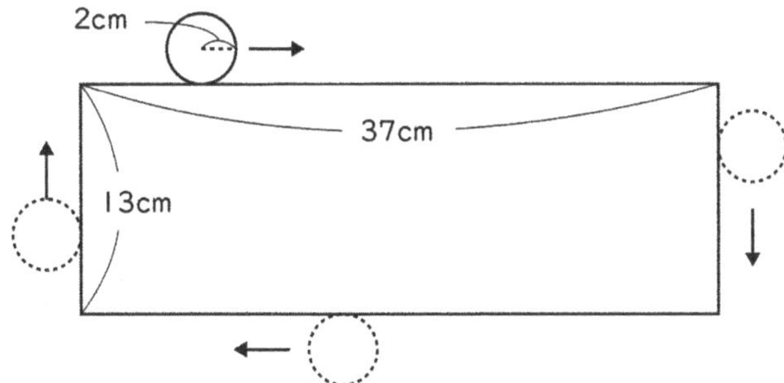

3 右の図のように，１から20までの数が１つずつ書いてある20枚のカードから，ＡとＢの２人が，この順にそれぞれ１枚ずつ引きます。このとき，次の問いに答えなさい。

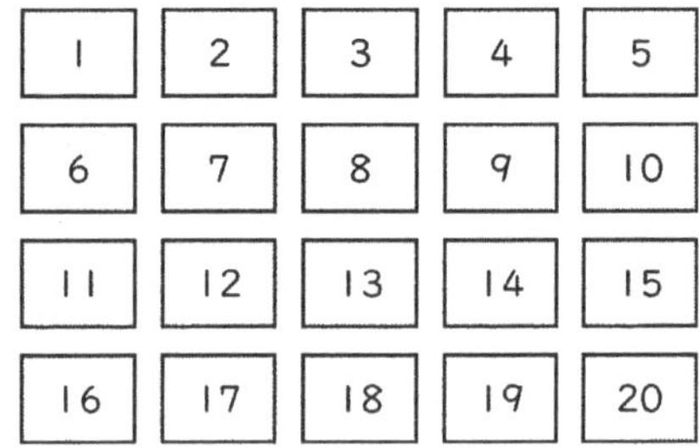

⑴　Ａが引いたカードを元にもどさないままＢがカードを引くとき，ＡとＢのカードの引き方は，全部で何通りありますか。

⑵　Ａが引いたカードを元にもどさないままＢがカードを引くとき，Ａが引いたカードに書かれた数が６の倍数，Ｂが引いたカードに書かれた数が４の倍数となるような，ＡとＢのカードの引き方は，全部で何通りありますか。

⑶　Ａが引いたカードを元にもどしてからＢがカードを引くとき，２人が引いたカードに書かれた数の和が28の約数となるような，ＡとＢのカードの引き方は，全部で何通りありますか。

4 底面が直角三角形ＡＢＣである三角柱ABC－DEFの，面BCFE上に正方形の形の穴をあけて，そこから面BCFEに垂直な方向に反対側までくりぬきます。図１，図２はこれらの様子を表し，図２の色をつけた部分はくりぬいた部分を表しています。

このとき，あとの問いに答えなさい。

図１

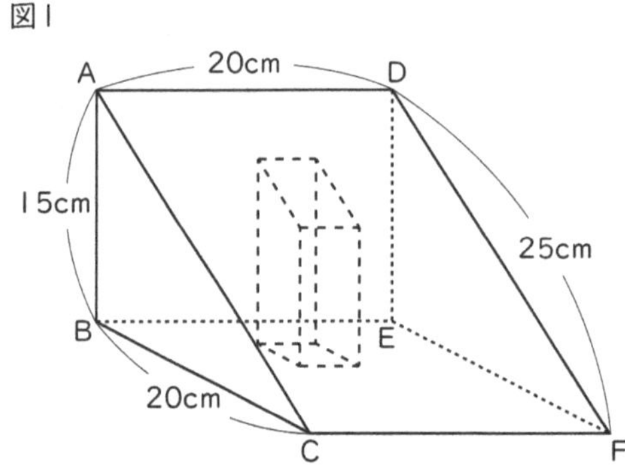

図２［真上からみた図］

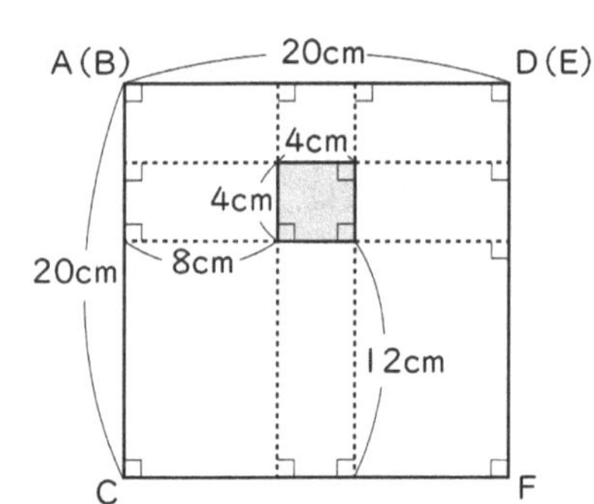

⑴　くりぬく前の三角柱ABC－DEFの体積は何cm³ですか。

⑵　くりぬいた後の立体の体積は何cm³ですか。

⑶　くりぬいた後の立体の表面全体の面積は何cm²ですか。

5 まっすぐな道路上にＡ地点とＢ地点があり，兄はＡ地点を，弟はＢ地点を同時に出発し，それぞれＡ地点とＢ地点の間を一定の速さで休まずに１往復します。２人はＡ地点とＢ地点の間を１往復するまでの間にと中で２回出会い，２人が２回目に出会ったのはＣ地点で，出発してから21分後でした。

Ａ地点とＣ地点の間の道のりは，Ａ地点とＢ地点の間の道のりの$\frac{2}{5}$であるとき，次のページの問いに答えなさい。

⑴　２人が１回目に出会ったのは，出発してから何分後ですか。

⑵　兄と弟の速さの比を，最も簡単な整数の比で表しなさい。

⑶　２人が２回目に出会ってから，兄がＡ地点に着くまでの時間は何分何秒ですか。

⑷　Ａ地点とＢ地点の間の道のりが1500mで，２人が１回目に出会った地点をＤ地点とするとき，Ｃ地点とＤ地点の間の道のりは何mですか。

【理　科】（社会と合わせて45分）　＜満点：社会と合わせて100点＞
【注意】 漢字がわからない場合は，ひらがなで書いてください。

1　植物のはたらきについて，あとの各問いに答えなさい。

【実験１】

葉の大きさや枚数，くきの太さがほとんど同じであるホウセンカをうえたはちうえA，Bを用意し，はちうえBのホウセンカの葉をすべてとり去りました。図１のように，はちうえA，Bに同じ種類の袋(ふくろ)をそれぞれかぶせて，袋の口を輪ゴムで閉じ，日当たりのよい場所にしばらく放置してから袋のようすを観察しました。

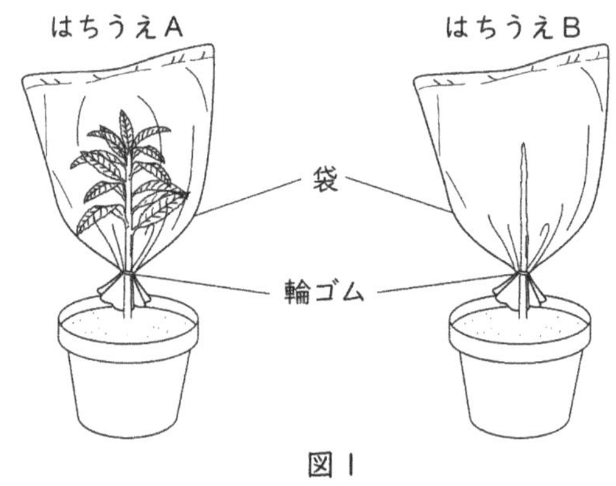

図１

⑴ 実験１において，はちうえをしばらく放置したあとのA，Bにかぶせた袋の内側のようすとして最も適切なものを，次のア～エから１つ選び，記号で答えなさい。

	A	B
ア	多くの水滴(すいてき)がついた。	少しだけ水滴がついた。
イ	少しだけ水滴がついた。	多くの水滴がついた。
ウ	多くの水滴がついた。	多くの水滴がついた。
エ	変化が見られなかった。	変化が見られなかった。

⑵ 植物のからだから水が水蒸気となって出ていくことを何といいますか，答えなさい。

【実験２】

葉の大きさや枚数，くきの太さがほとんど同じであるアジサイの枝A～Cを用意しました。枝Aのすべての葉の裏にワセリンをぬり，枝Bのすべての葉の表にワセリンをぬりました。枝A～Cを水を入れた試験管にさし，水面からの水の蒸発を防ぐために，水面に油を浮(う)かべました。図２は，このようすを模式的に表したものです。これらを風通しのよい明るい場所にしばらく置き，放置する前から減少した水の重さを調べたところ，表のようになりました。ただし，ワセリンには，葉にぬった部分から水蒸気が出ていくのを防ぐはたらきがあります。

(図２，表は次のページにあります。))

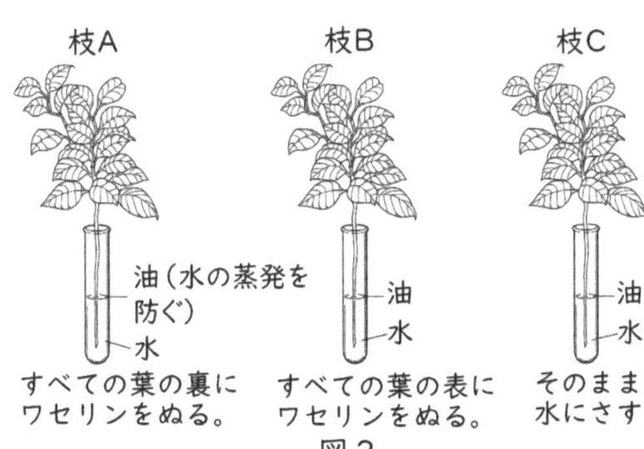

図２

表：それぞれの枝で減少した水の重さ

枝	減少した水の重さ〔g〕
A	0.8
B	2.1
C	2.7

⑶　実験２から考えられることとして最も適切なものを，次のア～エから１つ選び，記号で答えなさい。

ア　葉の表から出ていった水蒸気よりも，葉の裏から出ていった水蒸気の方が少ない。

イ　葉以外の部分から出ていった水蒸気は0.3ｇである。

ウ　葉の表から出ていった水蒸気は0.6ｇである。

エ　葉の裏から出ていった水蒸気は2.1ｇである。

⑷　空気中には水蒸気がふくまれていて，植物やヒトの活動などによっても空気中の水蒸気の量が増減します。例えば，冬の寒い日に部屋で暖房（だんぼう）をつけると部屋の窓に水滴がつき，くもることがあります。窓に水滴がつくことについて述べた文として最も適切なものを，次のア～エから１つ選び，記号で答えなさい。

ア　空気があたためられることで水蒸気が水になり，窓の内側がくもる。

イ　空気があたためられることで水蒸気が水になり，窓の外側がくもる。

ウ　空気が冷やされることで水蒸気が水になり，窓の内側がくもる。

エ　空気が冷やされることで水蒸気が水になり，窓の外側がくもる。

2　下の会話文は，小学生の大翔（ひろと）さんと先生との会話です。この会話文を読んで，あとの各問いに答えなさい。

先生：理科の授業では，てこについて学習しましたね。

大翔：はい。てこを使うと，小さな力で重いものを動かしたりできて便利ですね。

先生：そうですね。例えば，てこを使って物体を持ち上げるとき，支点と作用点に着目すると，どのような工夫（くふう）をすれば，より小さな力で物体を持ち上げることができるでしょうか。

大翔：（　　　a　　　）ことで，より小さな力で物体を持ち上げることができます。

先生：その通りです。次は，てこのつり合いについて考えてみましょう。図１は，実験用てこを模式的に表したものです。この実験用てこの左うでの３の位置に重さのわからないおもりＸをつるし，右うでの３の位置に20ｇのおもりを２個つるしたところ，てこが水平につり合いました。このときのおもりＸの重さを考えてみましょう。

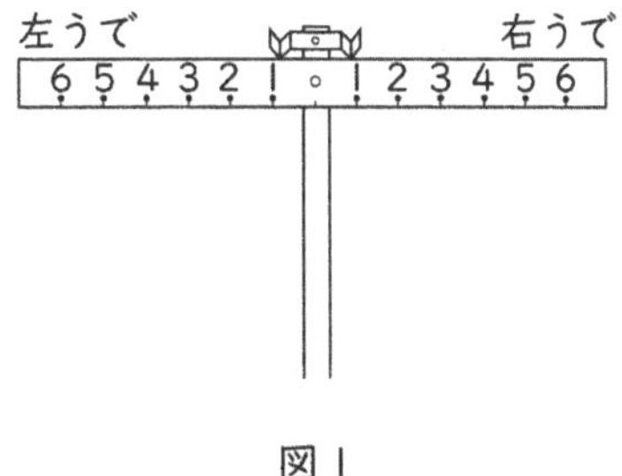

図１

大翔：（　b　）ｇです。

先生：その通りです。次に，今のおもりを外して，同じ実験用てこの左うでの1と2の位置に20ｇのおもりをそれぞれ1個ずつつるしたとき，10ｇのおもり1個を右うでのどの位置につるすとつり合うか，考えてみましょう。

大翔：右うでの（　　c　　）の位置です。

先生：その通りです。よく理解できていますね。

⑴　（ａ）に入る言葉を，「支点」，「作用点」の語句を使って説明しなさい。

⑵　（ｂ），（ｃ）について，次の問いに答えなさい。

①　（ｂ）に入る数字として最も適切なものを，次のア～エから1つ選び，記号で答えなさい。

ア　20　　イ　40　　ウ　60　　エ　80

②　（ｃ）に入る数字として最も適切なものを，次のア～カから1つ選び，記号で答えなさい。

ア　1　　イ　2　　ウ　3　　エ　4　　オ　5　　カ　6

⑶　大翔さんと明里（あかり）さんは，図工の時間に，モビールの作成を行いました。モビールとは，図2のように，木の棒に糸でかざりがつるされたまま，つり合いがとれており，小さな風などでかざりがゆれるおもちゃです。これについて，次の各問いに答えなさい。ただし，棒や糸の重さは無視できるものとします。

図2

①　図3は，大翔さんが作成したモビールを模式的に表したものです。このモビールにつるしているかざりの重さはすべて等しく，すべての棒が水平につり合っているとすると，AとBの長さの比（A：B）はいくらになりますか，最も簡単な整数の比で答えなさい。

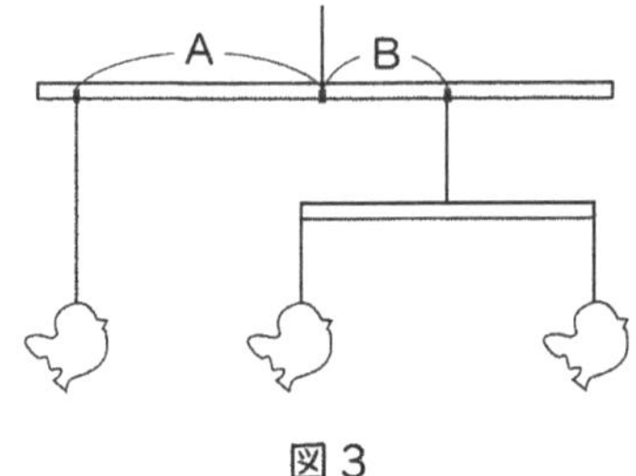

図3

②　図4は，明里さんが作成したモビールを模式的に表したものです。○の形をしたかざりの重さが80ｇのときに，モビールのすべての棒が水平につり合ったとすると，☆の形をしたかざりの重さは何ｇですか，答えなさい。

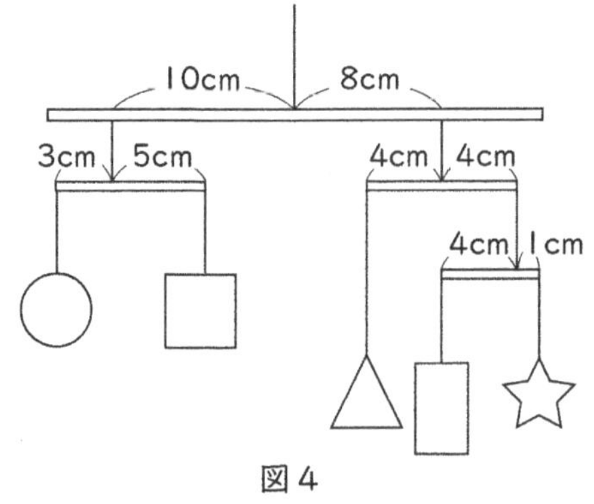

図4

3 表は，100gの水にとかすことができる食塩とミョウバンの最大の量をそれぞれまとめたものです。これについて，あとの各問いに答えなさい。

表：100gの水にとかすことができる食塩とミョウバンの最大の量

水の温度〔℃〕	0	20	40	60
食塩〔g〕	35.6	35.8	36.3	37.1
ミョウバン〔g〕	5.7	11.4	23.8	57.4

【実験1】

操作1 2つのビーカーA，Bを用意し，40℃の水100gをそれぞれ入れました。

操作2 ビーカーAには食塩を，ビーカーBにはミョウバンを5gずつ加え，ガラス棒でよくかき混ぜてようすを観察しました。

操作3 操作2をそれぞれのビーカーでとけ残りが生じるまでくり返しました。

(1) 実験1について説明した次のア～エの文から，最も適切なものを1つ選び，記号で答えなさい。ただし，操作を行っている間，ビーカー内の水溶液の温度はいずれも一定であったものとします。

ア 操作2をちょうど7回くり返したとき，ビーカーA，Bどちらにも，初めてとけ残りが生じた。

イ ビーカーBに初めてとけ残りが生じたとき，そのとけ残りの重さは計算で求めることができる。

ウ 水の温度を60℃にして同じ操作で実験すると，操作2をくり返した回数は今回の実験と同じになる。

エ とけ残るかどうかは混ぜ方で変わるので，実験する人が変われば操作2をくり返した回数も変わってよい。

【実験2】

操作1 60℃の水100gを入れたビーカーC，Dを用意し，ビーカーCには食塩を，ビーカーDにはミョウバンをとけるだけとかしました。

操作2 2つのビーカーをゆっくり冷やして，水よう液の温度を20℃まで下げました。

(2) 実験2について，次の各問いに答えなさい。ただし，操作を行っているとき，水の蒸発は起こらなかったものとします。

① 操作2の結果，ビーカーCでは，ほとんど固体が見られませんでした。その理由を説明しなさい。

② 操作2の結果，ビーカーDでは多くの固体が見られました。ろ過によってこの固体を取り出し，じゅうぶんに乾燥(かんそう)させてから，得られた固体の重さをはかりました。このとき，得られた固体は何gと考えられますか。

【実験3】「ある粉」を90gはかり，40℃の水200gにとかしたところ，とけ残りがありました。その後，この液体を80℃まで加熱するとすべてとけました。

(3) 次のページのグラフは，いろいろな温度の水100gに，ア～エの4種類の粉がそれぞれ何gまでとけるかを調べる実験をし，結果をまとめたものです。実験３でとかした「ある粉」が，グラフのア～エのどれかだとすると，「ある粉」の正体は，ア～エのうちどれだと考えられますか。最も適切なものを，グラフのア～エの中から１つ選び，記号で答えなさい。

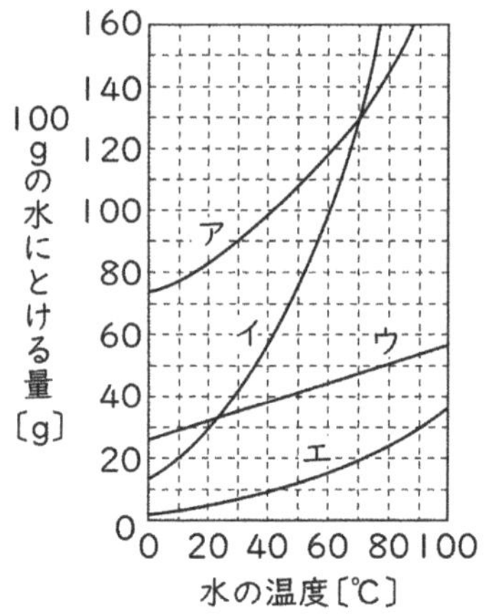

⑷　７ページの表をもとに，食塩とミョウバンについて⑶のようなグラフをかくと，それぞれどのような形になりますか。最も適切なものを，次のア～エから１つずつ選び，記号で答えなさい。

ア
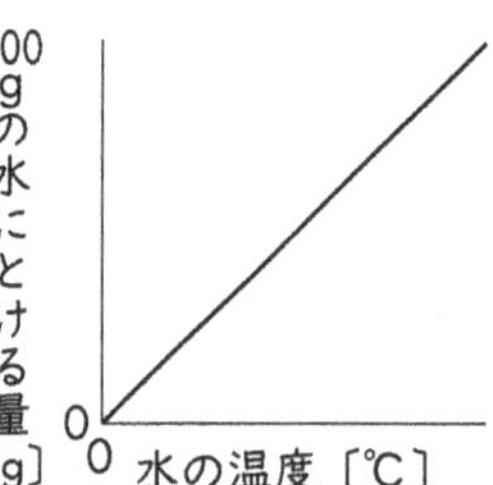

イ
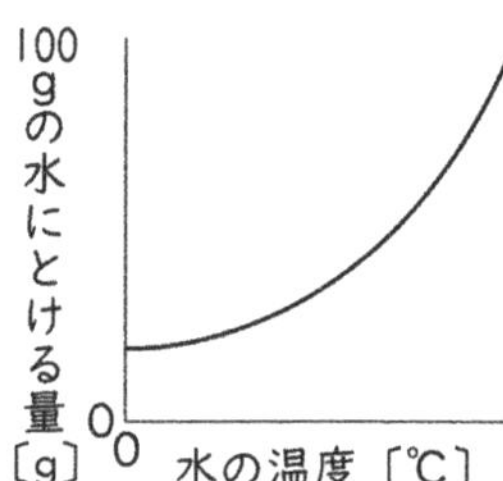

ウ
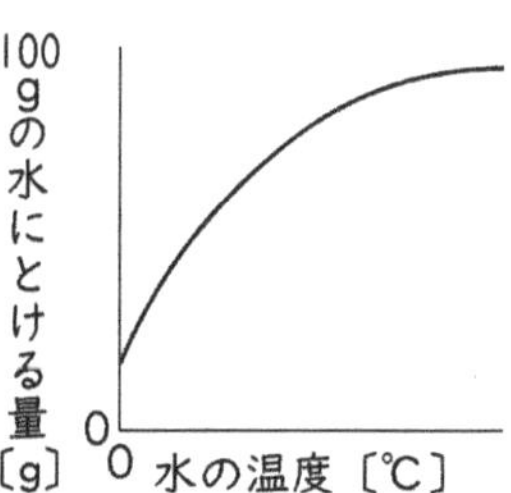

エ
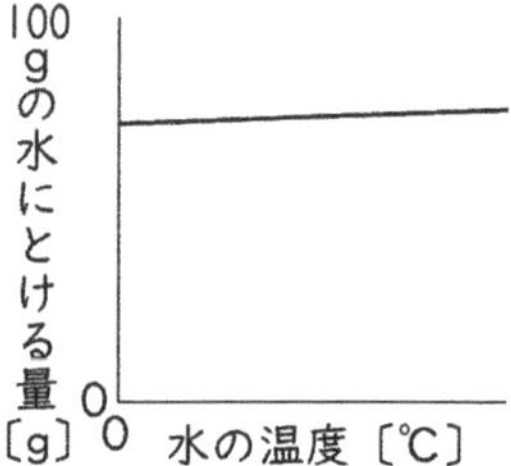

【社　会】（理科と合わせて45分）　＜満点：理科と合わせて100点＞
【注意】 漢字がわからない場合は，ひらがなで書いてください。

1　次の問いに答えなさい。

1．国際連合には2023年現在，193か国が加盟しており，それぞれの国には，異なる自然環境（かんきょう）が広がっています。次の地図から読み取れることについて述べた創太さんの文章を読んで，問いに答えなさい。

創太さん：Xの国は（　A　）であり，世界で最も面積が大きい国です。日本も面しているYの海洋は（　B　）であり，この海洋に面した国々などで経済連携（れんけい）協定が結ばれています。

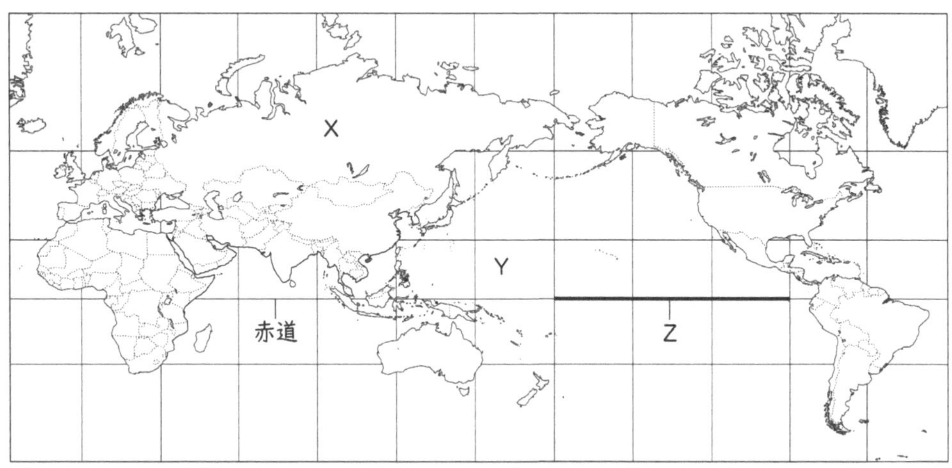

問1　文中の（A）（B）にあてはまる語句を答えなさい。

問2　赤道を一周した距離（きょり）は約40000kmです。経線（けいせん）が30度ごとに引かれた上の地図のZの実際の長さを，次のア～エから一つ選び，記号で答えなさい。

ア　約5000km　　イ　約10000km　　ウ　約15000km　　エ　約20000km

問3　日本の貿易の説明としてまちがっているものを，次のア～エから一つ選び，記号で答えなさい。

ア　以前は加工貿易がさかんであったが，現在は製品の輸出入の割合が高い。
イ　鉄鉱石，石炭，石灰石（せっかいせき）のうち，石灰石のみ国内で100％自給できている。
ウ　石油（原油）は中東とよばれる地域から多く輸入している。
エ　日本では自動車をタンカーにのせて，外国に輸出している。

2．日本は地域ごとにいくつかの気候に分けることができ，昔からそれぞれの地域に合った産業が発展してきました。あとのA～Cの都道府県のカードを読んで，問いに答えなさい。

A　この県では，昔から水不足になやんでいたため，右の写真の満濃池（まんのういけ）のようなため池をつくるなどのくふうがなされてきました。また，かつて塩田として利用されていた土地を，現在では工業用地などとして整備しています。

B　この県の一部は，日本にある三つの工業地帯のうち中京工業地帯に属しています。右の写真のようなリアス海岸があるため養殖業もさかんで，2020年の真珠の収獲量は全国三位となっています。

C　この県は，一年の中で夏と冬の気温差が大きいことが特徴です。また，夏はキャンプや登山，冬はスキーなどのレジャーを楽しむことができ，多くの観光客が訪れます。右の写真のようなキャベツの栽培や，きれいな水を利用した精密機械工業もさかんです。

問４　次のグラフは，東京とＡの県庁所在地の月別平均気温と降水量を表したものです。また，右の地図はＡの県庁所在地の位置と周辺の地形の様子を表しています。Ａの県庁所在地など，瀬戸内海に面した都市の降水量が少ない理由を，簡単に説明しなさい。

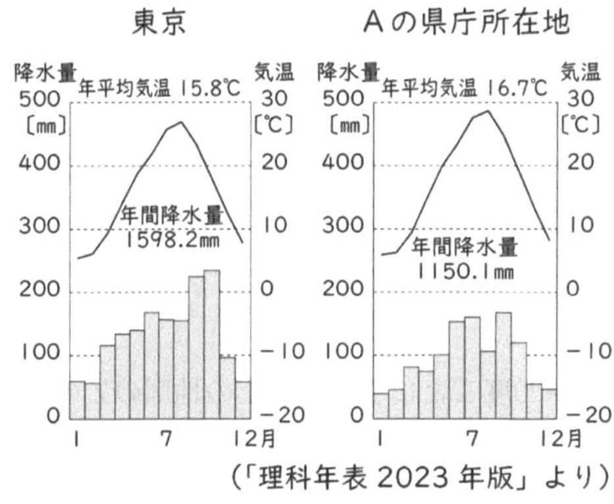

（「理科年表 2023 年版」より）

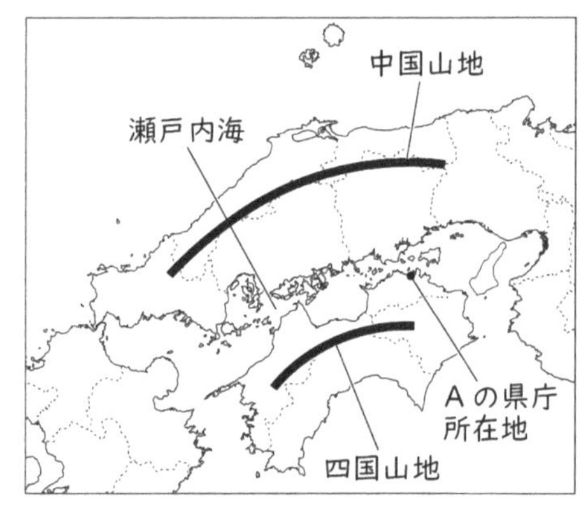

問５　Ｂの県庁所在地を答えなさい。

問６　次のグラフは，Ｂの県をふくむ中京工業地帯，京浜工業地帯，阪神工業地帯の2020年における製造品出荷額等の総額とその内訳を表したものです。グラフの①～③のうち，中京工業地帯，京浜工業地帯，阪神工業地帯を正しく表している組み合わせを，次のページのア～カから一つ選び，記号で答えなさい。

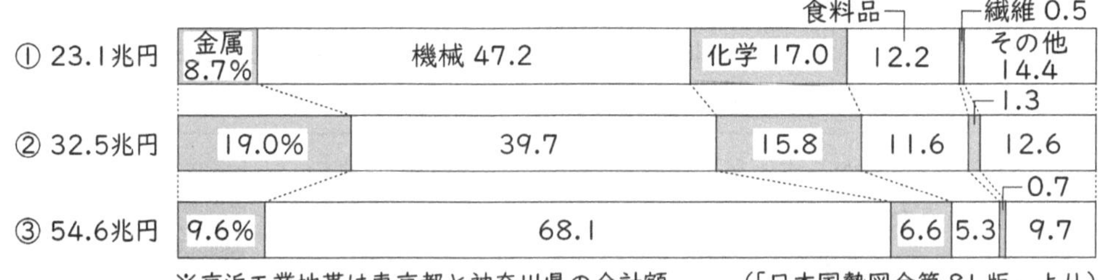

※京浜工業地帯は東京都と神奈川県の合計額。　（「日本国勢図会第 81 版」より）

	①	②	③
ア	中京工業地帯	京浜工業地帯	阪神工業地帯
イ	中京工業地帯	阪神工業地帯	京浜工業地帯
ウ	京浜工業地帯	中京工業地帯	阪神工業地帯
エ	阪神工業地帯	中京工業地帯	京浜工業地帯
オ	京浜工業地帯	阪神工業地帯	中京工業地帯
カ	阪神工業地帯	京浜工業地帯	中京工業地帯

問７　Ｃの都道府県の位置を，右の地図中のア～カから一つ選び，記号で答えなさい。

問８　自動車を組み立てるときに必要な部品は，関連工場でつくられています。組み立て工場が必要な数の部品を関連工場に注文し，関連工場は決められた日時に部品を納めるしくみを，次のア～エから一つ選び，記号で答えなさい。

ア　コールドチェーン
イ　ジャスト・イン・タイム
ウ　トレーサビリティ
エ　コンビナート

2　次のＡ～Ｆの文章は，それぞれある時代の説明文です。これを読んで，あとの問いに答えなさい。

Ａ

種子島(たねがしま)に鉄砲(てっぽう)が伝わったことで，戦い方が大きく変わりました。織田信長(おだのぶなが)は鉄砲を効果的に使った戦い方で全国統一事業を進めていましたが，家臣の明智光秀(あけちみつひで)に倒(たお)されました。その後，あとを継(つ)いだ豊臣秀吉(とよとみひでよし)は，（　①　）を出したり太閤検地(たいこうけんち)を行ったりしながら，全国を統一しました。

Ｂ

日本に仏教が伝わったことで，奈良盆地(ぼんち)周辺に寺院が建てられるようになりました。聖徳太子(しょうとくたいし)は蘇我氏(そがし)と協力して政治を行っていましたが，のちに蘇我氏が独断的な政治をするようになったため，中大兄皇子(なかのおおえのおうじ)と中臣鎌足(なかとみのかまたり)らは蘇我氏をほろぼし，天皇中心の政治を目指す（　②　）を行いました。

Ｃ

大きな戦争が始まり，日英同盟を理由に日本もこの戦争に参戦しました。そのさい，日本は中国にあるドイツの占領地(せんりょうち)を攻撃(こうげき)し，中国に二十一か条の要求をつきつけました。また，この間，日本は<u>③大戦景気</u>とよばれる好景気になり，成金とよばれる，急にお金持ちになる者が現れるようになりました。

D

都や地方では武士が成長していきました。かつては天皇中心の政治や，④摂関政治が行われていた朝廷では，上皇による院政が始まり，天皇と上皇の対立を武士どうしの戦いで解決するようになったことで，武士がさらに力をつけました。のちに源頼朝が幕府を開き，⑤武士が政権をにぎる時代が始まりました。

E

キリスト教が広まることをおそれた幕府は，貿易相手を制限する⑥鎖国とよばれる体制を築きました。しかし，日本に近づく外国船が多くなり，外国の軍事力をおそれた幕府は日米和親条約を結び，約200年続いた鎖国体制がくずれました。その後，⑦大政奉還が行われ，幕府はほろびました。

F

日本は石油やゴムなどの資源を獲得するために，欧米の植民地がある東南アジアや南アジアに攻め入りました。同じころ，ヨーロッパの国と⑧同盟を結び，結束を強めたことで日米関係が悪化していき，翌年に日本軍がハワイの真珠湾を攻撃して，太平洋戦争が始まりました。

問１　Aの説明文について，次の資料は，（①）の内容の一部です。この決まりを何というか答えなさい。

一　諸国の百姓が刀やわきざし，弓，やりなどの武具をもつことを固く禁止する。不必要な武具をたくわえ，年貢を納めず，一揆をくわだてて領主に対してよからぬ行為をする者がいれば，土地を耕す者がいなくなって，領主が得る年貢が減ってしまうからである。（以下略）

問２　Bの説明文について，文中の（②）にあてはまる語句を答えなさい。

問３　Cの説明文の下線部③について，右のグラフは，当時の日本の物価と賃金の変化を表したものです。日本は好景気になりましたが，一般の人々の生活は苦しくなっていきました。グラフから読み取れる，一般の人々の生活が苦しくなっていった理由について簡単に説明しなさい。

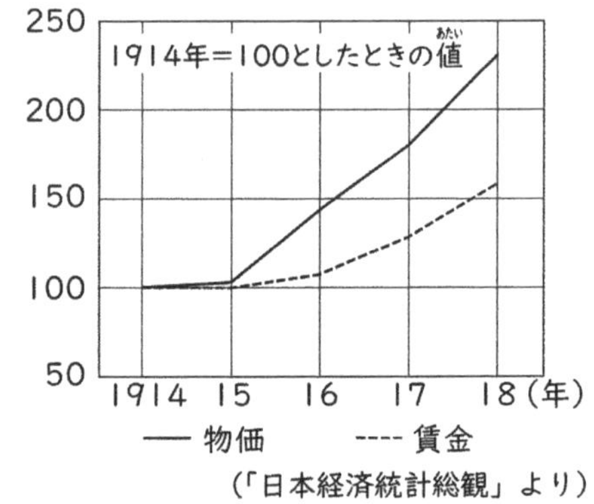

（「日本経済統計総観」より）

問４　Dの説明文について，あとの問いに答えなさい。

⑴　下線部④について，この政治を行って最盛期を築き，次の和歌をよんだ人物を答えなさい。

この世をば　わが世とぞ思う　望月の　欠けたることも　なしと思えば

⑵　下線部⑤について，この時代の説明として正しいものを，あとのア～エから一つ選び，記号で答えなさい。

ア　源氏の将軍が３代でとだえると，執権となった足利氏が政治の実権をにぎった。
イ　将軍と御家人は御恩と奉公という主従関係で結ばれていた。

ウ　中国との貿易では，正式な貿易船には勘合(かんごう)とよばれる合い札をもたせていた。

エ　元寇(げんこう)とよばれる戦いでは，幕府軍は九州地方北部から大陸に攻め入った。

問５　Ｅの説明文について，あとの問いに答えなさい。

⑴　下線部⑥について，鎖国下における薩摩藩(さつまはん)の交易相手国（地域）の位置を，次の地図中のア～ウから一つ選び，記号で答えなさい。また，その交易相手国（地域）名を答えなさい。

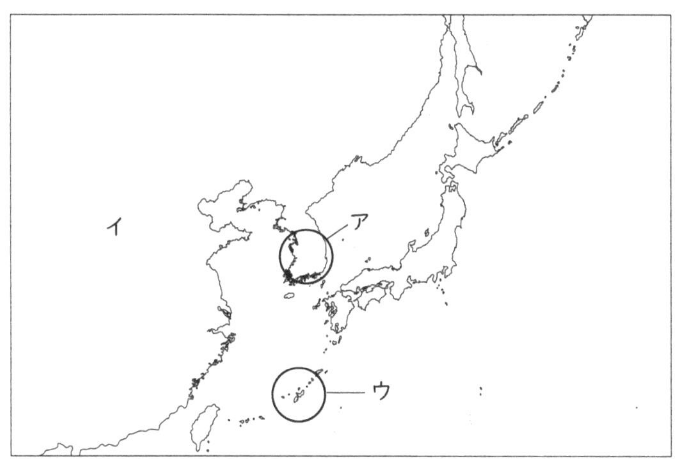

⑵　この時代に出版された書物の説明として正しいものを，次のア～エから一つ選び，記号で答えなさい。

ア　杉田玄白(すぎたげんぱく)や前野良沢(まえのりょうたく)らによって，西洋の医学書が日本語にほん訳された。

イ　紫式部(むらさきしきぶ)によって，貴族社会の恋愛(れんあい)模様が長編小説として書かれた。

ウ　福沢諭吉(ふくざわゆきち)によって，人間の自由や権利を尊重する思想が紹介(しょうかい)された。

エ　夏目漱石(なつめそうせき)によって，個人の生き方を深く見つめる作品が書かれた。

⑶　下線部⑦を行った，最後の将軍を答えなさい。

問６　Ｆの説明文の下線部⑧について，日本と同盟を結んだヨーロッパの国の正しい組み合わせを，次のア～エから一つ選び，記号で答えなさい。

ア　イギリスとフランス　　イ　スペインとポルトガル

ウ　オランダとロシア　　エ　ドイツとイタリア

問７　Ａ～Ｆの説明文を年代の古いものから順に並べ，４番目の記号を答えなさい。

3　次の親子の会話を読んで，あとの問いに答えなさい。

創太「日本には今47の都道府県があるけれど，いったいいつから都道府県という分け方になったのかな。昔は藩という分け方だったよね。」

父「そうだね。藩という分け方のときは藩を治める藩主が土地や人を支配していたんだ。その後，政府の権力を強めるために，藩が支配していた土地や人を政府に返し，①中央から今の県知事にあたる県令(けんれい)や府知事(ふちじ)を派遣(はけん)したんだ。はじめは300県近くあったけれど，統廃合(とうはいごう)を経て現在の数になったよ。」

創太「そんなに多かったんだね。日本の政治のしくみはどのように変化していったのかな。」

父「戦前は天皇主権だったけれど，戦後に日本国憲法が施行(しこう)されてからは，国民が主権をもち，国の権力を②国会，内閣，③裁判所の三つの機関に分けるようになったよ。」

創太「今まではそれぞれの藩が政治を行っていたのに，日本政府が日本全体の政治を行うようになったということは，日本という国を動かすのにいろいろと④お金がかかるだろうし，ほかの⑤問題も出てきそうだね。それに，憲法が施行されてから70年以上たっているから，当時の日本とのちがいもありそうだね。」

父「当時の日本と今の日本を比べてみるのもおもしろいね。」

問1　下線部①について，この改革を何というか答えなさい。

問2　下線部②について，国会が行う仕事としてまちがっているものを，次のア～エから一つ選び，記号で答えなさい。

ア　裁判官をやめさせるかどうかの裁判を行う。

イ　外国と条約を結ぶ。

ウ　内閣総理大臣を指名する。

エ　法律をつくる。

問3　下線部③について，2009年から開始した，国民が刑事(けいじ)裁判に参加することで，国民の視点や感覚を裁判に反映させることや国民の裁判への理解を深めることを目的とした制度を何というか答えなさい。

問4　下線部④について，あとの問いに答えなさい。

(1)　次のグラフは，1990年度と2023年度の一般会計歳入(さいにゅう)と歳出の内訳を表したものです。また，下の文は，グラフについて説明したものです。文中の（　）に共通してあてはまる語句を答えなさい。

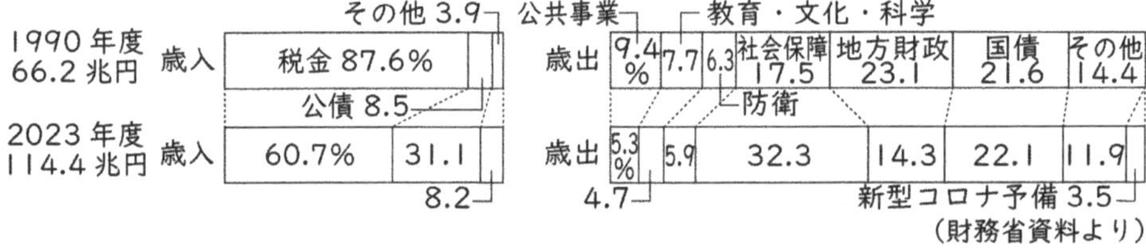

グラフは，国の（　　　）についてまとめたものである。（　　　）案は実際に政治を行う内閣で作成され，国会で審議(しんぎ)される。

(2)　上のグラフでは，1990年度と比べて2023年度のほうが歳出にしめる社会保障関係費の割合が高くなっていることがわかります。その理由はなぜか，次のグラフや説明を活用して答えなさい。

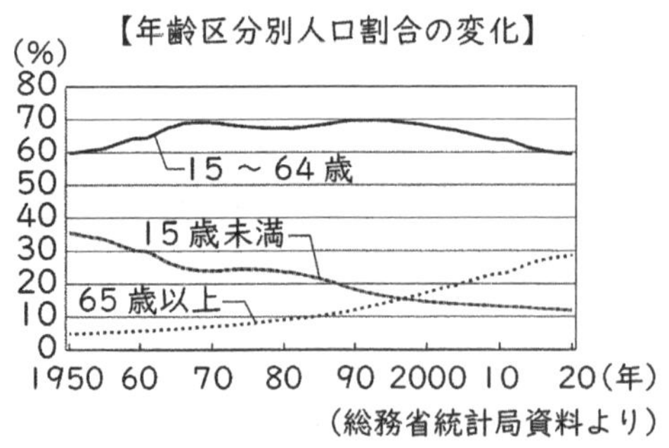

社会保障とは，病気やけが，失業などで生活が困難なときに国が生活を保障する制度のことである。日本では，社会保険，社会福祉(ふくし)，公的扶助(ふじょ)，公衆衛生の四つを基本的な柱とし，年金保険や介護保険は社会保険にふくまれる。

問５　下線部⑤について，次の資料のように，保育園に通えない待機児童数は減少しています。待機児童数の減少につながった解決策と，その解決策をすすめた理由を次の資料を活用して答えなさい。

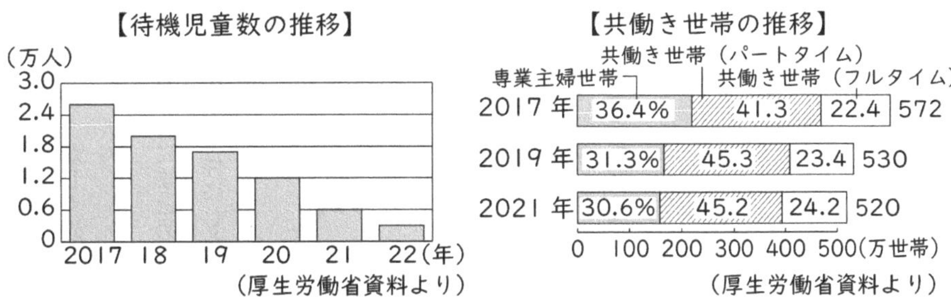

ウ．宗方さんの説明を聞いているうちに、困難にあってくじけそうになるばかりで感謝の気持ちを忘れていた自分を反省したから。
エ．ゴールが近づいて緊張（きんちょう）がとけてきたことで、百キロの道のりの悪い出来事さえもなつかしく感じるようになっているから。

問6　ゴールするまでのみちるの気持ちの変化について、文章中からわかる内容を、次のようにまとめました。空らん［1］［2］［3］に入る言葉を、（　）内の条件にしたがって、文章中から書き抜きなさい。

最初のころ

・ゴールまで歩くのは［　1（九字）　］。

↓

途中

・百キロという距離が、なんとなくイメージできてきた。
・各チェックポイントに着くのが制限時間ギリギリで、ゴールできるか不安を感じていた。
・ゴールに絶対にたどり着きたいと思うようになった。
・あきらめそうになったことが、なんどもあった。

↓

ゴール

・時間内にゴールできるとわかり、［　2（四字）　］気持ちになった。
・本気でがんばると、お祝いや励ましの言葉は［　3（三字）　］ものだと感じた。
・あたたかな感謝の気持ちがあふれた。

問7　――線部③「少しの間止まっていた私の涙が、今度こそ止まらなくなった」とありますが、このときのみちるの気持ちとして最も適切なものを次から選び、記号で答えなさい。
ア．生まれて初めて「ママ」から期待されていた結果を出すことができたのだという、満ち足りた気持ち。
イ．今までの自分は「ママ」からよい結果を求められて重圧を感じていたと気づいて、つらくなる気持ち。
ウ．いつも全力を尽くすことを求めていた「ママ」から初めてほめてもらったことが、たまらなく嬉しい気持ち。
エ．今まで「ママ」の期待にこたえることができずにあきらめていた自分のことを、情けなく思う気持ち。
オ．事故後に気力を失って外出することもなかった「ママ」が応援（おうえん）に来てくれたことに驚き、感謝する気持ち。

問8　――線部④「ねえ私も、ママの娘だってこと誇りに思うよ」とありますが、みちるがこのように言ったのは、どのような気持ちになっていたからですか。八十字以上百字以内で答えなさい。ただし、次の条件にしたがって答えること。
〈条件1〉　みちるの気持ちの変化がわかるように書くこと。
〈条件2〉　〈条件1〉の変化のきっかけを書くこと。

い。そうやって私と智を、地球の引力よりもはるかに強い力で引っ張って。そしたらいつか、今度は私がママを引っ張れるくらい成長するから、だから。

私の手を、ママはただ強く握り返してくれた。

「ママ……」

ママはまだ、死んじゃいない。

その手の強さを感じながら、そう思った。ママはどんな逆境もはねのける。苦しくたって全力でもがいて、がんばり続ける。だって、それが私のママだから。

「私はあなたを誇りに思う」

ママが不意にはっきりと、そう言った。はっとして顔を上げると、ママの眼に、数か月ぶりの光が見えた。ママがいる。久しぶりに、ママが帰ってきた。

「やめてよ、アメリカ(エ)エイガじゃあるまいし」

私はひたすら泣いて泣いて泣きじゃくってから、やっとのことでそう言った。

ママはそれを聞いて、いつもどおりの自信たっぷりな笑顔で、笑った。私もいつか、こんな顔で笑えるようになるかな。『私は私を信じる』って、言える日が来るかな。

いや、来る。絶対に来る。来るかな、なんて待ってるだけじゃ、いつまでも来ない。来るように変わるのは、自分の努力次第。今ならそれが痛いほどわかる。

「④ねえ私も、ママの娘だってこと誇りに思うよ」

涙をふいて、私も笑った。どんな顔になったかは自分ではわからないけれど、ママは、そんな私の顔を見て、ゆっくりとうなずいた。

（片川優子『100km！』より）

注　＊サポート…ここでは、大会関係者のことを指す
　　＊ビクトリー…「勝利」という意味の英単語

問1　〰線部(ア)～(エ)のカタカナを漢字になおしなさい。

問2　文章中の空らん【Ⅰ（一字）】【Ⅱ（二字）】【Ⅲ（一字）】に入る言葉は、体の一部です。それぞれ（　）内の条件にしたがって、漢字で答えなさい。

問3　文章中の空らん（A）に入る言葉として、最も適切なものを次から選び、記号で答えなさい。

ア．得意　イ．短気　ウ．正直　エ．弱気

問4　――線部①「……宗方さん、地面でよければ、寝てくれませんか？」とありますが、みちるがこのように提案した理由を次のような文にしたとき、空らんに入る言葉を、五字以上十字以内で文章中から書き抜きなさい。

ここまで支えてくれた人に、〔　　　　〕と思う気持ちがあるから。

問5　――線部②「今は、『恵みの雨』の言葉の意味が、すとんと胸に落ちてきた」とありますが、その理由として最も適切なものをあとから選び、記号で答えなさい。

ア．達成感を覚えながら百キロの最後の道を歩いているので、出来事や自分の変化を落ち着いて振り返ることができているから。

イ．ゴールまであと少しのところにたどり着くことができた自信から、困難を経験したことで自分は強くなったと感じているから。

涙なんて、真夜中にかれたと思っていた。ひとりの夜道で、苦しくて、いらついて、流した涙。それとはまったく違う、あたたかなものが頬を流れていく。

ゴールの瞬間を撮ってくれたけれど、私は万歳をしながら泣きじゃくったままだった。宗方さんも、初めての完歩に目をうるませている。彼も、ゴールで待っていたお父さんと抱き合っていた。お父さんはついに涙を流している。

「みちる」

拍手とおめでとうの向こうから、不意に、名前を呼ばれた。ここに私の知り合いはいないはず、そう思いながら振り返る。するとそこには、いないはずの人がいた。

「……ママ？」

「みちる」

車椅子に乗ったまま、確かに、私を見て、ママは私の名前を呼んだ。

「ママ」

「歩ききったのね」

ママが車椅子から、手を伸ばした。私はおそるおそるその手を握る。すると、ママはギュッと私の手を握り返してくれた。

「……よくがんばったわね」

③少しの間止まっていた私の涙が、今度こそ止まらなくなった。ママの前にしゃがみこみ、顔をぐしゃぐしゃにして泣きじゃくる私の頭を、優しくなでてくれる。

ああそうだ。私はずっと、ママにそう言われたかったんだ。

がんばりなさい。全力を尽くしなさい。そうなんどもなんども言われ続けたけれど、ママが私のしたことをほめてくれることはほとんどなかった。

ママの思うような結果を残せない私に、ママはいつも憐れむような、あきらめたようなため息をつくだけ。

そう、私はずっとそんなママにほめてほしくて、あきらめてほしくなくて、それでも結果を出せない、全力でなにかに打ち込めない自分に気づいていて、そんな自分に自分でもあきらめきっていたんだ。今までは。

「偉かったわ、みちる」

「ママ……」

だからこそ、ママが事故のあと、あきらめたのがなによりショックだった。いつも自信満々なママが、ママ自身をあきらめて努力をしなくなったことが悲しかった。

「……ママも歩いてよ……」

涙でぼやけて、ママの顔なんてわからなかったけど、とにかく私はそう言った。ママの手を強く強く握りしめる。

今のママにどれほどなにかが伝わってるかなんてわからなかったけど、言った。

ただ、ママにもう一度歩いてほしかった。自分の力で。どんなにリハビリがつらくても、あきらめたりなんかせずに。

「ママが一生懸命がんばってるとこ、私また見たいよ」

見上げたママは、涙でぼやけた視界の向こうで、泣いていた。

「歩いてよ、お(ウ)ネガいだから」

また歩いて。また私のはるか先で全力で生きながら、私を叱ってほし

だけじゃなく、百キロというとんでもない距離を歩かなければ、気づかなかったこと、考えていなかっただろうことはいっぱいあった。

正直、三十キロの時点で宗方さんに名前の由来を聞いたとしても、そのころの私はきっと理解できなかったと思う。雨なんて、ただ迷惑なだけ。困難を増やしてどうするの？

でも②今は、『恵みの雨』の言葉の意味が、すとんと胸に落ちてきた。長い道のりの途中、あきらめそうになったことなんてなんどもあったし、自分の境遇をただ呪って泣いたことだってあった。今はすべてがなつかしい。心の中のもやもやしたものは消え、ただ感謝だけが胸にあった。

どれほどそうして歩いただろうか。不意にだれかが声を上げた。つられて顔を上げる。するとそこには、たくさんの人と、そして、百キロのゴールがあった。時計を見る。二時十分前だった。

間に合った。私は、私たちは、完歩できたんだ。

ほっとした。百キロの間じゅう、ずっと時間の不安と戦っていた。チェックポイントに着くのはいつも制限時間ギリギリだったし、歩いていても不安で仕方がなかった。でも、間に合ったんだ。

「あんた、なに泣いてんだよ。気持ちわりいな」

「……うるさいってば」

ゴールを見たとたん、安心したのか、止めようといくら努力しても、あとからあとから涙があふれてきた。最初は、とうてい無理だと思っていたゴール。途中からやっと百キロという距離がおぼろげに見えてきて、最後には絶対たどり着きたい目標へと変わった、百キロ。それがついに、目の前にある。

私ひとりでは絶対になしえなかった、完歩。

苦しいとき、必ずだれかが支えてくれた。手を差し伸べてくれた。心が折れてしまいそうなとき、みんなが【Ⅱ（二字）】を押してくれた。だからこそ、私は今ゴールに向かって歩くことができる。百キロという長い道のりを、完歩することができるんだ。

「おめでとうございます！」

オレンジの服の人たちが、口々に言ってくれた。あたたかな拍手に包まれる。

いつだったか、学校のマラソン大会でビリでゴールしたとき、先生だけでなく、とっくの昔にゴールしていたクラスメイトまでが口々に励ましてくれたけど、そのときはただ恥ずかしいだけだった。

ゴール後に苦しい呼吸を整えながら、本当はもう少し速く走れたかも、なんて思ってさらに死にたいくらいいやな気分になった。

あのときは、走るのが遅い私をみんな見下してるんだな、だからがんばってなんて言うんだと卑屈なことを考えもしたけれど、今ならわかる。ならもっと本気で【Ⅲ（一字）】を抜かずに走ればよかった、ただそれだけの話だったんだ。

そう、今ならばわかる。苦しいくらい、よくわかる。

おめでとうございます。その言葉が、これほどまでに嬉しいということ。

つらいとき、がんばってくださいという言葉がどれだけありがたいかということ。

そして、ありがとうという感謝の気持ちが、これほどまでに深くてあたたかいということ。

いい。
　宗方さんは伏せながら、なんどもありがとうとつぶやいた。
「私もこうやって、＊サポートの人にマッサージしてもらったんです。だからここまで来れた。その恩返しがしたいんです。あのサポートの人には返せないけど、せめて宗方さんには。だって宗方さんがいなかったら、私あの人のマッサージを受ける前にリタイヤしてたから」
　ゆっくりと、宗方さんの足を押していく。私のつたないマッサージが、宗方さんにどれほど効くかわからないけれど、なんとか百キロ歩ききってほしかった。
　マッサージしたのは、ほんの数分だったと思う。それでも、マッサージを終えた宗方さんは、起き上がって、ニコッと笑って言ってくれた。
「ありがとう。みちるちゃんのおかげでだいぶ楽になりました。（　Ａ　）なこと言ってすみません。いっしょにゴールしましょう」
「……はい！」
　十二時四十分、私たちは立ち上がり、歩きだした。
　残りは四キロ。残り時間は、あと一時間二十分。
　最後の四キロは、海沿いの道だった。防波堤沿いにずっと歩いていく。ここは行きに通った道とは違うみたい。
　見慣れない道にきょろきょろしながら歩いていると、少し前に、またも見知った背中が見えた。今度は、左足だけじゃなく、右足までかばっているようだ。さてはあいつ、右足の水ぶくれもつぶれたな？
「おーい」
「またあんたかよ」
　振り返った彼は、やっぱり仏頂面のまま言った。
「お友達ですか」
「途中いっしょに歩いたんです」
　宗方さんに説明する。宗方さんは、それを楽しそうに聞いていた。自然と、三人で並んで歩く。
「ここ、＊ビクトリーロードって言うんだと」
　彼はだれに言うともなくつぶやいた。すぐ横は海ということもあって、風が強い。
「親父が言ってた」
「そんな呼び名があるんですか。知りませんでした」
　宗方さんが相槌を打つ。
　ビクトリーロード。百キロの最後、そこまで歩いてきた人だけが歩ける海岸線。だれかと勝負したわけじゃない。だれに勝ったわけでもない。体は疲労でくたくただし、足だって痛い。それなのに、心は心地よい達成感に包まれていた。
　そのとき、ふと思い出した。そういえば、理由を聞いてない。
「宗方さん、『恵みの雨』って呼ぶ理由、教えてください」
「それ、俺も聞いたことある」
「ああ、そういえばお話ししてませんでしたね」
　ゆっくりと歩を進めながら、宗方さんは話してくれた。
「人は困難が多ければ多いほど、より多くのことに気づくことができる。百キロの最中に、雨が(イ)フったことで、さらに気づくことも増えるでしょう。それに感謝して、『恵みの雨』と、そう呼ぶんだそうです」
「そうなんですか……」
　多くのことに気づかせてくれる、雨。確かに、そうかもしれない。雨

問6　――線部④「視野が狭くなるのを避け、複眼的にものごとを検討する心の姿勢を保つ」とありますが、このために必要なことを次のような文にしたとき、空らんに入る言葉として最も適切なものをあとから選び、記号で答えなさい。

新聞やテレビのニュースなどに触れて、〔　　　　〕ようにすること。

ア．知りたい情報を取捨選択する
イ．自分とは異なる意見を取り除く
ウ．自分の知識としてたくわえる
エ．関心のない情報も取り入れる

問7　この文章を内容から二つに分けるとしたら、どこで分けるのがよいと考えられますか。後半が始まる段落の、初めの五字を書き抜きなさい。

二

次の文章を読んで、あとの問いに答えなさい。［注意］本文中には、問題作成のため表記を変えたところがあります。

《ここまでの内容》
高校一年生のみちるは、知らないうちに参加の申し込みをされて、三十時間で百キロメートルを歩く大会に出場している。みちるの「ママ」は、交通事故にあい長期入院中で、すっかり気力を失っている様子である。みちるは、自分が歩ききれれば状況が変わるかもしれないという一心で、他の参加者や大会関係者と交流を重ねながら、ゴールを目指して進んでいる。

疲れたらわきにそれて休憩をとりながら、一時間半後、ゆっくりと四キロ歩ききった。九十六キロ地点の、最後のチェックポイントに着いたのは、十二時半。あと一時間半で、私たちが完歩できるかが決まる。

あいにく、マッサージはかなりの列を作っていた。最後の四キロに(ア)ソナえようとするのはみんな同じらしい。

「私は大丈夫です。先を急ぎましょう」

時間を気にする私を見て、宗方さんはそう言ってくれたけれど、痛みを我慢しているのは見ればわかった。

「①……宗方さん、地面でよければ、寝てくれませんか？」

私はもう一度時計を見て、それから言った。マッサージを並んで受けている時間はない。でも、このままの状態で宗方さんが最後の四キロを歩けるかわからない。下り坂で、かなり足に負担がたまっているようだった。

「私がマッサージします」

宗方さんは、私の提案に驚き、そして【Ⅰ（一字）】を振った。

「私は大丈夫です。みちるちゃんだって疲れているでしょう？　……もう、私を置いていってください。そうすればみちるちゃんだけでも完歩ができる」

「いやです、そんなの」

だって私は決めてしまった。宗方さんといっしょに完歩すると。三十キロ地点でも百キロ地点でも、宗方さんといっしょに写真に写りたい。

私は強引に、宗方さんを地面に寝かせた。必死に私が六十キロ地点であの人にしてもらったマッサージを思い出す。あのおじさんのようにうまくはできないけれど、少しでもそれで宗方さんが楽になってくれれば

ものの見方しかできなくなる。

（　C　）、新聞やテレビなどのセットメニューのニュースに絶えず触れておくことは、④視野が狭くなるのを避け、＊複眼的にものごとを検討する心の姿勢を保つ上で、とても大事なことと言ってよいだろう。

（榎本博明『思考停止という病理　もはや「お任せ」の姿勢は通用しない』より）

注　＊空虚感…心に何もないような、むなしい感じ
＊語彙…言葉の種類
＊実用書…実際に役に立つ情報が書かれている本
＊葛藤…心の内で対立する感情があり、その選択に迷う状態
＊万遍なく…ゆきとどかないところがなく
＊複眼的…物事をいろいろな角度から見るさま

問1　〰〰線部(ア)～(オ)のカタカナを漢字になおしなさい。

問2　文章中の空らん（A）（B）（C）に入る言葉として、最も適切なものを選び、それぞれ記号で答えなさい。

ア．しかし　イ．あるいは　ウ．しかも
エ．ゆえに　オ．ところで　カ．たとえば

問3　――線部①「必要となるのが言語能力だ」とありますが、「言語能力」が必要なのはなぜですか。最も適切なものを次から選び、記号で答えなさい。

ア．私たちは言葉を自由に使って文章を書くと、モヤモヤした気持ちが整理されて物事を考えやすくなるから。
イ．私たちは多くの言葉を知っていると、その分さまざまな考え方ができるようになるため思考が深まるから。
ウ．私たちは自分の心のなかで経験していることについて、言葉によって意味を与えながら理解しているから。
エ．私たちは言葉を適切に使う能力がないと、頭のなかでまとまっている考えをうまく人に伝えられないから。

問4　――線部②「このような読書の効用」とありますが、この説明として最も適切なものを次から選び、記号で答えなさい。

ア．本を読むことによって数多くの役立つ情報を得られ、自分自身の知識として定着させることができるということ。
イ．本を読んでいてよみがえった記憶の断片をきっかけに、関連するいろいろなことに考えをめぐらすことができるということ。
ウ．読んでいる本と関連する過去に読んだ本の知識が頭に浮かび上がり、語彙を増やすことができるということ。
エ．過去の実体験で得られた知識が活性化されることで、物事を深く考えようとする姿勢が身につくということ。

問5　――線部③「新聞のニュースとネットニュースの基本的な性質の違い」とありますが、これについて、次のようにまとめました。空らん［Ⅰ］［Ⅱ］に入る言葉を、（　）内の条件にしたがって、文章中から書き抜きなさい。

●新聞のニュース
〔　Ⅰ（十一字）　〕が書かれたページをめくりながら読む。
●ネットニュース
〔　Ⅱ（十二字）　〕することで読む。

「あれはいつのことだったかなぁ」
「自分も似たような状況に陥ったことがあったな」
などといった思いが頭のなかを駆けめぐる。

記憶の断片のなかには、他の本で出会った言葉や考え方もある。
「似たようなことを言ってた著者がいたなぁ」
「あの本は、ちょっと違った視点から書かれていたなぁ」
「あの本の主人公はどうやって＊葛藤を解決したんだったっけなぁ」
などと、過去の読書経験をもとにした記憶の断片が心に浮かんできたりする。

読解力や思考力を高めるには、②このような読書の効用を踏まえて、読書習慣の形成を促すような教育的な(エ)ハタラきかけをする必要があるだろう。

思考力を磨くためには、いろんな視点を自分のなかに取り込むことが必要である。そのためには新聞を読むことが大事だと言うと、ネットでニュースを読んでいるから、自分には新聞は必要ないと言う人もいる。だが、それは③新聞のニュースとネットニュースの基本的な性質の違いを理解していない。

新聞を読む場合、まずページをパラパラめくることで、政治問題の記事、経済問題の記事、社会問題の記事、文化的テーマの記事、スポーツ関係の記事など、あらゆるジャンルの記事が目に飛び込んでくる。各ページの主な記事を飛ばし読みするだけでも、あらゆるジャンルについての情報を得ることができる。

それは、なにも新聞に限らない。テレビでニュースを見る場合も、政治、経済、社会問題、文化、スポーツなど、あらゆるジャンルのニュースがつぎつぎに流れてくるので、ニュースの番組にチャンネルを合わせさえすれば、あらゆるジャンルについての情報を＊万遍なく得ることができる。

それに対して、ネットでニュースを読む場合は、気になるテーマをクリックして主なニュースを引き出すことになる。新聞のように、各欄の記事がすべて目に飛び込んでくるのではなく、各記事のタイトルしか見えないため、クリックして引き出したもの以外の記事の内容はまったくわからないままになる。

そこで、ネットの場合は、経済ニュースしか読まず、文化的テーマやスポーツ、社会で起こっている事件などについてはほとんど知らないという人や、社会で起こっている事件についての記事はよく読んでいるのに、政治や経済についてのニュースはまったく知らないという人も出てくる。

ネットの時代になって、関心のあるニュースばかりをつぎつぎに引き出して読むことができるようになり、関心のあるジャンルについては非常に詳しくても、あまり関心のないジャンルの情報にはまったく触れることがなくなった。

それにより、各個人のもっている情報は個性化されてきた。求める情報を手に入れやすいという点においてネットは非常に便利であり、関心のある情報ばかりで自分の頭のなかの世界を埋め尽くすことができるのだから、きわめて心地がよい。

だが、そうした情報摂取の個性化の進展によって、頭のなかの世界にかなりの偏りができてしまう。自分の(オ)カチ観と相容れない異質な考えを排除した心の世界に生きていると、視野が非常に狭くなり、一面的な

【国　語】（四五分）〈満点：一〇〇点〉

【注意】句読点（。）（、）などの記号や、かぎかっこ（「」）（『』）は字数として数えます。

一 次の文章を読んで、あとの問いに答えなさい。［注意］本文中には、問題作成のため表記を変えたところがあります。

ひとりで思考を深めるには、自分の思うことを文章にしてみるとよい。自分の内面に渦巻くモヤモヤした思いを文章にすることで、心のなかが整理されていく。言葉にするということは、言葉を用いてモヤモヤした頭のなかを整理することに等しい。

私たちは、自分の心のなかで経験していることを、そのまま取り出して理解することはできない。経験そのものが言語(ア)コウゾウをもっているわけではないからだ。

何だかわからないけれども、心のなかがざわついて落ち着かない。なぜかイライラしてしょうがない。何だか不安だ。何だろう、この＊空虚感は。何だろう、この焦ってる感じは……。そんなふうに、言葉にならない衝動的なもの、感情的なものが、自分のなかに渦巻いているのを感じることがある。

そのようなモヤモヤした心の内を語ったり文章にしたりするには、それを言葉ですくい取らなければならない。自分の思いを語ったり書いたりすることが大事なのは、それが自分の過去の経験や(イ)ゲンザイ進行中の経験を整理することにつながるからだ。

自分の内面で起こっていることを書いたり語ったりすることは、まだ意味をもたない解釈以前の経験に対して、書いたり語ったりすることのできる意味を与えていくことだと言ってよい。それによって経験が整理されていく。

そこで①必要となるのが言語能力だ。私たちは日本語で考えるので、日本語能力が鍛えられていないと思考を深めることはできない。

（　A　）、＊語彙が乏しいと、内面をうまく言語化することができず、なかなか頭のなかが整理できない。つまり、思考が深まらない。内面のモヤモヤを言語化して思考を深めるには、語彙の豊かさが求められる。そうなると、本を読まない者が増えているという最近の風潮は、きわめて好ましくない。

思考を深めるのに読書が役立つのは言うまでもない。それには、語彙が豊かになるという意味だけでなく、自分自身を見つめる機会になるという意味もある。

読書を情報収集と位置づけている人は、今すぐ役立つ情報のみを求めて＊実用書ばかりを読む傾向があるため、思考は深まらない。表面的に情報をなぞるだけだ。だが、実学志向の強い時代であるため、そうした読書の仕方をする人も珍しくない。むしろ多数派かもしれない。

（　B　）、本を読むことの意味は、けっして情報収集のためだけではない。本を読んでいると、自分の記憶のなかに眠っているさまざまな(ウ)ソザイが活性化され、ふだん意識していなかった記憶の断片が浮かび上がり、それをきっかけにいろいろなことが連想によって引き出されてくる。

「そういえば、あんなことがあった」
「こういう思いになったことがある気がする」
「同じようなことを考えたことがあったなぁ」

【英　語】（45分）　＜満点：100点＞　　※リスニングテストの音声は弊社HPにアクセスの上，音声データをダウンロードしてご利用ください。

1　リスニング（放送中，メモをとってもかまいません）

Part 1（放送は１回）

対話を聞いて，最後の文に続く応答として最も適切なものを，放送される英文A，B，Cの中から１つ選びなさい。

(1)

(2)

(3)

(4)

Part 2　（放送は１回）

まとまった英文のあと，その内容に関する質問が放送されます。その質問に対する応答として最も適切なものをA，B，Cの中から１つ選びなさい。

(1)　A：She makes breakfast and takes care of flowers.
　　B：She cleans the rooms and takes care of her sister.
　　C：She makes dinner and washes the dishes.

(2)　A：He went home and got it.
　　B：He bought some sweets for his friend.
　　C：He asked his friend to lend it.

Part 3（放送は２回）

対話を聞いて，次の質問に英語で答えなさい。対話と質問は，２回続けて放送されます。(1)の問題のあと，(2)の問題まで１分間あります。

(1)　What day will they go to the city library, and why did they choose that day?

(2)　Why did the girl choose to take the bus?

2

１．次の空欄に当てはまる同じ語を答えなさい。

(1)　I often (　　　) on the sofa.
　　You shouldn't tell a (　　　).

(2)　What (　　　) do you like?
　　I forgot to write a (　　　) in the e-mail.

２．例を参考に，次の語を英語で説明しなさい。

例）table tennis = It is an indoor sport played by two or four players.
　　They hit a small ball to each other with rackets.

soccer =

3 次の英文を読んで，あとの問いに答えなさい。

Tsuda Umeko was born in Edo (present-day Tokyo) at the end of the Edo period to a father who was an agricultural scientist. In 1871, at the urging of her father, Tsuda participated in the Meiji government's *embassy to learn about the education of girls in the U.S. At the time, there were five *female *exchange students, and Tsuda was the youngest of the five, at the age of six.

After arriving in the U.S., Tsuda started to live with Mr. and Mrs. Lanman. They had no children. They had about 3,000 books in their home, and Tsuda read them freely. She was also taken on trips around the U.S. She got a great deal of knowledge and experience in English, literature, and science.

In 1882, Tsuda finished her studies and went back to Japan. She became so familiar with the U.S. that she almost forgot her Japanese. After returning to Japan, she met Ito Hirobumi again. Ito was the first prime minister of Japan, and she met him on the ship on her way to the U.S. After talking with him, she got a job as an English teacher at a girls' school for the *peerage. However, she had a wish for her students to receive a higher education, to get jobs, and to be *independent like men, and she wanted to establish a new school for women. To *fulfill this wish, she went back to the U.S. in 1889 to study women's education more deeply.

After returning to Japan in 1892, she continued to prepare for the establishment of a school while she was working as a teacher at a girls' school. Finally, in 1900, the Women's Eigaku Juku (later to become Tsuda University) was established. In the first year, ten students who were from around Japan entered the school. The number of students quickly grew later. After leading the school to success, Tsuda continued to work hard for women's education and the advancement until her death at the age of 64.

*embassy　外交使節（自分の国を代表して，ほかの国の人と交流をする人）　*female　女性の
*exchange student　交換留学生　*peerage　貴族　*independent　独立した
*fulfill ～　～を実現する

1．本文の内容に合うように，次の空欄に当てはまる語を答えなさい。

(1) Tsuda established a new school because she wanted women to receive a higher (　　　).

(2) The number of students in Eigaku Juku was (　　　) in the first year.

2．英文を読んで，その内容に関する以下の質問に，英語で答えなさい。

(1) How did Tsuda get knowledge and experience in the U.S.?

(2) What was Tsuda's job after returning to Japan?

4 次の英文を読んで，あとの問いに答えなさい。

((1)) is easier for people to understand emotions, from faces or emojis? Some researchers did an experiment to find the answer to this question. They gathered 51 university students for the study. In the experiment, about half of ₍₂₎them saw 48 emoji expressions, while the *rest of the university students saw 48 photos of human faces. Both the facial photos and the emoji expressions showed various emotions, such as *happiness, *surprise, *sadness, *anger, *fear, and so on.

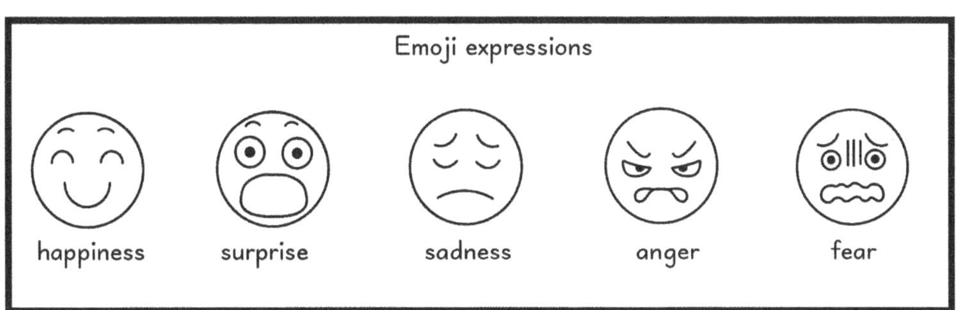

(A) The results showed that the university students who saw the emoji expressions recognized the emotions more quickly and more *accurately than the university students who saw the facial photos. In addition, the researchers found that some emotions were recognized easily, while others were not, in both emojis and facial photos. For example, the ((3)) expression was recognized more quickly than any other expression, but the expression of fear was recognized more slowly than other expressions. Expressions of surprise and fear are often *confused with each other. (B) From the results, we can say that the emotion humans can most easily recognize is happiness, *followed by surprise, then anger. The emotion of fear is the most difficult for humans to recognize.

Only 51 university students took part in the experiment, so the results may not be *accurate. (C) In real communication like conversations, our facial expressions change a lot *unlike the *still images used in the experiment. On the other hand, emojis are simpler than real human faces, and the number of facial parts drawn in emojis is small. (D)

For these reasons, the study with 51 university students probably showed these results.

*rest 残り　*happiness 幸せ　*surprise 驚き　*sadness 悲しみ　*anger 怒り
*fear 恐怖　*accurately 正確に　*confuse ～ ～を混同する　*followed by ～ さらに～が続く
*accurate 正確な　*unlike ～ ～とは違って　*still image 静止画

1．文中の（(1)）に入れるのに最も適切なものを選び，記号で答えなさい。

(ア) What　(イ) When　(ウ) Who　(エ) Which

2．文中の下線部(2)が指す内容を文中から抜き出して書きなさい。

3．次の英文を入れるのに最も適切な所を文中の（A）～（D）から選び，記号で答えなさい。

However, at least, we can say that it's easier for humans to understand other people's emotions through emojis than through faces based on this experiment.

4．文中の（(3)）に入れるのに最も適切なものを選び，記号で答えなさい。

(ア) happy　(イ) angry　(ウ) sad　(エ) surprised

5．筆者が言っている，人間の顔の表情よりも，絵文字の表情を通しての方がより感情を認識できる理由を，20～30文字程度の日本語で説明しなさい。

6．行われた実験について内容に合うものを選び，記号で答えなさい。

(ア) 実験の参加者は，人間の顔と，幸せ，驚き，怒り，悲しみの４つだけの表情を示す絵文字の画像を見た。

(イ) 絵文字や顔写真の表情の中には，どのような感情を表しているのかを判断するのが難しいものがあった。

(ウ) 実験の結果，参加者は絵文字の表情をより速く認識したが，顔写真の表情の方をより正確に認識した。

7．英文を読んで，その内容に関する以下の質問に，３語の英語で答えなさい。

Is recognizing the emotion of surprise the most difficult for humans?

5 あなたが将来，住んでみたい国について，理由を含めて40語程度の英語で答えなさい。

〈国名の例〉

Japan, the U.S., China, Korea, Australia, Egypt, Spain
その他何でも良い

2024年度

解　答　と　解　説

《2024年度の配点は解答欄に掲載してあります。》

＜算数解答＞

[1]（1）95　（2）1　（3）1560　（4）8.65以上8.75未満　（5）7：4
[2]（1）49本　（2）6　（3）13000円　（4）180円　（5）450.24cm^2
[3]（1）380通り　（2）14通り　（3）36通り
[4]（1）3000cm^3　（2）2832cm^3　（3）1632cm^2
[5]（1）7分後　（2）8：7　（3）5分15秒　（4）200m

○推定配点○

各5点×20（[1]（4）完答）　計100点

＜算数解説＞

[1]（四則計算，単位の換算，概数，割合と比）

（1）67＋28＝95

（2）6＋4－9＝1

（3）1300＋130＋130＝1560（cm）

（4）未満は，より小さいという意味であり，求める小数は8.65以上8.75未満

（5）A：B＝42：24＝7：4

[2]（植木算，規則性，消去算，割合と比，平面図形，図形や点の移動）

基本（1）240÷5＋1＝49（本）

重要（2）8を順にかけていくときに現れる一の位の数…8，4，2，6，8，～　2024÷4の商…余りがない　したがって，求める一の位の数は6

重要（3）兄の貯金額と妹の貯金額…それぞれ□，○で表す　□＝○×5－2000…ア　□＋○＝16000…イ　アとイ…○×5－2000＋○＝16000より，○×6＝18000，○＝3000　したがって，兄の貯金額は16000－3000＝13000（円）

重要（4）プリン1個，ケーキ1個…それぞれの値段を③，⑤とする　代金の合計…③×5＋⑤×9＝⑥⓪＝3600　したがって，プリン1個は3600÷60×3＝180（円）

重要（5）求める面積は，右図より，4×4×3.14＋4×（13＋37）×2＝50.24＋400＝450.24（cm^2）

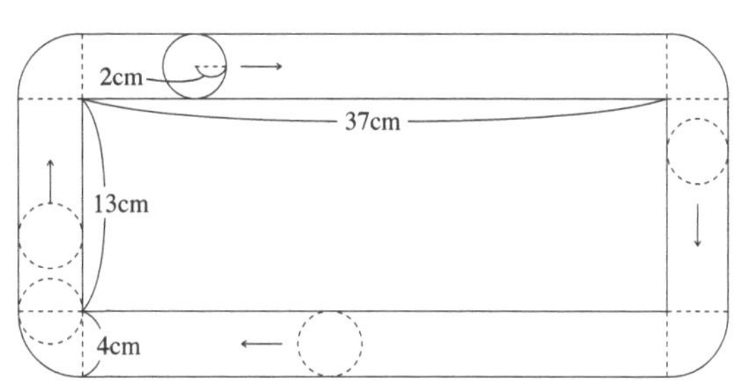

[3]（場合の数，数の性質）

基本（1）20×19＝380（通り）

重要 (2) 6の倍数のカード…6, 12, 18　4の倍数のカード…4, 8, 12, 16, 20　Aが6, 18を引いてBが4の倍数のカードを引く場合…2×5＝10(通り)　Aが12を引いてBが4の倍数のカードを引く場合…4通り　したがって, 全部で10＋4＝14(通り)

1	2	3	4	5
6	7	8	9	10
11	12	13	14	15
16	17	18	19	20

やや難 (3) 28の約数…1, 2, 4, 7, 14, 28　2人のカードの数の和が2になる場合…(1, 1)：1通り　2人のカードの数の和が4になる場合…(1, 3)と逆の場合, さらに(2, 2)：3通り　2人のカードの数の和が7になる場合…(1, 6)(2, 5)(3, 4)と逆の場合：6通り　2人のカードの数の和が14になる場合…(1, 13)(2, 12)(3, 11)(4, 10)(5, 9)(6, 8)と逆の場合, さらに(7, 7)：13通り　2人のカードの数の和が28になる場合…(8, 20)(9, 19)(10, 18)(11, 17)(12, 16)(13, 15)と逆の場合, さらに(14, 14)：13通り　したがって, 全部で1＋3＋6＋13×2＝36(通り)

4 (平面図形, 立体図形)

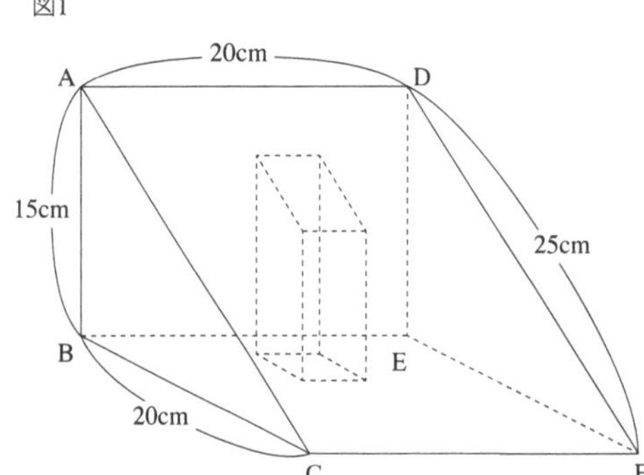

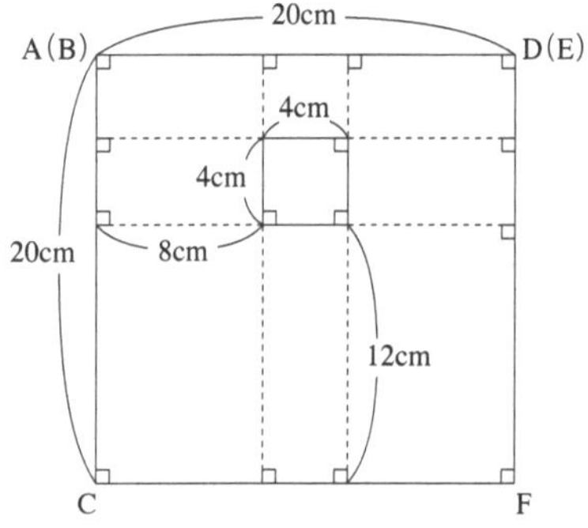

基本 (1) 15×20÷2×20＝3000(cm^3)

重要 (2) 図Aと(1)より, 3000－(12＋9)×4÷2×4＝2832(cm^3)

やや難 (3) ア…図Aより, 25÷5＝5(cm)　外から見える部分の面積…15×20＋(20＋25＋15)×20－(5＋4)×4＝300＋1200－36＝1464(cm^2)　内側の部分の面積…(12＋9)×4×2＝168(cm^2)　したがって, 表面積は1464＋168＝1632(cm^2)

図A

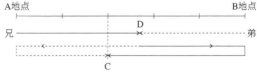

重要 **5** (速さの三公式と比, 旅人算, 割合と比, 単位の換算)

兄…A地点からB地点まで1往復する　弟…B地点からA地点まで1往復する　2人が2回目に出会ったとき…同時に出発して21分後にC地点で出会った　AC間の距離…AB間の距離の$\frac{2}{5}$

(1) 2回目に出会うまでに2人が進んだ距離の和…下図より, AB間の距離×3　したがって, 2人が1回目に出会ったのは21÷3＝7(分後)

(2) 2回目に出会うまでに兄が進んだ距離と弟が進んだ距離の比…右図より, (5＋3)：(5＋2)＝8：7　したがって, 速さの比も8：7

(3) (2)より, 21÷8×2＝5.25(分)すなわち5分15秒

(4) AD間の距離…(2)より, 1500÷(8＋7)×8＝800(m)　AC間の距離…1500÷5×2＝600(m)　したがって, CD間は800－600＝200(m)

★ワンポイントアドバイス★

3(3)「Aが引いたカードを元にもどす」という条件を見逃すと，間違える。4(3)「表面積」は，「内側の部分の面積」を忘れてはいけない。5は，兄弟がAB間を反対方向に進む旅人算の問題であり，基本がわかっていれば解ける。

＜理科解答＞

1 (1) ア (2) 蒸散 (3) ウ (4) ウ

2 (1) (例) 支点と作用点のきょりを近づける (2) ① イ ② カ (3) ① 2：1 ② 64g

3 (1) イ (2) ① (例) 水の温度が変化しても，水にとける食塩の量はほとんど変わらないから。 ② 46.0g (3) ウ (4) (食塩) エ (ミョウバン) イ

○推定配点○

1 各3点×4　2 (1), (3) 各4点×3　他 各3点×2

3 (2) 各4点×2　他 各3点×4　計50点

＜理科解説＞

1 (植物—蒸散)

基本 (1) 植物は葉の表，裏，茎から水蒸気を放出している。実験では，葉の多いAから多くの水蒸気が蒸散し，葉のない茎だけのBからはわずかな水蒸気が蒸散する。

基本 (2) 植物が水蒸気を放出する働きを蒸散という。

重要 (3) Aは葉の表と茎からの蒸散量を表し，Bは葉の裏と茎，Cは葉の表，裏，茎からの蒸散量を表す。C－Aより葉の裏からの蒸散量が2.7－0.8＝1.9であり，C－Bより葉の表からは2.7－2.1＝0.6，A＋B－Cより茎からは0.8＋2.1—2.7＝0.2の蒸散が起きることがわかる。正しいのはウである。

(4) 室内の暖かい空気が冷たい窓に触れると，水蒸気が水滴に変わりガラスの内側にくっついて窓の内側がくもる。

2 (てこ・てんびん・輪軸—てこ)

基本 (1) てこの支点の両側で，支点から力点までの距離×力の大きさ＝支点から作用点までの距離×おもりの重さがつり合う。おもりの重さを大きくするには，支点と作用点の距離を短くすればよい。

重要 (2) ① Xの重さを□gとすると，□×3＝20×2×3　□＝40gである。 ② 支点からの距離を□とすると，20×2＋20×1＝10×□　□＝6である。

重要 (3) ① 支点からの左右の距離の比と，支点の両側にかかる重さの比は反比例する。図3より，支点の左側の重さと右側の重さの比は1：2になるので，A：Bの長さの比は2：1になる。 ② ○形のかざりとつり合う□形のかざりの重さは80×3÷5＝48(g)である。一番上のてんびんの右側にかかる重さの合計が，128×10÷8＝160(g)になる。その下のてんびんの支点は中央にあるので，両側に80gずつの重さがかかる。右側の一番下のてんびんの支点からおもりまで距離の比が4：1なので，☆型のかざりの重さは80×4÷5＝64(g)である。

3 (ものの溶け方—溶解度)

基本 (1) ア × ミョウバンは40℃の水100gに23.8gまでしか溶けないので，35g加えると溶け残るが，

食塩は36.5gまで溶けるので35gの食塩はすべて溶ける。　イ　○　ミョウバンは4回目の5gを加えたときまで(合計20g)はすべて溶けるが，5回目に加えると溶け残る。このとき溶け残ったミョウバンの重さは25－23.8＝1.2(g)である。　ウ　×　食塩は60℃の時には8回目で溶け残りが生じる。ミョウバンは12回目で溶け残りが生じる。　エ　×　かき混ぜ方の違いで結果は変化しない。

(2)　①　食塩の溶解度は温度によってあまり変化しないので，溶け残りが目立たない。　②　ミョウバンは60℃の水100gに57.4gまで溶けるが，20℃では11.4gまでしか溶けないので，57.4－11.4＝46.0(g)が溶け残る。

(3)　100gの水に45g溶かしたのと同じである。40℃では溶け残り80℃ではすべて溶けるので，この粉の溶解度は40℃では45gより小さく，80℃では45gより大きい。これに当てはまるグラフはウである。

(4)　食塩は温度が上昇しても溶ける量はあまり変わらないので直線的なグラフになるが，ミョウバンは高温になるにつれて溶ける量の増え方が大きくなるので曲線イのグラフになる。

★ワンポイントアドバイス★

基本問題がほとんどであり，計算問題も典型的な内容のものである。しっかりとした知識を身につけることが大切である。記述形式の問題も出題される。

＜社会解答＞

1　問1　A　ロシア連邦　　B　太平洋　　問2　イ　　問3　エ　　問4　(例)　二つの山地によって季節風がさえぎられるから。　問5　津　　問6　オ　　問7　ウ　　問8　イ

2　問1　刀狩令　　問2　大化の改新　　問3　(例)　物価の上昇に賃金の上昇が追いついていなかったから。　問4　(1)　藤原道長　　(2)　イ　　問5　(1)　(位置)　ウ　(国名)　琉球王国　　(2)　ア　　(3)　徳川慶喜　　問6　エ　　問7　E

3　問1　廃藩置県　　問2　イ　　問3　裁判員制度　　問4　(1)　予算　　(2)　(例)　65歳以上の人口の割合が増えているため，その人たちに対するサービスを充実させる必要があるから。　問5　解決策　(例)　親が働く会社に保育スペースを整備する。　理由　(例)　共働き世帯が増えており，親が育児をしながら仕事をする環境が必要だから。

○推定配点○

1　問1・問5　各2点×3　　問4　3点　　他　各1点×5

2　問1・問2・問4(1)・問5(1)国名・(3)　各2点×5　　問3　3点　　他　各1点×5

3　問1・問3・問4(1)　各2点×3　　問2　1点　　問5解決策　3点　　他　各4点×2

計50点

＜社会解説＞

1　(地理―国土と自然・産業・世界地理など)

問1　A　1991年，ソ連の解体と共に誕生した国家。国連の常任理事国など旧ソ連の地位を引きついでいる。　B　初めて横断したマゼランが無風で平穏なことから太平洋と名づけた。

問2　経線と異なり緯線は極に近づくほど短くなる。Zは経線90度分なので赤道の長さの4分の1

(40000km÷4＝10000km)となる。

問3　タンカーは石油などの液体を運搬する船で，自動車は自動車の輸送に特化したフェリーのような専用船で運ばれる。石灰石は日本で唯一自給できる資源ともいわれる。

問4　中国・四国の両山地に囲まれた瀬戸内地方は，夏は四国山地が南東の季節風を，冬は中国山地が北西の季節風をさえぎるため穏やかで雨の少ない気候となる。

問5　古代は日本三津(さんしん)の一つとして知られた港町。中世では伊勢神宮へ向かう街道の宿場町，近世には藤堂氏の城下町として発展した都市。

問6　自動車に代表される機械工業の割合が高い日本最大の中京，鉄鋼などが盛んな阪神，20世紀までは日本最大であった京浜などから判断。

問7　気温の差が大きいのは内陸部の特徴の一つ。長野は夏から秋に出荷されるキャベツや収穫量日本一のレタスなど高原野菜で知られる。また，第二次世界大戦中に東京から疎開した諏訪湖周辺の精密機械工業など電子産業も盛んになっている。

問8　必要な部品を，必要な時に，必要な量だけ納入する方法。最少の在庫でコストが削減されるなど合理的な生産方法ではあるが品質の管理やコストなど問題点も指摘される。アは低温流通の体系，ウは生産から消費までの過程の追跡，エは多数の工場を有機的に結び付けるもの。

2　(日本の歴史―古代～近代の政治・社会・外交など)

問1　多くの戦国大名が領国支配の一環として実施した一揆防止などの政策。豊臣秀吉は京都・方広寺の大仏殿の釘に使用するとして来世まで救済されることを訴えた。

問2　宮廷で蘇我入鹿を暗殺，翌日には父・蝦夷を自殺に追い込んだクーデター(乙巳(いっし)の変)。中大兄皇子は皇太子として権力を掌握，天皇中心の中央集権国家への第1歩となった。

問3　大戦の勃発(ぼっぱつ)で軍需品の注文や交戦国が引き揚げた中国大陸などへの輸出が急増，日本は空前の好景気となった。その一方，物価が高騰し庶民の暮らしを直撃する事態も生じた。

問4　(1)　三人の娘が天皇の后となったことを祝う宴席で詠まれた「望月の歌」。道長は10世紀末から30年にわたり権勢を誇った。　(2)　将軍は御家人の所領を保証し功績には新たな土地を給付(御恩)，御家人は軍事奉仕のほか京や鎌倉の警備などにあたった(奉公)。

問5　(1)　14世紀に中山王の尚氏が北山・南山を統一して成立，17世紀初めに薩摩藩によって征服された琉球王国。　(2)　オランダ語訳の「ターヘル・アナトミア」を翻訳した解体新書。

(3)　水戸徳川家の出身，安政の大獄で処分されたが井伊直弼の死後将軍後見職に就いた。

問6　1940年，ヨーロッパで快進撃を続けるナチスドイツを見て日独伊三国同盟を締結，これにより米英との対決は決定的となった。

問7　飛鳥(B)→平安(D)→安土桃山(A)→江戸(E)→大正(C)→昭和(F)。

3　(日本の歴史・政治―近代の政治・政治のしくみ・財政・国民生活など)

問1　薩摩・長州・土佐3藩の武力を背景に断行した政策。版籍奉還では藩主が知藩事となったが封建的な藩体制は存続した。廃藩置県では旧藩主は東京在住を命じられ，中央政府から府知事・県知事(県令)が派遣され中央集権体制が確立していった。

問2　条約の締結は内閣の役割。国会はこの条約に対し事前ないしは事後に承認をする。

問3　死刑など重大な刑事裁判の第1審に採用されている制度。原則3人の裁判官と5人の裁判員の合議で有罪・無罪，量刑を判断，有罪にするには最低裁判官1人の賛成を必要とする。

問4　(1)　国や地方公共団体の4月1日から翌年の3月31日までの歳入・歳出の計画。審議にあたっては衆議院の優越が認められる。　(2)　近年出生数は激減，65歳以上の高齢者の割合は30%に達しようとしている。高齢者は病気になる割合も高く年金支払いも増えているため，社会保障費が予算の3分の1を占め財政を圧迫している。

問5　解決策　保育園の数を増やすだけでなく，待遇を改善することで保育士の大量確保を目指すなど様々な対策が講じられている。　理由　かつては親との同居が当たり前で家庭で子どもを育てることができる環境があったが，現在は核家族の進行や共働きが普通となっているため保育園や幼稚園を充実させる政策が求められている。

★ワンポイントアドバイス★

意見などが求められる記述には日ごろから世の中の出来事に関心を持って生活することが大切である。わからないことは必ず自分で調べる習慣をつけよう。

＜国語解答＞

一　問1　(ア)　構造　(イ)　現在　(ウ)　素材　(エ)　働　(オ)　価値
問2　A　カ　B　ア　C　エ　問3　ウ　問4　イ　問5　Ⅰ　あらゆるジャンルの記事　Ⅱ　気になるテーマをクリック　問6　エ　問7　思考力を磨

二　問1　(ア)　備　(イ)　降　(ウ)　願　(エ)　映画　問2　Ⅰ　首[頭]　Ⅱ　背中　Ⅲ　手　問3　エ　問4　恩返しがしたい　問5　ア　問6　1　無理だと思っていた　2　安心した　3　嬉しい　問7　ウ　問8　(例)　自信満々だったママが事故後に自分をあきらめて努力をしなくなったことが悲しかった。しかし，みちるの百キロ完歩をきっかけに，どんな逆境もはねのけてがんばり続けるママが戻ってきたことがうれしかったから。

○推定配点○

一　問1・問2　各2点×8　問7　6点　他　各4点×5

二　問1・問2　各2点×7　問7　6点　問8　14点　他　各4点×6　計100点

＜国語解説＞

一　(論説文－大意・要旨・段落構成・細部の読み取り，接続語，空欄補充，漢字の書き取り)

基本　問1　～～線部(ア)は物事を成り立たせている仕組み。(イ)の「現在進行中」は物事が現在行われている最中であること。(ウ)はもとになる材料や原料。(エ)の音読みは「ドウ」。熟語は「労働」など。(オ)の「価値観」は価値を感じるものや考え方の基準。

問2　空らんAは直前の内容を具体的に説明しているのでカ，Bは直前の内容と反対の内容が続いているのでア，Cは直前の内容を理由とした内容が続いているのでエがそれぞれ入る。

重要　問3　――線部①の理由として①直前の段落で，「自分の内面で起こっていることを書いたり語ったりすることは，まだ意味をもたない解釈以前の経験に対して，書いたり語ったりすることのできる意味を与えていくこと」であるから，ということを述べているのでウが適切。この段落内容をふまえていない他の選択肢は不適切。

問4　――線部②の説明として「(　B　)，……」で始まる段落で，「本を読んでいると……ふだん意識していなかった記憶の断片が浮かび上がり，それをきっかけにいろいろなことが連想によって引き出されてくる」と述べているのでイが適切。この段落内容をふまえていない他の選択肢は不適切。

問5　空らんⅠは「新聞を読む場合，……」で始まる段落内容から「あらゆるジャンルの記事」，Ⅱは「それに対して，……」で始まる段落内容から「気になるテーマをクリック」がそれぞれ入る。

問6　——線部④直前の2段落で，「ネットの時代になって，……関心のあるジャンルについては非常に詳しくても，あまり関心のないジャンルの情報にはまったく触れることがなくな」り，「そうした情報摂取の個性化の進展によって，……視野が非常に狭くなり，一面的なものの見方しかできなくなる」と述べていることから，④のために必要なこととして空らんにはエが適切。これらの段落内容をふまえていない他の選択肢は不適切。

やや難　問7　冒頭～「読解力や……」で始まる段落までの前半では，思考を深めるには心の内を語ったり文章にしたりすることが大事で，そのために役立つのが読解力や思考力を高める読書であることを述べ，「思考力を磨くためには……」で始まる段落～最後までの後半では，思考力を磨くためには，いろんな視点を自分のなかに取り込むことが必要で，関心のない情報にも触れることが大事であることを述べている。

二　(小説－心情・情景・細部の読み取り，空欄補充，漢字の書き取り，慣用句，記述力)

基本　問1　〰〰線部(ア)の音読みは「ビ」。熟語は「準備」など。(イ)の音読みは「コウ」。熟語は「降雨」など。(ウ)の音読みは「ガン」。熟語は「願望」など。(エ)の「映」の部首は「日(ひへん)」であることに注意。

問2　空らんⅠの「首を振る」あるいは「頭を振る」は，同意しない，承知しないことを表す。Ⅱの「背中を押す」は，次に進めるように励まし，手助けをすること。Ⅲの「手を抜かずに」は努力を惜しまずに物事に取り組むこと。

問3　空らんAは，痛みを我慢して，足に負担がたまっている宗方さんが「『……もう，私を置いていってください』」とみちるに言ったことなのでエが適切。

問4　「『私もこうやって……』」で始まるみちるのせりふから，空らんには「恩返しがしたい(7字)」が入る。

重要　問5　「ビクトリーロード。……」で始まる場面で，「百キロの最後」を歩いているみちるは「心地よい達成感に包まれ」ながら「ふと思い出し」て，宗方さんに『恵みの雨』と呼ぶ理由を聞き，「三十キロの時点で……聞いたとしても，そのころの私はきっと理解できなかったと思う」が，「百キロ」歩いたことで「多くのことに気づかせてくれる」と振り返っているのでアが適切。この場面の「心地よい達成感に包まれていた」ことをふまえて説明していない他の選択肢は不適切。

問6　「ゴールを見たとたん……」で始まる段落内容から，空らん1は「無理だと思っていた(9字)」，2は「安心した(4字)」，「そう，今ならば……」から続く4段落内容から，3は「嬉しい(3字)」がそれぞれ入る。

重要　問7　——線部③後で，「がんばりなさい。全力を尽くしなさい。そう……言われ続けたけれど，ママが私のしたことをほめてくれることはほとんどなかった」ため，ママに「『……よくがんばったわね』」と言われたことで，みちるは③のようになっているのでウが適切。ママに初めてほめてもらったことが嬉しいという気持ちを説明していない他の選択肢は不適切。

やや難　問8　——線部④のように変化する前の気持ちは，「だからこそ，……」で始まる段落で描かれているように，「ママが事故のあと，あきらめたのがなによりショックだった。いつも自信満々なママが，ママ自身をあきらめて努力をしなくなったことが悲しかった」というものである。しかし，みちるが百キロを完歩し，「『ママが一生懸命がんばっているとこ，私また見たいよ』」と話すみちるの「手を，ママはただ強く握り返してくれた」ことで，「ママはどんな逆境もはねのける。苦しくたって全力でもがいて，がんばり続ける」という気持ちに変化している。これらの内容と条件をふまえ，百キロ完歩をきっかけに，ママに対するみちるの気持ちが変化したことを具体的に説明していく。

★ワンポイントアドバイス★

小説では，それぞれの場面で描かれている主人公や登場人物の心情に着目することが重要だ。

＜英語解答＞

[1] Part1 (1) B (2) C (3) B (4) A Part2 (1) A (2) C
Part3 (1) They will go there on Tuesday because the library is open until late.
(2) Because she can get a discount.

[2] 1 (1) lie (2) subject 2 (例) It is a sport played by two teams of eleven people. They kick a ball and pass it to their teammates to shoot it into the other team's goal.

[3] 1 (1) education (2) ten 2 (1) (例) She read books in Mr. and Mrs. Lanman's home and took trips around the U.S. (2) (例) It was an English teacher.

[4] 1 エ 2 51 university students 3 C 4 ア
5 (例) 絵文字は実際の人間の顔より単純で，顔のパーツが少ないため。 6 イ
7 (例) No, it isn't.

[5] (例) I want to live in Australia. Australia is famous for its interesting animals such as koalas and kangaroos. I love animals, so I want to enjoy watching these animals there. I also want to enjoy Christmas in summer.

○推定配点○

[1] Part1・Part2 各4点×6 Part3 各5点×2 [2]～[4] 各4点×14 [5] 10点 計100点

＜英語解説＞

[1] (リスニング)

Part 1

(1) ☆：Oh, you swim very fast.
★：Thank you. I practice swimming very hard in swimming school.
☆：How often do you swim?
A：For five years.
B：Five days a week.
C：It takes five minutes by bike.

(2) ☆：Hello?
★：Hello. This is Ken. May I speak to Emily, please?
A：Do you know when she will be back?
B：Please tell her to call me back.
C：I think you have the wrong number.

(3) ☆：Have you decided which club you want to join?
★：Not yet. I'm interested in tennis, but I hear that the basketball team is popular.

How about you?

☆ : I will join the music club. Why don't you visit both teams?

A : Really? I've wanted to join the music club for a long time.

B : Good idea. I will watch the practice of the tennis team today.

C : Oh, thank you. Well, let's meet at the gym after school today.

(4) ☆ : This salad is delicious! Thank you for taking me to such a nice restaurant.

★ : You're welcome. This restaurant is famous and always crowded.

☆ : Oh, but you are not eating much. Aren't you hungry?

A : Yes, but I don't like salad very much.

B : Yes, because I had lunch at home.

C : No, so I want to eat a lot of food today.

Part1 （全訳）

(1) ☆：わあ，あなたはすごく速く泳ぐね。

★：ありがとう。私はスイミングスクールで泳ぐ練習を頑張っているの。

☆：どのくらいの頻度で泳ぐの？

A：5年間よ。

B：週に5日よ。

C：自転車で5分よ。

(2) ☆：もしもし？

★：もしもし。ケンです。エミリーと話せますか。

A：彼女がいつ戻ってくるか知っていますか。

B：私に電話をかけなおすよう彼女に伝えてください。

C：番号が間違っていると思うのですが。

(3) ☆：どのクラブに参加したいか，もう決めた？

★：まだだよ。僕はテニスに興味があるけれど，バスケ部が人気らしいね。君はどう？

☆：私は音楽部に入るつもりよ。あなたは両方の部に行ってみたら？

A：本当？　僕は音楽部に入りたいと長い間思っていたんだ。

B：いいアイデアだね。僕は今日はテニス部の練習を見てみるよ。

C：ああ，ありがとう。今日の放課後，体育館で会おう。

(4) ☆：このサラダはおいしい！　こんなに素敵なレストランに連れてきてくれてありがとう。

★：どういたしまして。このレストランは有名でいつも混んでいるよ。

☆：あれ，でもあなたはあまり食べていないね。お腹が空いていないの？

A：空いているよ，でもあまりサラダは好きじゃないんだ。

B：空いているよ，なぜなら家で昼食を食べたから。

C：空いていないよ，だから今日はたくさん食べたいよ。

Part 2

(1) Sara's parents are teachers. They are busy, so she sometimes makes dinner by herself. Last Saturday, both of her parents were busy with work. She tried to help them more on that day. She cleaned the rooms, took care of the flowers in the garden, and washed the dishes. Her parents were very glad to notice that Sara did well. After that, Sara makes breakfast and takes care of the flowers every day.

Question : What does Sara do at home every day to help her parents?

(2) The next class is Japanese. However, Mike realized that he didn't have his Japanese textbook. He thought that he left it at home, but he had no time to go home and get it. Then, Ayako, Mike's friend in the next class, talked to him. Mike asked her to lend him her textbook. Thanks to Ayako, Mike will be able to take the next class without any problems. He wants to buy her some sweets to say thank you.
Question : How did Mike get a textbook for the next class?

Part2 (全訳)

(1) サラの両親は教師だ。彼らは忙しいので彼女は時々自分で夕食を作る。先週の土曜日，彼女の両親は2人とも仕事で忙しかった。彼女はその日，もっと彼らを手伝いたいと思った。彼女は部屋を掃除し，庭の花の手入れをして，皿洗いをした。彼女の両親は彼女がよくやってくれたことに気づいてとても喜んだ。その後，彼女は毎日朝食を作り花の世話をしている。
質問：サラは両親を手伝うために毎日家で何をするか。
A：彼女は朝食を作り花の世話をする。
B：彼女は部屋の掃除をして妹の世話をする。
C：彼女は夕食を作り皿洗いをする。

(2) 次の授業は国語だ。しかしマイクは国語の教科書を持っていないことに気づいた。彼はそれを家に忘れたと思ったが，家に取りに行く時間はなかった。その時，隣のクラスの友達であるアヤコが彼に話しかけた。マイクは彼女に教科書を貸してくれるよう頼んだ。アヤコのおかげでマイクは次の授業を何の問題もなく受けることができるだろう。彼はお礼を言うために彼女にお菓子を買いたいと思っている。
質問：マイクはどのようにして次の授業の教科書を手に入れたか。
A：彼は帰宅してそれを手に入れた。
B：彼は友達にお菓子を買った。
C：彼は友達にそれを貸してくれるよう頼んだ。

Part 3

(1) A : How should we prepare for the presentation about the environment?
B : Well, how about going to the city library? There are a lot of books about the environment there.
A : Right. Let's go there after school today.
B : Oh, I have to do some volunteer activities after school today. Are you free this Sunday?
A : I will travel with my family this weekend. How about next week? The library is open until late every Tuesday.
B : Sounds nice. Well, visit my house after that. We can have dinner together.
A : Thank you!
Question : What day will they go to the city library, and why did they choose that day?

(2) A : Excuse me. Please tell me the way to the museum.
B : OK. It's a little far from here. You should take a bus or a train.
A : Which should I take to get to the museum by three o'clock?
B : It is faster to take a train to get there. But you can be there by three o'clock by bus, too. Oh, if you are a student, you can get a discount for the buses.
A : Great. I am a high school student. I will take the bus.

B : OK. The bus stop is over there.

Question : Why did the girl choose to take the bus?

Part3 （全訳）

(1) A：環境についての発表をどうやって準備したらいいかな？

B：市立図書館に行くのはどう？　そこには環境に関する本がたくさんあるわよ。

A：そうだね。今日の放課後に行こう。

B：私は今日の放課後，ボランティア活動をしなくてはいけないの。今度の日曜日は暇？

A：今週末は家族と旅行するんだ。来週はどう？　図書館は毎週火曜日は遅くまで開いているよ。

B：良さそうね。その後に私の家に来てよ。一緒に夕食を食べられるわ。

A：ありがとう！

質問：彼らは何曜日に市立図書館へ行く予定で，なぜその日を選んだのか。

解答例：彼らは火曜日に行くつもりだ，なぜなら図書館が遅くまで開いているから。

(2) A：すみません。博物館への行き方を教えてください。

B：いいですよ。ここからは少し遠いです。バスか電車に乗ったほうがいいです。

A：3時までに博物館に着くにはどちらに乗るべきでしょうか。

B：そこに行くには電車に乗ったほうが速いです。でもバスでも3時までに行けます。もしあなたが学生なら，バスは割引ができます。

A：素晴らしい。私は高校生です。バスに乗ることにします。

B：わかりました。バス停は向こうです。

質問：なぜ少女はバスに乗ることを選んだのか。

解答例：なぜなら彼女は割引が得られるから。

[2] （語句補充：多義語，語彙）

1 (1) 「私はよくソファに横になる」「あなたは嘘をつくべきではない」 lie「横になる，寝転ぶ」「嘘」 (2) 「あなたは何の教科が好きですか」「私はメールに件名を書くのを忘れた」 subject「教科，学科」「件名，題」

2 soccer「サッカー」 解答例の訳「それは11人から成る2チームでプレイされるスポーツだ。彼らは相手チームのゴールにシュートするために，ボールを蹴ったりチームメートにパスしたりする」

[3] （長文読解問題・伝記：内容吟味，語句補充，英問英答）

（全訳） 津田梅子は江戸時代の終わりに江戸(現在の東京)で，農業学者の父親の元に生まれた。1871年，父の勧めにより，津田はアメリカでの女子教育について学ぶために明治政府の外交使節団に参加した。その時，5人の女子留学生がいて，津田は5人の中で最年少の6歳だった。

アメリカに到着後，津田はランマン夫妻と共に暮らし始めた。彼らには子供がいなかった。彼らは家に3,000冊ほどの本を持っていて，津田はそれらを自由に読んだ。彼女はまたアメリカ中を旅行に連れて行ってもらった。彼女は英語，文学，科学の分野で膨大な知識と経験を得た。

1882年，津田は自分の研究を終え，日本に帰国した。彼女はアメリカにとても慣れ親しんでいたのでほとんど日本語を忘れていた。日本に戻ってから彼女は再び伊藤博文と会った。伊藤は日本の初代総理大臣で，彼女は彼にアメリカへ行く船上で会った。彼と話した後，彼女は貴族のための女学校の英語教師の職を得た。しかし彼女は自分の生徒たちが高い教育を受け，職業に就き，男性のように自立することを望み，女性のための新しい学校を設立したいと思った。この望みを実現するため，彼女は1889年に女子教育をもっと深く学ぶためにアメリカに戻った。

1892年に日本に帰国後，彼女は女学校で教師として働きながら，新しい学校の設立の準備を続けた。ついに，1900年に女子英語塾(後に津田塾大学になる)が設立された。初年度には，日本中から来た10人の生徒が入学した。その後生徒の数はすぐに増えた。その学校を成功に導いた後，津田は64歳で亡くなるまで，女性の教育と発展のために一生懸命取り組み続けた。

やや難 1 (1)「津田は女性に高い教育を受けてほしいと思っていたため，新しい学校を設立した」 第3段落最後から2番目の文参照。 (2)「英語塾の生徒数は初年度は10名だった」 最終段落第3文参照。

2 (1)「津田はどのようにしてアメリカで知識や経験を得たか」「彼女はランマン夫妻の家で本を読み，アメリカ中を旅行した」 第2段落参照。 (2)「日本に帰国後，津田の職業は何だったか」「英語教師だった」 第3段落第5文参照。

4 (長文読解問題・論説文：語句補充・選択，指示語，脱文補充，内容吟味，英問英答)

(全訳) 顔と絵文字の(1)どちらのほうが人は感情を理解しやすいか。この質問の答えを見つけるため，研究者たちが実験を行った。彼らはこの研究のために51人の大学生を集めた。実験で，(2)彼らの約半数が48の絵文字の表情を見て，残りの大学生たちは48枚の人間の顔写真を見た。顔写真と絵文字の表情の両方が幸せ，驚き，悲しみ，怒り，恐怖などの様々な感情を表していた。

結果は，絵文字の表情を見た大学生のほうが顔写真を見た大学生よりも感情をより速く正確に認識した。さらに研究者たちは，絵文字と顔写真の両方で，容易に認識される感情もあればそうではないものもある，ということがわかった。例えば，(3)幸せな表情は他のどの表情よりもすぐに認識されたが，恐怖の表情は他の表情より認識されるのに時間がかかった。驚きと恐怖の表情はしばしば混同された。結果から，人間がもっとも認識しやすい感情は幸せで，次に驚き，怒りが続くと言える。恐怖の感情は人間にとって最も認識するのが難しかった。

わずか51名の大学生がその実験に参加したので，結果は正確ではないかもしれない。(C)しかし少なくともこの実験に基づくと，人間にとって顔よりも絵文字のほうが他者の感情を理解しやすいと言える。会話のような実際のコミュニケーションでは，実験で使われた静止画とは違い，顔の表情が大きく変化する。他方，絵文字は人間の顔より単純で，絵文字に描かれた顔のパーツ数は少ない。

これらの理由から，51名の大学生によって行われた研究はおそらくこういった結果を示したのだろう。

重要 1 顔の表情と絵文字を比較して，どちらのほうが感情を理解しやすいか，と問いかける文。この文章全体のテーマを表している。空所の後に比較級(easier)があり，文末が A or B の形になっていることに着目して Which を入れる。

2 直前の文の 51 university students を指す。

3 全訳下線部参照。

4 空所Bの直後の文から，幸せが最も認識しやすいとわかる。

重要 5 空所Dの直前の文に絵文字が認識しやすい理由が述べられている。

6 空所Bの直前の文に，驚きと恐怖の表情はしばしば混同された，とあることから，イが内容に合う。

7 「驚きの表情を認識することは人間にとって最も難しいか」「いいえ」 第2段落最終文に，恐怖の表情が最も認識しにくいとある。Isを用いたbe動詞の疑問文に対する答えなので，No, it isn't. または No, it's not. と答える。

重要 **5 (条件英作文)**

解答例の訳「私はオーストラリアに住みたいです。オーストラリアはコアラやカンガルーのような興味深い動物で有名です。私は動物が大好きなので，そのような動物たちをそこで見て楽しみたいです。また，夏のクリスマスも楽しみたいです」

★ワンポイントアドバイス★

3の長文読解問題は，津田梅子の伝記。新しい5000円札の顔に採用される注目の人物なので，事前に多少の知識があると読みやすいだろう。

大切なことはメモしておこうね！

T・G

2023年度

★★★★★★★★★★★★★★★★★★★★★★★★

入　試　問　題

2023年度

創価中学校入試問題

【算　数】（45分）　＜満点：100点＞

【注意】 定規（じょうぎ）・コンパス・分度器・計算機を使わずに答えてください。

1　次の問いに答えなさい。

(1)　23−(13＋5)÷9　を計算しなさい。

(2)　$0.5+\frac{1}{6}+\frac{1}{12}+0.05$　を計算しなさい。

(3)　1443×7＝10101という結果を使って，35×2886を計算しなさい。

(4)　A中学校全校生徒630人のうち，自転車通学をしている人は2割です。自転車通学ではない人は何人いますか，求めなさい。

(5)　1から30までの奇数をすべてたすと，ある数を2回かけた数と同じになります。ある数を求めなさい。

(6)　2□（0□2）□3＝1　の□に＋，−，×，÷のどれか3つをいれて式を完成させなさい。ただし，記号は1度ずつしか使えません。

2　次の問いに答えなさい。

(1)　姉と妹で240mの競走をしたところ，姉がゴールしたとき，2人の差は40mでした。このとき，姉の速さと妹の速さの比を，最も簡単な比で表しなさい。

(2)　3けたの整数のうち，3と4の公倍数はいくつありますか。

(3)　下の図は，正方形と正三角形が組み合わさっており，正方形の頂点Aと正三角形の頂点Eを通る直線を引いた図です。図のアの角の大きさは何度ですか。

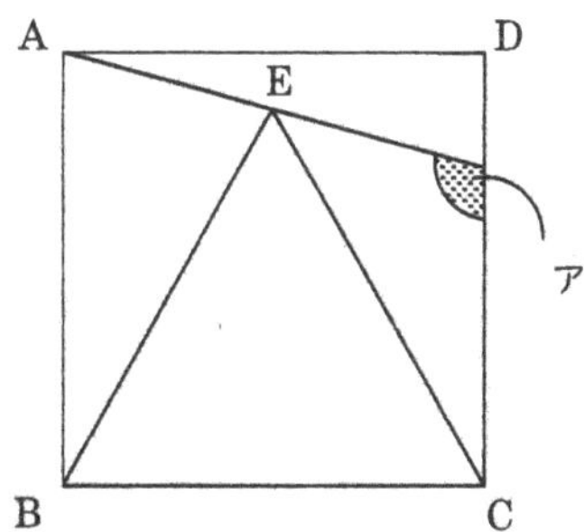

(4)　ミニバスケットボールは5人ずつでプレーする競技で，試合時間は全部で24分間です。あるクラブチームで9人の選手がいて，仮に全員が同じ時間ずつプレーすることにするとき，1人がプレーする時間は何分何秒になりますか。

(5)　250円のケーキをいくつか買う予定で，ぴったりのお金をもって出かけましたが，実際には300円に値上がりをしていたので，予定より2個少なくなり，200円のおつりがありました。持っていったお金はいくらですか。

(6) ある商品を60円で300個仕入れました。そのうち60個を商品を知ってもらうために無料で配りました。残りのものは全て売り，全体で２割の利益を上げるためには，１個いくらの値をつけるとよいですか。求める過程の計算も書きなさい。

3 $\frac{1}{2}$，$\frac{2}{4}$，$\frac{3}{8}$，$\frac{4}{16}$，…は，ある規則にしたがって並んだ分数の列です。
次の問いに答えなさい。

(1) 並んでいる分数について，分母が初めて３けたの数になるときの，その分数を答えなさい。ただし，解答は規則にしたがい，約分をしないで答えなさい。

(2) 並んでいる分数について，約分できるものはそれ以上できないところまで約分をしたとします。このとき，初めて分母が４けたになるときの分子の数を答えなさい。

4 下の図は，正方形と半径４cmの円と，半径８cmのおうぎ形を組み合わせてできた図形です。次の問いに答えなさい。ただし，円周率は3.14とします。

(1) 正方形の面積を求めなさい。

(2) 図のかげのついた部分の面積を求めなさい。

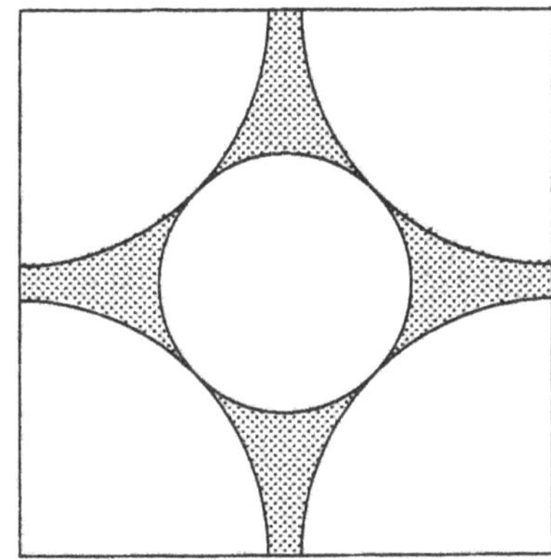

5 水を入れるタンクA，B，C，Dを用意しました。タンクAとタンクBは底面積が400cm²，高さが30cm，タンクCはタンクAの高さを変えずに，底面積を半分にしたもので，タンクDはタンクAの底面積を変えずに，高さを３分の１にしたものです。この４つのタンクが次のページの図のように管でつながれていて，タンクAから水を注ぎ入れることで，４つのタンクに管を通して水が入るように作られています。また，どのタンクにも水は同じ一定の量で入っていくようになっています。さらに，水はタンクBに注がれたあと，タンクC，タンクDの順に水が満たされていきます。次のページのグラフは，タンクAに水が入り始めてからの，タンクAとタンクBの水の高さの変化を表したものです。次の問いに答えなさい。ただし，つながっている管の長さや太さは考えないものとします。

(1) タンクC，タンクDの容積はそれぞれ何cm³ですか，求めなさい。

(2) タンクAに入れている水の量は毎秒何cm³ですか，求めなさい。

(3) タンクAとタンクBにつながっている管は，タンクAの底から何cmのところにありますか，求めなさい。

⑷　水を入れ始めて２分30秒後に，タンクＡに注いでいた水を止めました。このとき，タンクＡに入っている水の高さは何㎝になっていますか，求めなさい。

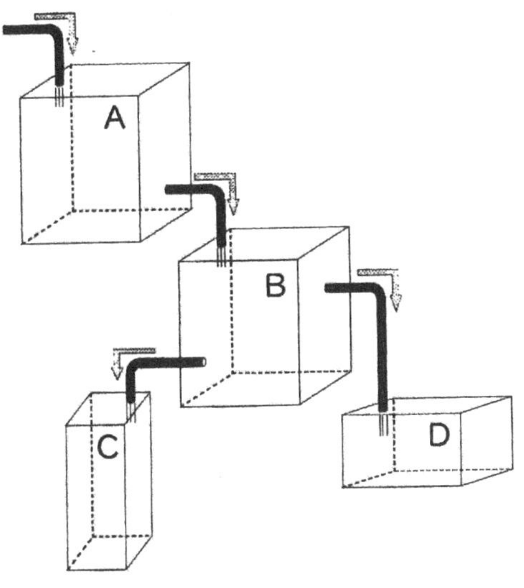

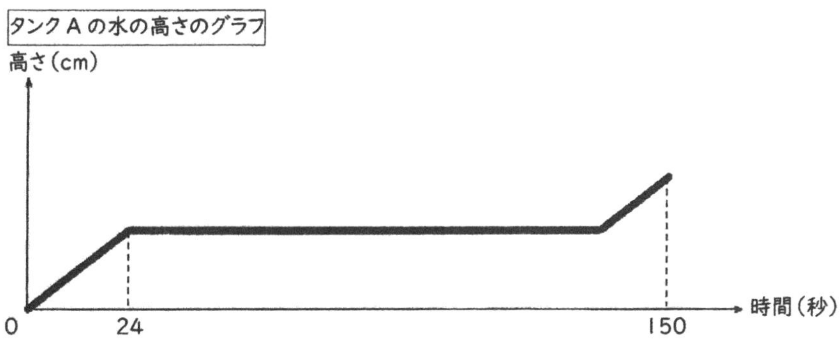

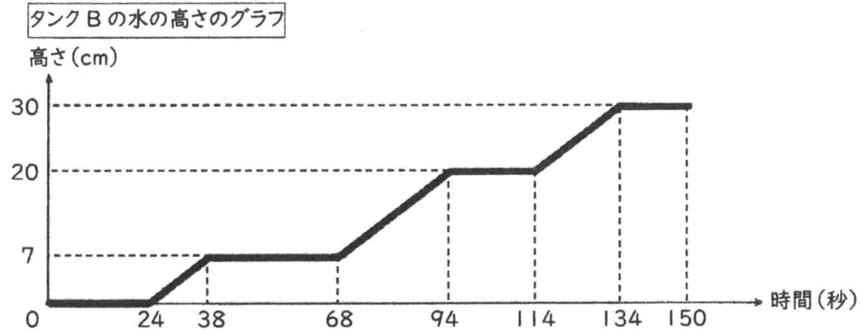

【理　科】（社会と合わせて45分）　＜満点：社会と合わせて100点＞

【注意】 漢字がわからない場合は，ひらがなでもかまいません。

1　学校の池と，理科室の水そうで育てているメダカを観察したところ，卵を産むメダカの数がちがいました。その理由について，水の温度と明るい時間の長さが関係していると予想し，確かめる実験を1週間行いました。下の表は実験の条件と結果をまとめたもので，[点線の枠]の中は水そうの説明です。あとの各問いに答えなさい。

表：水の温度と明るい時間の長さを変えたときに卵を産んだメダカの数

水そうの名前	水温（℃）	明るい時間の長さ（時間）	結果
水そう①	18	12	1ぴきも卵を産まなかった。
水そう②	18	14	1ぴきだけ卵を産んだ。
水そう③	20	11	1ぴきも卵を産まなかった。
水そう④	20	13	すべてのメスが卵を産んだ。
水そう⑤	25	11	1ぴきも卵を産まなかった。
水そう⑥	25	14	すべてのメスが卵を産んだ。

【水そう①～⑥の説明】

右の図のように，それぞれの水そうには空気を送るポンプ1つと，大きさが同じくらいの水草を入れました。水の温度はヒーター（水そうの水をあたためる装置）で調節し，水そうは黒い箱でおおい，白色ＬＥＤライトの光で明るい時間の長さを調節しました。

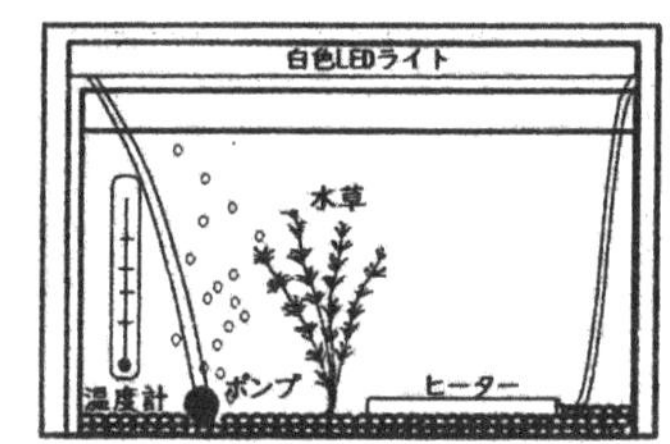

水そう①～⑥に用意したもの（メダカ、エサ以外）

これらの水そうに，オスとメスのメダカを5ひきずつ入れ，えさは毎日2回食べ残しがないように同じ量をあたえました。なお，夏は暑く，水の温度を調節しにくいことから，冬に実験をしました。

(1) **この実験の結果から考えて**メダカが卵を産むために必要な水温は何℃以上ですか。また，明るい時間の長さは何時間以上必要ですか。それぞれ答えなさい。

(2) 水そうに水草を入れた理由について「酸素をふやすため」以外で，15文字程度で説明しなさい。

(3) 次のＡ～Ｃの文は，解ぼうけんび鏡の使い方について説明したものです。
これらの文について，正しいものには○を答えなさい。また，まちがっているものは下線部を正しい表現に変えなさい。

Ａ　直射日光の当たる，明るい場所に置いて使う。

Ｂ　横から見ながら，反射鏡の向きを調節し，明るく見えるようにする。

Ｃ　観察するものをステージ（のせ台）の上に置き，調節ねじを回してピントを合わせる。

(4) 次のページの図は，受精した卵の中でメダカが育っているところのスケッチと，イネの実（断面）のスケッチです。成長するための養分を含んでいる部分はどこですか。図中の(あ)～(え)から**すべて選び**，記号で答えなさい。

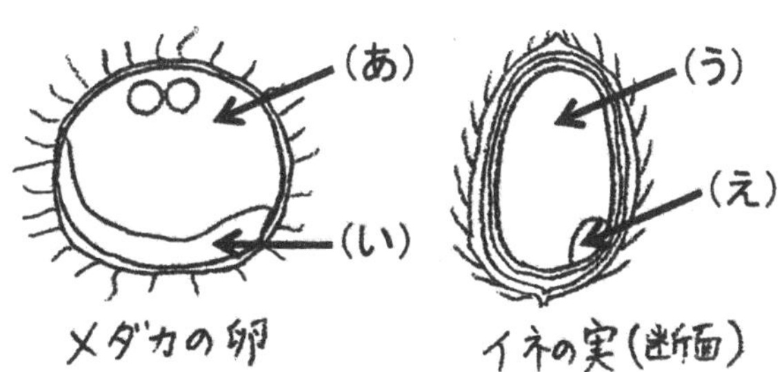

(スケッチは本物よりも大きくかいており、
メダカの卵とイネの実の大きさはちがう)

2 夏休みにふしぎに思ったことについて，自由研究としてノートにまとめました。
次の文を読み，あとの各問いに答えなさい。

飛行機で出かけたときに，まどから色々な地形が見えました。川が，山の間を通って海まで流れるようすを見て，なぜ川は曲がっているのか，また，なぜ河口付近はにごっているのか，ふしぎに思いました。そこで，流れる水のはたらきを調べるために，別の日に家の人と川のようすを観察しました。次の図はそのときのスケッチです。

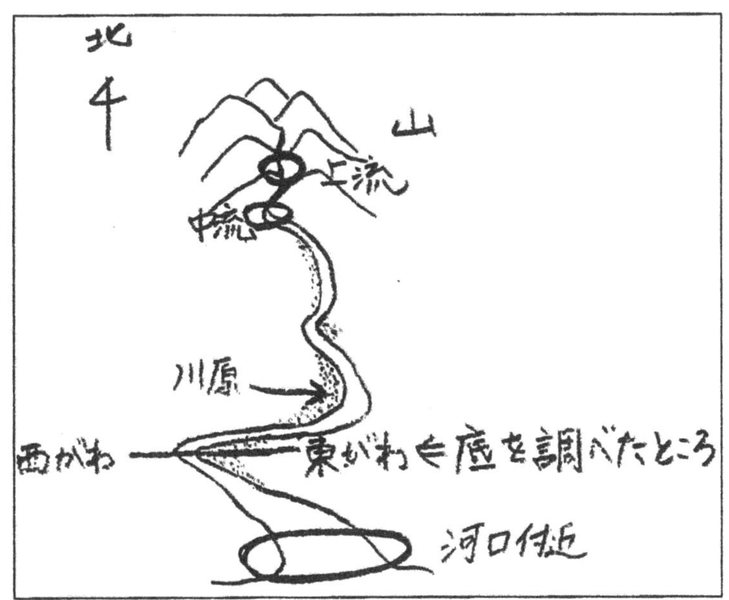

⑴ 水中にカメラをしずめて，図中の「西がわ－東がわ」と書いてあるところの川底の石の大きさを調べました。西がわと，東がわの，どちらのほうが大きい石が多いか，答えなさい。

⑵ 土のグラウンドで，次のページの図のように山をつくり，流れる水のはたらきを調べました。ホースから水を流す量を変化させたときのようすについて正しく述べた文を，次の㈠～㈤から1つ選び，記号で答えなさい。

㈠ 流す水の量を増やすと，流れが遅くなり，土をおしながすはたらきが大きくなった。

㈡ 流す水の量をへらすと，流れが遅くなり，土をおしながすはたらきが大きくなった。

(う) 流す水の量を増やすと，流れが速くなり，土をおしながすはたらきが大きくなった。

(え) 流す水の量をへらすと，流れが速くなり，土をおしながすはたらきが小さくなった。

(お) 流す水の量を増やしてもへらしても，流れる速さも，土をおしながすはたらきの大きさも変わらなかった。

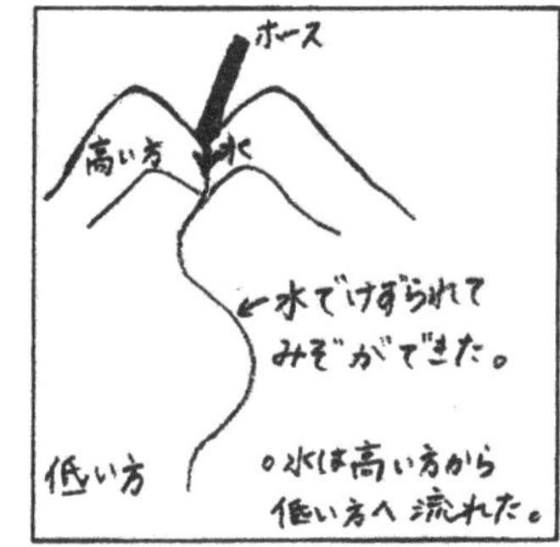

(3) 雨がふったあとに，河口付近へ観察に出かけました。河口付近から海の方を見ると，沖の方までにごっていました。この理由について深い関係があるものを次の①～⑤から**2つ選び**，記号で答えなさい。

① 地震　② たい積　③ 運ぱん　④ 火山のふん火　⑤ しん食

(4) 河口付近で拾った白い石に水溶液をかけるとどのようなことが起きるか，学校で先生と実験をしました。うすい塩酸をかけたときに「あわ」が出ました。この「あわ」として出た気体を，あなたは何だと予想しますか。また，あなただったらどのような実験をしてそれを確かめますか，説明しなさい。

3 かん電池を使った回路について，次の各問いに答えなさい。ただし，図中に出てくる●は，導線どうしをつないでいることを示しています。

(1) 右の図1の回路を回路図で表すと，下のようになりました。電気用図記号を使うと，かん電池・豆電球・スイッチは，それぞれどのように表されますか。解答用紙の ⬚ の中に，**導線もふくめて**書き加え，回路図を完成させなさい。

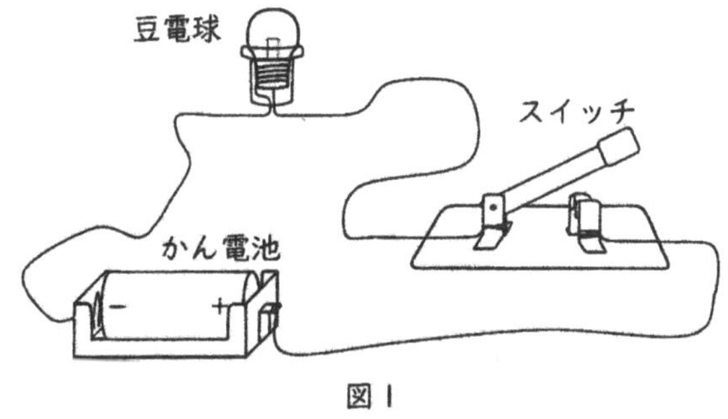

図1

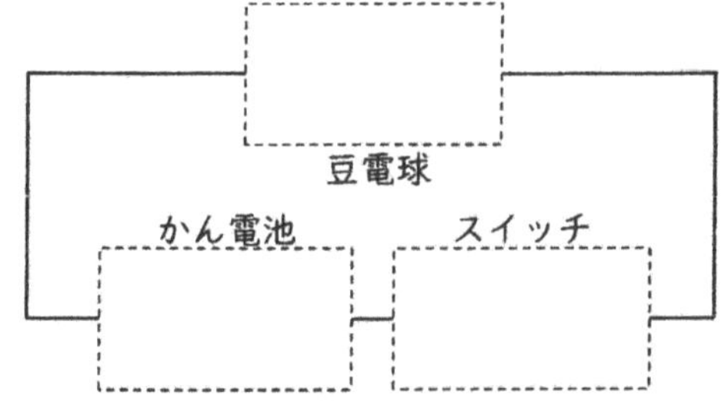

【実験１】

図２のように４つのかん電池を，導線を使ってつなぎました。①～④の導線のうち２つを選んで，１つの豆電球につなぎました。次の各問いに答えなさい。

(2)　図２の①と②に豆電球をつないだときの，かん電池のつなぎ方を何といいますか。

(3)　図２において，豆電球を一番明るく光らせるためには，①～④のうち，どことどこに豆電球をつなげば良いですか。記号で答えなさい。

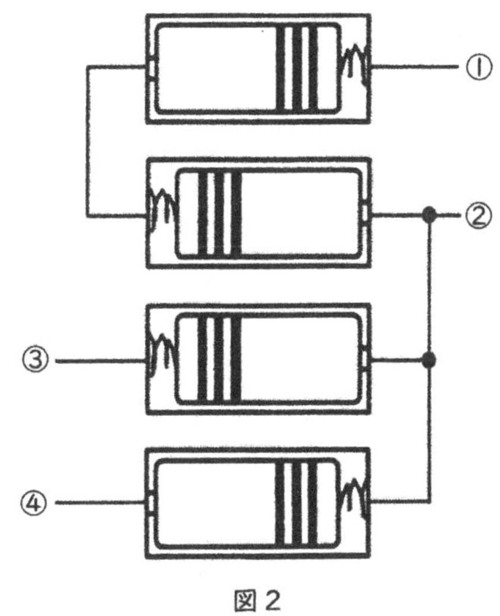

図２

下の会話文は，小学生の光一さんと先生との会話です。この会話文を読んで，あとの問いに答えなさい。

先生：ここに２種類の豆電球Ｘ・Ｙがあります。図３のような回路を作って電流を流してみましょう。

光一：２つとも豆電球がつきました。でも，Ｘに比べてＹの方が明るいですね…。なぜですか？

先生：「電流とは回路に流れる電気の流れである」ということは，勉強しましたね。じつは，回路に入れた２つの豆電球はそれぞれ，電流の通りにくさ（通りやすさ）が違っています。この電流の通りにくさを「抵抗（ていこう)」といい，抵抗が大きいほど，電流が流れにくくなります。

光一：そうなんですね！Ｙの方が明るく光っているので，Ｙの方がたくさんの電流が流れているはずだから…。Ｙの方が，抵抗が（　ａ　）ということですか？

先生：その通りです。よく理解できましたね！それでは，この回路（図４）に電流を流してみましょう！

光一：今度はＸの方が明るくなりました！でも，なんでだろう…。

先生：まず，先ほどの回路と比べて，どこが違うか探してみましょう。

光一：うーん。図３の回路には，分かれ道がありましたが，図４の回路には，分かれ道がありません。でもそれだけしか分かりません…。

先生：良いところに気がつきましたね。そうです。図３の回路には，回路の中に導線の分かれ道，つまり電流の分かれ道がありましたが，図４の回路にはありません。ということ

図３

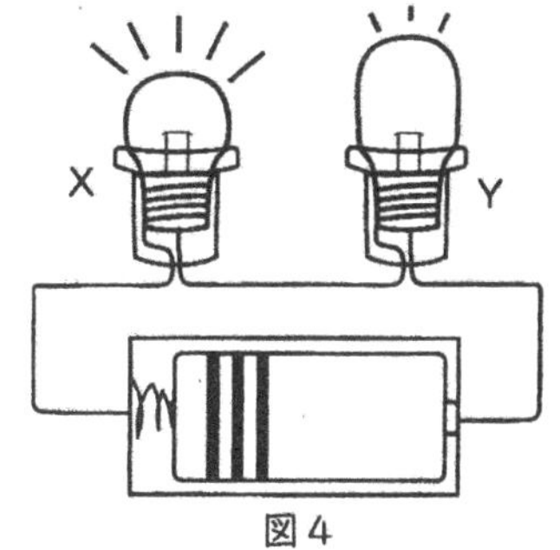

図４

は，ＸとＹに流れる電流の大きさはどうなると思いますか？

光一：あ！電流の大きさは（　　　b　　　）！

先生：そうです。前のページの図４のような回路の場合は，抵抗が（　c　）Ｘの方が，明るく光るということになります。回路のつなぎ方と抵抗の大きさによって，明るくなる豆電球が変わるなんて，おもしろいと思いませんか？

光一：はい！良い勉強になりました！

⑷　（ａ）と（ｃ）に適切な語句を入れなさい。

⑸　（ｂ）に入る言葉として，最も適切なものを次のア～エから１つ選び，記号で答えなさい。

ア　ＸよりもＹの方が大きい

イ　ＸよりもＹの方が小さい

ウ　ＸもＹも同じだ

エ　ＸもＹも電流が流れない

⑹　抵抗が同じ豆電球Ａ～Ｅを使って，下の図５のような回路をつくりました。会話文を参考にして，この回路に電流を流したとき，光る豆電球を**すべて選び**，記号で答えなさい。ただし，導線には抵抗がなく，回路全体には豆電球を光らせるための十分な電流が流れているものとします。

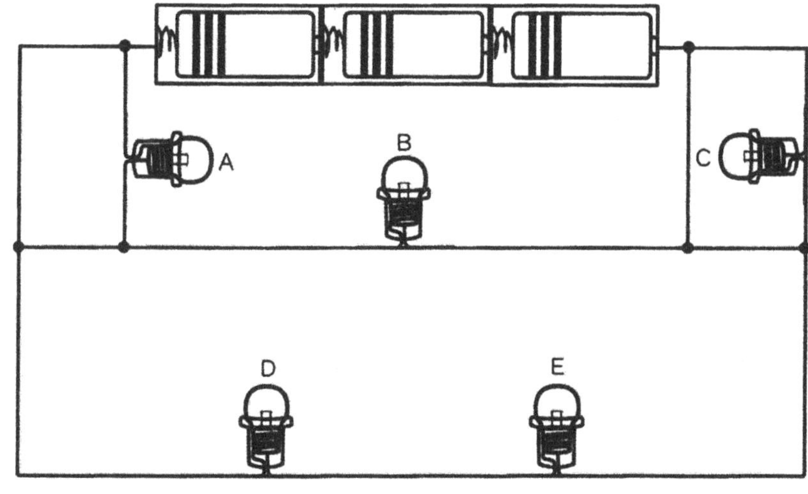

図５

⑺　図５において，電流を流したとき，一番明るく光る豆電球はどれですか。会話文を参考に，一番明るく光る豆電球として最も適切なものを，Ａ～Ｅから１つ選び，記号で答えなさい。

【社　会】（理科と合わせて45分）　＜満点：理科と合わせて100点＞

【注意】 漢字がわからない時は，ひらがなで書いてください。

1 次の問いに答えなさい。

1．地図は，世界を一度に見わたすことができます。世界にはいろいろな国や大陸，海洋があります。また，経度や緯度を使うと，地球上の位置を正しくあらわすことができます。地図から日本の位置について考えた創太さんの文章を読んで，問いに答えなさい。

創太さん：日本は（　A　）大陸の東側に位置しています。日本とほぼ同じ（　B　）にある国は，アメリカ合衆国や中華人民共和国，（　C　）などです。日本はまわりを海に囲まれている島国です。

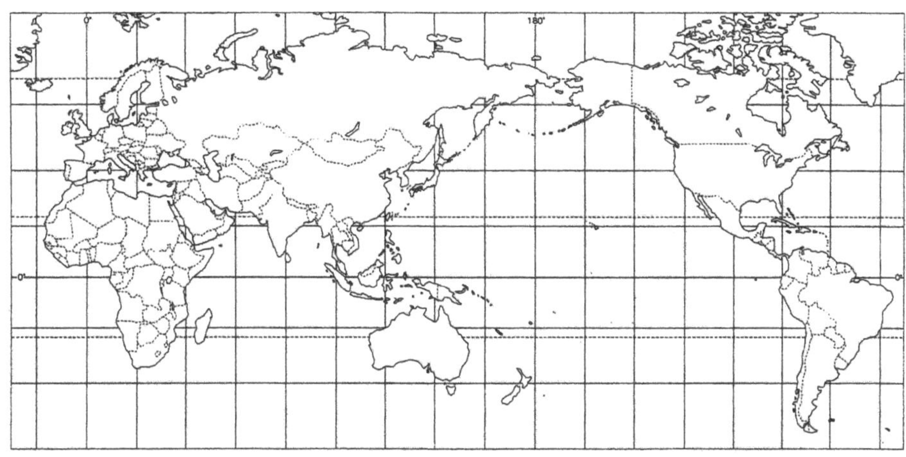

問1　文中の（A）（B）にあてはまる言葉を答えなさい。

問2　文中の（C）の国の人々は，1543年に種子島に上陸し，鉄砲を伝えました。
鉄砲によって日本の武士団の戦法は，大きく変わりました。Cの国名を答えなさい。

問3　近年，世界全体で水産物の消費量が増えているため，水産資源の減少が進むのではないかと心配されています。その対策としてまちがっているものを，次のア～エから一つ選び，記号で答えなさい。

ア　稚魚やえさとなる小魚の量に注意しながら，養殖業や栽培漁業などをすすめる。

イ　水産業のさかんな国々が話し合い，漁船の数やとる量，漁の期間などを決める。

ウ　国際機関が認めた水産物であるというラベルを貼って消費者の理解をうながす。

エ　自分の国の200海里水域だけで漁業を行い，水産物の輸出や輸入を制限する。

2．日本の各地域では，その地域の自然環境の特色に合わせて，くふうしたくらしを営んでいます。次の説明文を読んで問いに答えなさい。

A　伝統的な家は，屋根のかわらをしっくいで固めたり，家のまわりに木を植えたり，さんごの石垣で家を囲ったりしています。戸や窓を大きくして風通しをよくするなどのくふうもしています。この地域は山が少なく，大きい川もないため，水不足になやまされてきました。

B　海に面した平野には，最上川や赤川などの大きな川があり，周囲の山々から，栄養分をふくんだ水がたくさん流れてきます。平らで広い土地をいかして，効率よく米づくりをしています。春から秋にかけての日照時間が長く，昼と夜の気温差が大きいので，おいしい米づくりに向いている自然条件がととのっている地域です。

C　日本一大きな湖は，高度経済成長期に周囲の家庭や工場からの排水(はいすい)が増加し，水質が悪化しました。しかし，湖の水質を守るための市民運動や国・地方公共団体の取り組みによって改善され，現在も自然環境を守る取り組みが続けられています。

問4　Aの家のつくりは，どのような気候に対応していますか。「夏」という言葉を使って簡単に説明しなさい。

問5　右のグラフは，Bの地域にあるT市の月別平均気温と降水量を表しています。

　このグラフの説明として正しいものを次のア～エから一つ選び，記号で答えなさい。

（グラフは気象庁による1991～2020年の平均値をもとに作成）

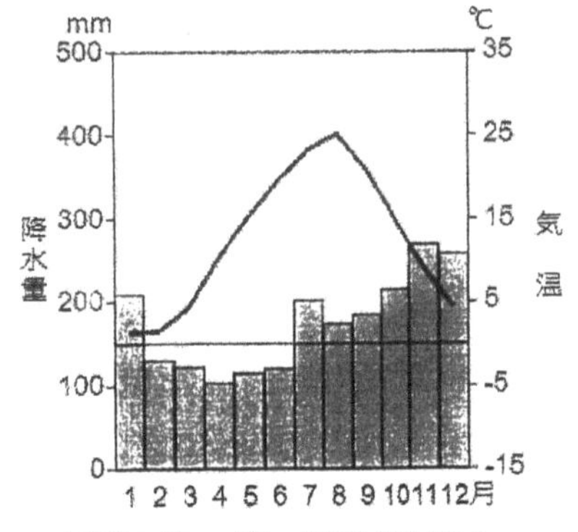

ア　夏になると南西から，あたたかくかわいた季節風が吹(ふ)くので気温が高く，降水量が少ない。

イ　夏になると南東から，あたたかくかわいた季節風が吹くので気温が高く，降水量が少ない。

ウ　冬になると北東から，冷たくしめった季節風が吹くので気温が低く，降水量が多い。

エ　冬になると南西から，冷たくしめった季節風が吹くので気温が低く，降水量が多い。

問6　次のグラフは日本のおもな食料品（米，小麦，大豆，野菜，肉，牛乳・乳製品）の自給率の移り変わりを表したものです。グラフの①～④のうち，米，肉，小麦を正しく表している組み合わせを，次のア～カから一つ選び，記号で答えなさい。

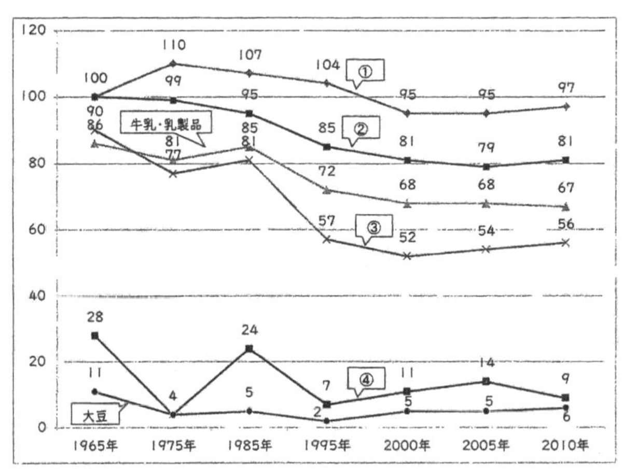

（農林水産省「食糧需給表」より）

ア　米①，肉②，小麦③	イ　米①，肉②，小麦④
ウ　米①，肉③，小麦④	エ　米②，肉③，小麦④
オ　米②，肉④，小麦①	カ　米②，肉①，小麦③

問７　Ｂの地域の都道府県の位置を，右の地図のア～カから選び，記号で答えなさい。

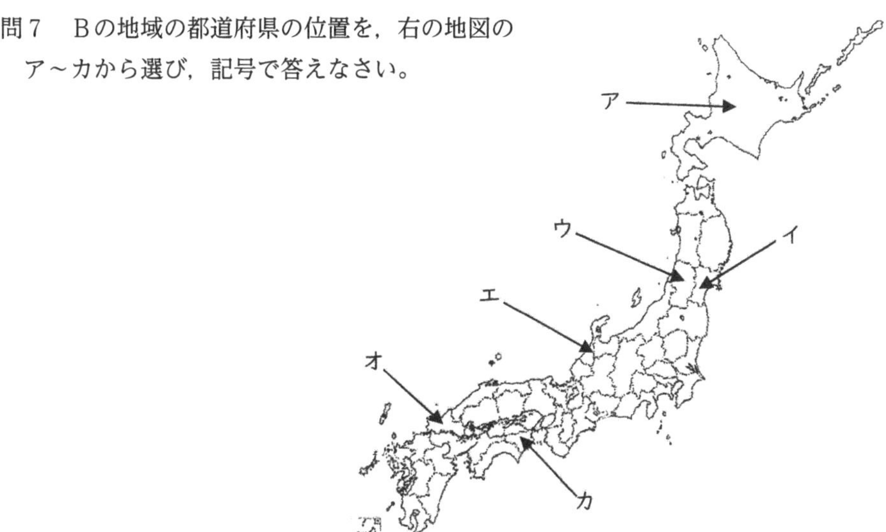

問８　Ｃの県庁所在地を答えなさい。

問９　自然環境を守る取り組み①・②にあてはまるものを，次のア～エからそれぞれ選び，記号で答えなさい。

①　貴重な自然環境を人類共通の財産として保護し，後世に伝えていくために世界遺産として登録する。

②　水鳥などが集まる世界的に重要な湿地(しっち)を守るために登録する。

ア．ラムサール条約　　イ．ナショナルトラスト運動　　ウ．ユネスコ　　エ．公害基本法

2　伸子さんは，歴史の勉強中に年表を作成しています。つぎの年表について，あとの問いに答えなさい。

年	できごと
603	聖徳太子(しょうとくたいし)が冠位十二階(かんいじゅうにかい)を制定する
↑ A ↓	
1192	①源頼朝(みなもとのよりとも)が征夷大将軍(せいいたいしょうぐん)になる
1338	②足利尊氏(あしかがたかうじ)が京都に幕府を開く
1467	応仁の乱が起こる（～77）
1590	豊臣秀吉(とよとみひでよし)が全国を統一する
1603	徳川家康(とくがわいえやす)が江戸に幕府を開く
1615	（　　Ｂ　　）が定められる
1641	③鎖国(さこく)が完成する
1854	アメリカと（　　Ｃ　　）を結ぶ
1868	④明治維新(いしん)　江戸を東京とする

問１　次の文章は，伸子さんが，年表中Ａの期間に起こったできごとをメモした内容です。ア～エのできごとを古いものから順に並べ，３番目の記号を答えなさい。

ア　元明(げんめい)天皇が唐(とう)の都長安にならって平城京を築いた。

イ　平清盛(たいらのきよもり)は，武士として初めて太政大臣(だいじょうだいじん)となり，政治の力をにぎった。

ウ　中大兄皇子(なかのおおえのおうじ)や中臣鎌足(なかとみのかまたり)らは，蘇我(そが)氏をほろぼし，政治の改革にとりかかった。

エ　藤原道長(ふじわらのみちなが)が摂政(せっしょう)となって政治の実権をにぎった。

問２　下線部①の人物が開いた鎌倉幕府(かまくらばくふ)で，将軍を助ける最高の役職を何というか，答えなさい。

問３　下線部②の時代の説明として正しいものをア～エから一つ選び，記号で答えなさい。

ア　最初の60年は戦国時代といって，争いが続いた。

イ　明(みん)との貿易が始まり，室町幕府は大きな利益を得た。

ウ　足利義政(あしかがよしまさ)は，東山に書院造(しょいんづくり)を用いた金閣(きんかく)を建てた。

エ　将軍と御家人は，御恩と奉公(ほうこう)の関係で結ばれていた。

問４　次の資料は，（Ｂ）の内容の一部です。この決まりを何というか答えなさい。

> 一　大名は，毎年４月に参勤(さんきん)交代すること。近ごろは，参勤交代の人数が多すぎるので，少なくすること。
>
> 一　自分の領地の城を修理する場合，届け出ること。

問５　下線部③について，鎖国中にオランダと中国の窓口になった場所を次の地図から記号で選び，都道府県名を答えなさい。

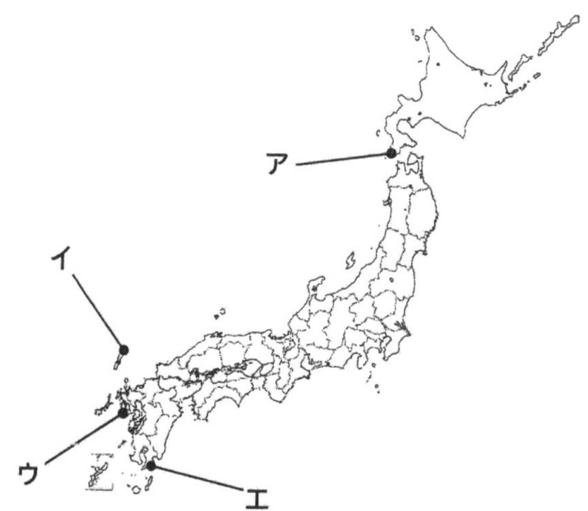

問６　（Ｃ）の条約によって，日本は下田(しもだ)と函館(はこだて)の２つの港を開き，鎖国の状態を終えました。（Ｃ）にあてはまる語句を答えなさい。

問７　下線部④の時代に関係する資料を次のページから選び，記号で答えなさい。

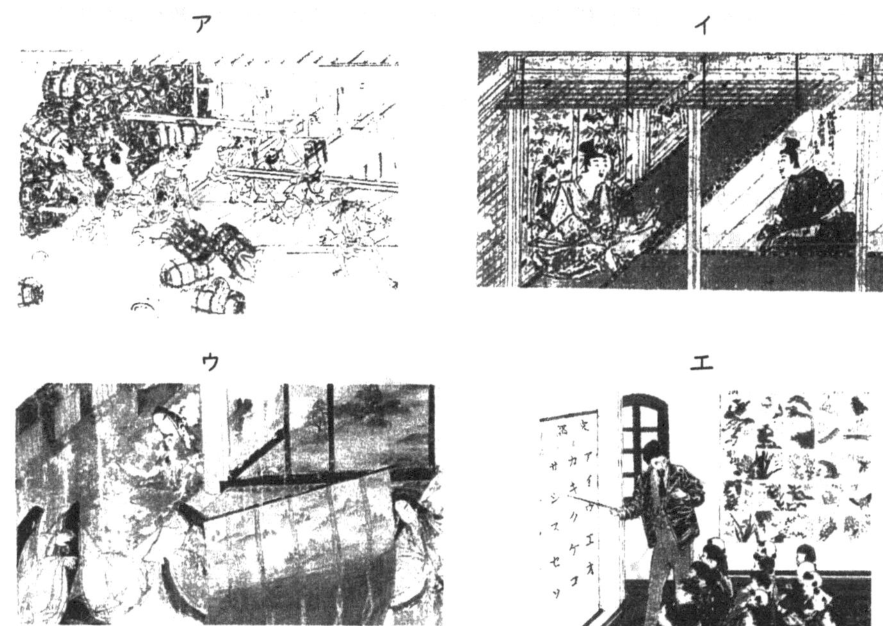

3 伸子さんと創太さんの会話文を読んで，あとの問いに答えなさい。

伸子「戦後，①「基本的人権の尊重」や「平和主義」などの三大原則をかかげる日本国憲法が定められ，②政治の民主化が進められたよね。そして，1951年には，やっと独立を回復することができた。ここまで長い道のりだったと思う。」

創太「かつての④国際連盟の反省をいかして創立されたのが国際連合だったよね。日本も1956年に⑤国際連合に加盟して，国際社会にも復帰することができたね。」

伸子「歴史の勉強をしていると，戦争の教訓から，人々が対立ではなく協力していく道を選び，⑥国際社会における役割を探究してきたことがわかるね。私たちも世界平和の先駆者（せんくしゃ）に成長するために学び続けていこう。」

問１　下線部①について，あとの問いに答えなさい。

(1)　江戸時代の日本では，「基本的人権」という考えがなく，右のものを使って，キリスト教信者でないことを確かめていました。右のものを何というか答えなさい。

(2)　日本国憲法の三大原則として，ほかに何があるか，もうひとつの原則を答えなさい。

問２　下線部②について，次の文章は2015年に改正された選挙権に関する説明です。□に当てはまる数字を答えなさい。

満 □ 歳（さい）以上の男女に選挙権が与えられた

問３　下線部④について，日本が脱退することになった理由に関するできごとを次のページから選

び，記号で答えなさい。

ア　日清戦争　　イ　日露戦争　　ウ　満州事変　　エ　五・一五事件

問４　下線部⑤に関して，国際連合において紛争の解決や安全のために働く中心機関を何というか答えなさい。

問５　下線部⑥に関して，近年，日本において外国人労働者を受け入れることが注目されています。これについて，あとの問いに答えなさい。

(1)　外国人労働者を受け入れることで，日本にもたらされる良い点は何か，図Ⅰ・Ⅱを活用して答えなさい。

【図Ⅰ　日本の年齢別人口の割合】

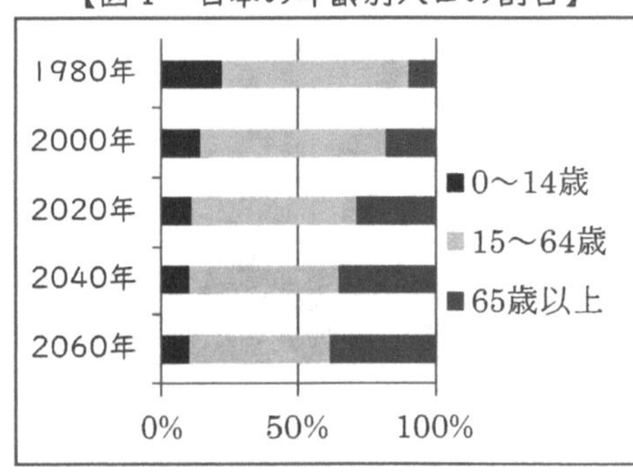

【図Ⅱ　日本の将来の人口のうごき】

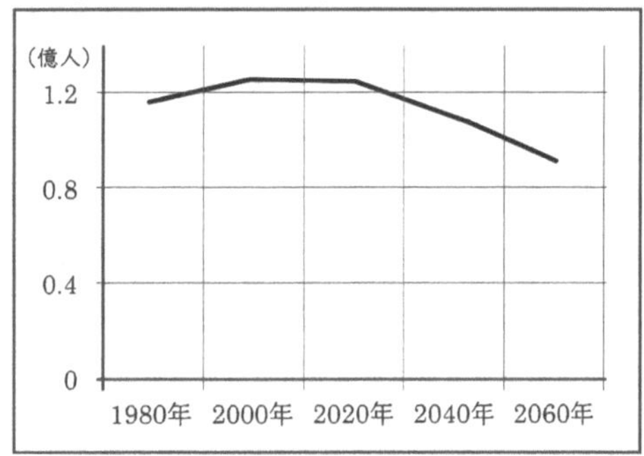

（図Ⅰ・Ⅱともに「日本国勢図会第79版」より）

(2)　外国人労働者を受け入れることは，SDGsのゴールのどれに関係していると思いますか。次からひとつ選び，番号とその理由を答えなさい。

イ．ハネリカが自分たちを気にして気持ちをかくして合わせていたということ。

ウ．ハネリカが妹にたいして強気で振るまうことはできず頭が上がらないこと。

エ．ハネリカが暦を疑うという間違った判断をした自分たちを非難していること。

問7　――線部③「それ以来、羽根さんの「由梨っぺ」というあだ名は聞かなくなった」とありますが、それはなぜだと考えられますか。次のことばを入れて六十字以上八十字以内で答えなさい。

ことば　ハネリカ　立見さん　川澄さん　羽根さん

を(オ)ユウセンさせて、本当は仲よしの妹の悪口を聞いてあげていた。

うわー、どうなっちゃうの？

ドキドキしながら成り行きを見守っていると、床井くんが笑顔(えがお)で話しかけてきた。

「ミケ、よかったじゃん。疑いが晴れて」

「床井くん。そういえば、さっきはありがとう」

「いいってとこい」

なにを言っているんだろう。あ、もしかして、

「……いいってことよ？」

「それそれ。さすがミケ」

「わかりにくいよ」

床井くんのボケに気を取られて、暦は一瞬(いっしゅん)ハネリカたちのことを忘れてしまった。

気がついたら、いつもみたいに三人で楽しそうにおしゃべりしていた。ホッとしたような、がっかりしたような。がっかりっていうのは、三人の関係がもとにもどったことにではなくて、関係がもとにもどる瞬間を見逃(みのが)したことにがっかりしたのだ。

③それ以来、羽根さんの「由梨っぺ」というあだ名は聞かなくなった。

（戸森しるこ『ゆかいな床井くん』より）

問1　〰〰線部(ア)～(オ)のカタカナを漢字になおしなさい。

問2　【Ⅰ】【Ⅱ】【Ⅲ】に入る言葉は体の一部です。それぞれ漢字一字で答えなさい。

問3　《a》～《d》に入る語句として、最も適切なものを次から選び、それぞれ記号で答えなさい。

ア．しかじか　イ．そもそも　ウ．どんどん　エ．はらはら
オ．ざわざわ　カ．おっとり　キ．しっとり　ク．こりごり
ケ．あっさり　コ．ぐっすり

問4　――線部①「暦はいやだなと思った」とありますが、何をいやだと感じたのですか。最も適切なものを次から選び、記号で答えなさい。

ア．自分がかわいくないこと
イ．ハネリカに怒られること
ウ．人を軽べつしていること
エ．わざとおだてていること

問5　「ハネリカ」と妹の関係として、最も適切なものを次から選び、記号で答えなさい。

ア．自分をほめてくれる人を好きになるハネリカは、口うるさい妹をけむたいと遠ざけている。
イ．おしゃれなハネリカは、頭はよいがおしゃれではない妹をさえないものと考えている。
ウ．はやとちりな自分をちゃんと注意できるしっかりした妹をハネリカは心では一目置いている。
エ．上から目線で声をかけてくる妹にたいして何も言うことができずとてもこわがっている。

問6　――線部②「立見さんと川澄さんは、顔を強張らせている。」とありますが、どのようなことに気がついたからですか。最も適切なものを次から選び、記号で答えなさい。

ア．ハネリカが自分たちとの関係よりも暦との関係を大事に考えていたこと。

ハネリカはそう言われて悪い気はしなかったみたいで、はじめて暦のことを見て言った。

「ほんと？」

「うん」

「……そっか。ごめん、疑って」

ハネリカは、《　d　》謝った。

暦はハネリカと仲よしじゃなくても、こういうところは好きだった。人の言うところをちゃんと信じてくれるのだ。ただ、さっきみたいに少しおだてられてからじゃないと、素直になってはくれないのだけれど……。

ハネリカの後ろで、立見さんと川澄さんが、不満げな顔をしている。そういえば、いつも羽根さんの悪口を言っているのは、ハネリカというよりは、どちらかというとこのふたりのほう。

でも、暦だって、さっきハネリカの機嫌をとるようなことを言ってしまったので、人のことは言えないのだった。

そのとき、教室の前のドアから、意外な人物が顔をのぞかせた。

「梨華ちゃん、いる？」

妹のほうの羽根さんだった。そして、羽根さんが手に持っているものを見て、その場にいた何人かが、

「あっ」

と言った。天使の羽！　ハネリカがあわてて妹にかけよる。

「由梨ちゃん、それ……」

「さっきの休み時間に、廊下に落ちてたよ」

「エッ、ウソ」

ハネリカは動揺している。

「だめじゃん、落としたら。せっかくおそろいで買ってもらったばっかりなのに」

「ごめん、ごめん」

弱気なはずの妹に、勝ち気なハネリカがしかられている。

それを見て、みんなの【　Ⅲ　】が点になっている。主に、立見さんと川澄さんの【　Ⅲ　】が。

その理由は暦にも想像ができた。だって、妹とおそろいなんかじゃないって、さっき言ってたもんね。

それにしても羽根姉妹って似ているなぁ。暦となごみちゃんのおかあさんたちも、子どものころの写真はそっくりだった。今は髪型とか体型とかのせいで、それほどでもないけれど。もちろん、いっしょに住んでいても、ふたりを間違えることなんて、どう考えてもありえない。

妹が自分の教室に帰ったあと、ハネリカは気まずそうにこちらにもどってきた。そしてまずは暦に謝った。

「三ヶ田さん、ごめん。ありました」

「うん、よかったね」

これで終了。暦とハネリカは大丈夫だ。だってもともとそれほど仲よくないから、こじれるほどの関係性が、ないのだった。問題は、あっちだ。

②立見さんと川澄さんは、顔を強張らせている。

暦は(エ)スイソクした。つまりこういうことだ。立見さんと川澄さんは、ハネリカの機嫌をとるために、冴えない妹である「由梨っぺ」の悪口を言ってあげていた。ハネリカもきっと、クラスでのふたりとの関係

「すみませーん！　聞いてくださーい！」

「ハネリカのキーホルダー、どこかで見た人いませんかー？」

机を班のかたちからもとにもどしていた暦は、おやっと思った。あんなに大きなものが、なくなったりするだろうか。立見さんと川澄さんは、ハネリカのかわりに大声で呼びかけている。

「体育からもどったら、なくなってたんだって」

「どこかに落ちてない？」

暦がふとハネリカのほうを見ると、すぐ近くにいて、ばっちり目が合った。

ハネリカは暦に向かってなにか言いたそうな表情で、一度口を開けたけれど、また閉じた。

「落とし物ボックスは？」

暦はハネリカに聞いてみたけれど、答えがかえってこない。聞こえなかったのかな、と思って、暦はもう少し大きな声で言い直した。

「落とし物ボックス、見た？」

それでも返事がかえってこなかったから、あ、もしかして(ウ)ムシされてる？　って、気がついた。暦はムシされたことにおどろいてなにも言えなかったけれど、瞬時にさとった。

どうやらわたしが疑われている。

なんで？　どうしてだろう。あのとき、近くで話を聞いていたからだろうか。たったそれだけで？

クラスのみんなが《　C　》しはじめた。「そうなの？」「なんで？」「三ヶ田さん？」「しーっ。聞こえるよ」

ああ、気が遠くなる。このまま、自分がとったのではないと証明できないまま、教室でひとりぼっちで過ごしている自分。かなりみじめだ。

「アホか。ミケはそんなことしないぞ」

床井くんが憤慨して言ってくれたので、暦はちょっとだけ心が軽くなった。だけど、自分がとったんじゃないっていう証拠はない。床井くんに向かって、ハネリカが言った。

「でも、体育着に着がえたあと、最後に教室を出たの、三ヶ田さんだった」

「おれに言うなよ。ミケに言えよ」

「だから、ミケに直接言えって」

「さっきわたしたちが話してたとき、こっち見てたし」

ハネリカはあくまでも暦には話しかけたくないらしい。

たしかに、体育の前の休み時間、この教室から最後に出たのは暦だった。暦は着がえるのが遅いし、ほかの子といっしょに移動したりしない。友だちがいないというのではない。クラスのみんなと友だちだ。でも、トイレに行きたいときはひとりで行くし、ひとりでいるのがはずかしいとは思わない。そういう性格なのだ。でも、このときほど、だれかといっしょにいればよかったと、思ったことはなかった。

「わたし、とってないよ」

だってあれ、あんまりかわいいと思わなかったし。なーんて言ったら、ハネリカは怒りだすだろう。それでかわりにこう言った。

「ああいうかわいいのって、わたしには似合わないし」

そう言ってみて、①暦はいやだなと思った。ああいうかわいいのは、ハネリカにしか似合わない。そう言っているようなものだ。気の遣い方が、わざとらしい。

妹のほうは、みんなからはふつうに「羽根さん」って呼ばれている。

ハネリカと羽根さんは、「なんちゃって姉妹」の暦となごみちゃん（暦のいとこの名前）とは違って、それはもうそっくりだ。どちらがどちらか、顔だけだったら、暦には(イ)クベツがつかない。髪型もそっくり同じセミロングだ。ただ、表情や身に着けているものや、あとは声やしゃべり方で、すぐにわかる。

ハネリカは声がすごく大きくて、自分の思ったことをなんでもはっきりしゃべるし、足が速くて、はやりのおしゃれが得意だ。だけど、羽根さんはおとなしくって、ほとんどしゃべらない。足が速いのか遅いのかは、暦は同じクラスになったことがないから知らないけれど、たぶん遅い。そう思ってしまうくらい、《　b　》している。洋服もちょっとちぐはぐで、「なんかダサい……？」と思ってしまう。

暦は、クラスメイトのハネリカとは、それほど仲よしじゃない。でも、ハネリカはリーダーシップがあって気も強いし、クラスでいちばん目立っている女子だから、うまくつきあっていかないと、っていう気がする。

「あ、ハネリカのキーホルダー、かわいいね。フワフワの天使の羽だ」

「ほんとだ、どこで買ったの？」

いつもハネリカといっしょにいる立見さんと川澄さんが言った。ハネリカは得意そうに、

「いいでしょー。ママが買ってくれたの。ちょっと大きすぎるかなって思ったんだけど……」

「そんなことないよー。そのくらい大きいほうがかわいいよ」

「いいなぁ、そういうかわいいのが似合って」

「べつにそんなことないよ」

「もしかして、由梨っぺもおそろい？」

近くで聞いてた暦は、うっ、と思った。「由梨っぺ」というのは、妹のほうの羽根さんのあだ名。あだ名なんだけど、本人の前では呼ばれないあだ名だ。なぜなら羽根さんを由梨っぺと呼ぶのは、羽根さんのことをバカにするときだけだから。

「えー、そんなわけないじゃん」

「そうだよ。由梨っぺ、こういうの嫌いそうじゃん」

「ハネリカんちに遊びに行っても、いつも本ばっかり読んでて、わたしたちのことバカにしてるじゃん」

「そう、そう」

「双子なのに似てないよねぇ」

くすくすくす。

そうだろうか。暦は心の中で【　Ⅰ　】をかかえてしまう。バカにしているのは、羽根さんのほうなの？　暦にはそうは思えなかった。少なくとも、羽根さんは言葉に出してバカにしたりはしない気がする。でも、立見さんも川澄さんもそう感じているのなら、実は羽根さんにもそういう部分があるのかな？

今、勇気を出して、「わたしはそうは思えない」って言ってみたらどうだろうか。

そんな考えがちらりと頭に浮かんだけれど、もちろん【　Ⅱ　】には出せないのだった。

そのキーホルダーが消えたのは、その日のお昼のことだった。

問1　〰〰線部(ア)〜(エ)のカタカナを漢字になおしなさい。

問2　文章中の空らん（A）（B）（C）に入る言葉として、最も適切なものを選び、それぞれ記号で答えなさい。

ア．このように　　イ．一方　　ウ．もしくは　　エ．さて
オ．なぜなら　　カ．もし　　キ．さらに

問3　――線部①「よい失敗」とありますが、それはどのようなことですか。十六字以上二十字以内で二つ書き抜きなさい。

問4　［　］で囲まれている文章を通して、筆者が伝えたいことは何ですか。最も適切なものを次から選び、記号で答えなさい。

ア．人類はこれまで、その長い歴史のなかで、さまざまな失敗を経験してきたこと
イ．人類が数々の失敗によって進化してきたこと
ウ．人類は数々の失敗によって文明を発展させてきたこと
エ．人類がたどった歴史と同じく、数々の失敗を体験してこそ、初めて成長できること

問5　――線部②「悪い失敗」とありますが、それはどのようなことですか。あてはまるものを次からすべて選び、記号で答えなさい。

ア．「よい失敗」に含まれないすべての失敗
イ．周囲の人間に悪影響を及ぼすような失敗
ウ．失敗したひとにとって意味がある失敗
エ．取り返しのつかないほどの大きな失敗
オ．失敗によって得られるメリットとデメリットを比べたとき、メリットの方が多い失敗

問6　次のことがらがまとめられているのはどの段落になりますか。それぞれの段落のはじめの五字を書き抜きなさい。

(1)　失敗をすることが人の成長にとって欠かせない理由
(2)　「よい失敗」についての課題

問7　この文章をふまえて、次のA・Bどちらかを選んで答えなさい。

A．あなたがこれまでに経験したことで「よい失敗」だったと思うことは何ですか。まずその経験が何なのか述べた上で、どうして「よい失敗」だったといえるのかについて七十字以上百字以内で答えなさい。
B．あなたがこれまで見聞きしてきたことの中で「よい失敗」だと思うことは何ですか。まず誰のどのような失敗か述べた上で、どうして「よい失敗」だったと思うのかについて七十字以上百字以内で答えなさい。

二　次の文章を読んで、あとの問いに答えなさい。

暦たちの学年に、ひと組だけ双子の姉妹がいる。
暦のおかあさんも双子なので、暦にとっては気になる存在だ。
双子のうち、おねえさんのほうは暦と同じクラス。名前は羽根梨華ちゃん。みんなからフルネームで「ハネリカ」って呼ばれている。ただフルネームで呼ばれているだけなのに、なんだかカリスマ性のありそうな響きで、暦はうらやましい。
妹のほうは、暦とは別のクラスだ。《　a　》、双子のふたりが同じクラスになったところを、暦は見たことがない。ひょっとして先生たちの計算だろうか。同じ顔の子が教室の中にふたりいたら、(ア)コンランしちゃうから？

この、ひとが成長するうえで、必ず必要となる失敗が「よい失敗」なのです。

　ですから、成長したいと望むひとは、積極的に「よい失敗」を経験するべきです。

　では、②「悪い失敗」とはどのようなものでしょうか。

　極端に言えば、「よい失敗」に含まれないすべての失敗が「悪い失敗」と言えます。具体的には、たんなる不注意や判断ミスで起こり、そこからは何も学ぶことができず、何度もくり返されてしまうような失敗です。たとえ他人には迷惑をかけないものであったとしても「悪い失敗」です。失敗したひとにとって意味がなく、反省もされないので、(イ)シュウカン的にくり返され、やがて大きな失敗につながるリスクがあるからです。

　逆に、失敗したひとにとって意味があり、成長を促すきっかけになったとしても、周囲の人間に悪影響を及ぼすような失敗は「悪い失敗」です。

　一人の人間が成長するために他人が甚大なダメージを受けてもいいはずがありません。その失敗によって得られるメリットとデメリットを比べたとき、圧倒的にデメリットの方が多ければ「悪い失敗」なのです。

　失敗から体験知識を得ようとすれば、一つひとつの失敗が取り返しのつかないほど大きな失敗につながらないよう気をつけながら、ダメージを*リカバーできる程度の「よい失敗」の経験を積み重ねていく必要があります。

（　C　）、それが「悪い失敗」であれば、いくら経験しても、個人として成長することはできません。

　ただし、そこには一つ、課題があります。仕事中や日常の生活で起きている大小さまざまな失敗のなかでも、経験したときにそこから体験的知識を得られるような「よい失敗」は、決して多くないということです。

　ただ、この課題を解決する方法はあります。自分自身の「よい失敗」だけでなく、他人の「よい失敗」からも体験的知識を得られるようになればいいのです。

　そのためには、自分自身が「よい失敗」をしたという数少ないチャンスが到来したとき、その貴重な経験から体験的知識を得るために有効な取り組みを実践することで、失敗の本質を理解して、より(ウ)カクジツに「よい失敗」から体験的知識を身につけていく経験の積み重ねが必要になります。

　そのような経験を積み重ねていけば、自分が起こした「よい失敗」だけでなく、他人の「よい失敗」からも(エ)コウリツテキに体験的知識を学びとれるようになります。

　結果、たとえ自分自身で「よい失敗」を経験する機会が少なくても、資料として記録されている他人の典型的な「よい失敗」の原因を分析することで、そこから体験的知識を学び、自身の成長につなげられるようになるのです。

（畑村洋太郎『やらかした時にどうするか』より）

注　＊転化…別の状態に変化すること
＊系統発生…それぞれの生物が過去から現在まで経てきた進化の過程
＊個体発生…卵から成体（大人になった生物）へと生き物が形作られる過程
＊細胞分裂…細胞が分かれて新しい二個以上の細胞になること
＊リカバー…回復すること

【国語】（四五分）〈満点：一〇〇点〉

【注意】句読点（。）（、）などの記号や、かぎかっこ（「）（」）は字数として数えます。

一　次の文章を読んで、あとの問いに答えなさい。

〔注意〕本文中には、問題作成のため表記を変えたところがあります。

世の中の失敗は二つのタイプに分かれると私は考えます。

「許される失敗」と「許されない失敗」です。

もっと(ア)カンタンに言うなら「よい失敗」と「悪い失敗」です。

まずは①「よい失敗」について説明します。

「よい失敗」とは、個人が未知なるものに遭遇して起きた失敗です。個人が無知であったり、あるいは、何かミスして起きるタイプの失敗です。この手の失敗をしたひとは、なんらかの批判やペナルティを受けることになります。その失敗で、ある程度、まわりのひとに迷惑をかけてしまったのであれば、叱られるくらいは仕方ないかもしれません。しかし、あまり責め立てたりするのは避けるべきです。

（　A　）、その未知なるものとの遭遇による失敗は、そのひとが成長する過程において、必ず通過しなければならないものだからです。

失敗なしに人間は成長しません。ひとは失敗して成長し、また小さな失敗を体験して、その分、成長していくというくり返しのなかで、一つひとつの失敗経験から体験的知識を得ることで、次の大きな失敗を起こさないために、徐々に軌道修正していくからです。さらには、その失敗経験を将来の成功へと＊転化することもあるからです。

失敗と成長・発展の関係は、生物学の「＊系統発生と＊個体発生の仕組み」の原理に似ています。

私たちはどのようなプロセスを経て「人類」へと進化したのか、みなさんも学校の理科の時間に習ったと思います。系統発生で考えるとおよそ一〇億年前、地球に初めて動物や植物の祖先となる多細胞生物が登場し、約四億六〇〇〇万年前に魚類が登場、その一部が両生類となり、そこから哺乳類が進化して、人類が誕生しました。

（　B　）、私たちは母親の体内で受精卵から赤ちゃんにまで成長しますが、この個体発生においても、やはり系統発生と同様に、受精卵は＊細胞分裂をくり返して、最初は魚類、次は両生類というプロセスを経て、最後に「人間」の姿となります。

つまり、人類が誕生するまでの系統発生の一〇億年のプロセスが、赤ちゃんが誕生するまでの個体発生の一年足らずのプロセスとして、親の体内で、再びくり返されているのです。

私は、人類が母親の体内で「魚類→両生類→哺乳類」という進化のプロセスをたどって生まれてくることと、人間が失敗から知識を得ながら成長していくプロセスに共通するものを感じます。

人類はこれまで、その長い歴史のなかで、さまざまな失敗を経験してきました。その失敗の数々が人類を進化させ、文明を発展させて、現在の私たちの世界につながっています。それは、一人の人間が成長するときも例外ではなく、人類がたどった歴史と同じく、数々の失敗を体験してこそ、初めて成長できるのではないかと思うのです。

【英　語】（45分）　＜満点：100点＞　※リスニングテストの音声は弊社HPにアクセスの上，音声データをダウンロードしてご利用ください。

1　リスニング（放送中，メモをとってもかまいません）

Part 1（放送は1回）

対話を聞いて，最後の文に続く応答として最も適切なものを，放送される英文A，B，Cの中から1つ選びなさい。

(1)

(2)

(3)

(4)

Part 2（放送は1回）

まとまった英文のあと，その内容に関する質問が放送されます。その質問に対する応答として最も適切なものをA，B，Cの中から1つ選びなさい。

(1) A：They go to the library to make presentations about global warming and its effects.
B：They have discussions about global warming with students from other schools.
C：They research about global warming, and pick up trash at beaches and parks.

(2) A：He sold his old games.
B：He opened his piggy bank.
C：He found a beautiful vase.

Part 3（放送は2回）

対話を聞き，次の質問に英語で答えなさい。対話と質問は，2回続けて放送されます。
(1)の問題のあと，(2)の問題まで1分間あります。

(1) What day will they go to the library, and why did they choose this day?
(2) Why did she choose the green backpack?

2

1．次の空欄に当てはまる同じ語を答えなさい。

(1) Now I feel (　　) after I slept for 8 hours and had enough rest.
He got a $80 (　　) because he was speeding too much on highway.

(2) The building was completely destroyed by (　　).
He is afraid that his boss is going to (　　) him because his performance is not good enough.

2．例を参考に，次の語を英語で説明しなさい。

例）soccer = It is a sport played by two teams of eleven players, and they kick a ball into the other team's goal.

ambulance =

3 次の英文を読んで，後の問いに答えなさい。

About 150 years ago, a young boy was born into a wealthy family in *Warsaw, the capital of Poland. His name was *Janusz Korczak. When the boy was 18 years old, his father passed away. He enrolled in medical school at the University of Warsaw while working as a tutor to help his family make ends meet. He chose medical school because he wanted to save poor children from diseases. A few years later, because of the war, he was called to serve as a military doctor. At the age of 33, he finally had the opportunity to fulfill his long-held wish.

At the age of 40, he was asked to become an *orphanage director for Polish children. Dr. Korczak made a series of improvements there. He began to involve the children themselves in the daily activities of the orphanage, such as, doing laundry, cooking meals, running the reading room, taking care of children with problems, and caring for the sick children. To solve bullying problems, Dr. Korczak also introduced a new method. He made sure that each new child was assigned an older member of the orphanage who would watch over them and help them adjust to life in the school.

In addition, the orphanage was managed much better through councils and *tribunals. For example, in the "children's court," children who skipped a given task, bullied, or stole things were judged in a tribunal held by the children themselves. Here, even the teachers could not escape judgment. Korczak himself was one of those who, in a fit of anger, hit a student in the face.

In the "children's assembly," the children discussed how to improve their "home" many times and in this way, the orphanage's management improved considerably. Also, Dr. Korczak continued devoting himself to the education of the children until he passed away in 1942.

In 1989, the United Nations established the Convention on the Rights of the Child, which is based on the concepts that each child should be respected, and that children and adults are equal. Dr. Korczak is known as the person who pioneered the idea that children also have rights.

*Warsaw　ワルシャワ（ポーランドの首都）

*Janusz Korczak　ヤヌシュ・コルチャック（ポーランドの小児科医，教育者）

*orphanage　孤児院　　*tribunals　法廷

1．以下の英文の下線部は間違っています。下線部のみを正しく直して書きなさい。

(1) One <u>teacher</u> was always assigned to each new child who joined the orphanage to provide support.

(2) At the tribunals, <u>only children</u> who did bad things were judged.

2．英文を読んで，その内容に関する以下の質問に，英語で答えなさい。

(1) What was the dream of the little boy, Janusz Korczak?

(2) How did the management of the orphanage improve?

4 次の英文を読んで，後の問いに答えなさい。

Have you ever heard of "fast fashion"? Just as cheap, fast, and easy meals are called "fast food", fast fashion refers to fashion brands and their business models that produce and sell low-priced, but trendy clothing in large (1) in a short cycle. At times, one shirt may cost no more than 1,000 yen at a fast fashion store. While people benefit from their cheap prices, not many of them take the time to question why they are so cheap.

Most fast fashion products are made in developing countries, such as Cambodia, Vietnam, and Bangladesh. Workers in these countries are working at much lower labor costs than in developed countries. For example, the average annual salary in Cambodia is around 240,000 yen, which is less than the average monthly (2) in Japan. Without this cheap labor, fast fashion companies would not be able to maintain their business style.

This business model brings companies a large amount of profit, but it is often at the expense of workers in those developing countries. In 2013, a tragic accident occurred in Dhaka, Bangladesh. The eight-story sewing factory, Rana Plaza, collapsed, killing more than 1,100 people and injuring about 2,500 people. It was revealed that the building had been illegally extended, and that many of the victims were young people from slums and poor families, who had no choice but to work in such poor working (3).

The accident was widely reported in the news as the worst in the (4) of the fashion industry. In fact, the factory was a *subcontractor of several Western clothing brands, such as Prada and Benetton. This caused a change in people's minds and gradually led to worldwide efforts toward "ethical fashion". Ethical means "moral", and ethical fashion means clothes that are made with consideration for people, society, and the natural environment. Nowadays, this trend of rethinking (A) continues to spread in many other fields including jewelry, cosmetics, accessories, cars, food, and so on.

Even the clothes you wear on a daily basis show [ ]. Ethical fashion encourages you to imagine who makes the clothes, what kind of working and living conditions the workers are in, and what kind of process the products go through before they reach your hands.

*subcontractor　下請け業者

1．文中の（１）～（４）に入れるのに最も適切なものを選び，記号で答えなさい。

(ア) culture

(イ) quantities

(ウ) history

(エ) quality

(オ) income

(カ) conditions

2．文中の（A）に入れるのに最も適切なものを選び，記号で答えなさい。

(ア) body and mind

(イ) import and export

(ウ) production and consumption

(エ) risk and safety

3．[　] に入れるのに最も適切なものを選び，記号で答えなさい。

(ア) that you live in a rich country

(イ) that you do not like fast fashion

(ウ) that clothes are made in various kinds of ways

(エ) that you have some connection with people living in other countries

4．「エシカル・ファッション」と呼ばれるのは，どのように作られた服か，20～30文字程度の日本語で説明なさい。

5　以下の問いに，理由やあなたの経験などを含めて60～80語程度の英語で答えなさい。

Do you think that friendship is important to you?

2023年度

解 答 と 解 説

《2023年度の配点は解答欄に掲載してあります。》

<算数解答>

1 (1) 21 (2) 0.8 (3) 101010 (4) 504人 (5) 15
(6) 2×(0＋2)－3＝1

2 (1) 6：5 (2) 75個 (3) 105度 (4) 13分20秒 (5) 2000円
(6) 過程 解説参照 答 90円

3 (1) $\frac{7}{128}$ (2) 11

4 (1) 288cm^2 (2) 36.8cm^2

5 (1) タンクC 6000cm^3 タンクD 4000cm^3 (2) 毎秒200cm^3
(3) 12cmのところ (4) 20cm

○推定配点○
各5点×20(5(1)完答) 計100点

<算数解説>

1 (四則計算，数の性質，割合と比，規則性)

(1) 23－2＝21

(2) $\frac{3}{4}$＋0.05＝0.8

基本 (3) 5×7×1443×2＝10×10101＝101010

基本 (4) 630×0.8＝63×8＝504(人)

重要 (5) 1＋3＝2×2，1＋3＋5＝3×3より，29は30÷2＝15(番目)の奇数である。
したがって，求める数は15

基本 (6) 2×2－3＝1より，2×(0＋2)－3＝1

重要 2 (速さの三公式と比，割合と比，単位の換算，過不足算)

(1) 240：200＝24：20＝6：5

(2) 99÷12＝8…3 999÷12＝83…3
したがって，3，4の公倍数は83－8＝75(個)

(3) 右図より，90－(180－30)÷2＋90＝105(度)

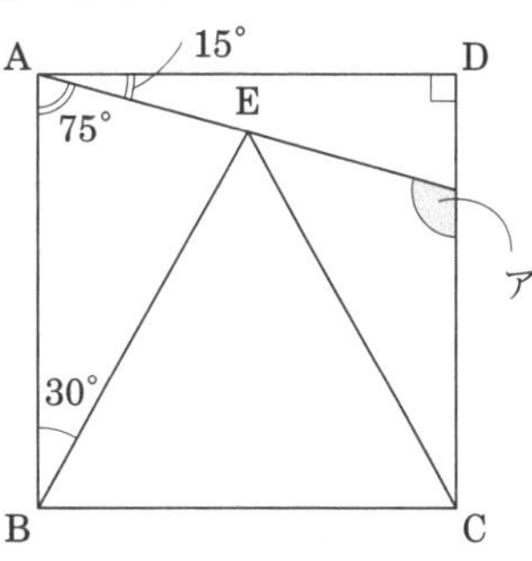

(4) 24×5÷9＝13$\frac{1}{3}$より13分20秒

(5) 右表より，ケーキを買った個数は(250×2－200)÷(300－250)
＝6(個)
したがって，持って行ったお金は300×6＋200＝2000(円)

250……250 250 250
300……300 200

(6) 計算過程の例
目標の売り上げ…(60＋60×0.2)×300＝72×300(円)
1個の値段…72×300÷(300－60)＝90(円)

重要 **3** **(数列・規則性，数の性質)**

(1)　分母…$16\times2\times2\times2=128$　　分子…$4+3=7$

(2)　分母…$128\times2\times2\times2=1024$　　分子…$7+3=10$　×

　　分母…$1024\times2=2048$　　分子…$10+1=11$　○

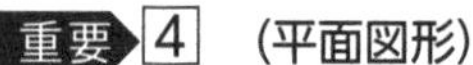

重要 **4** **(平面図形)**

(1)　右図より，$12\times2\times12=288(\text{cm}^2)$

(2)　$288-(8\times8+4\times4)\times3.14=288-80\times3.14=36.8(\text{cm}^2)$

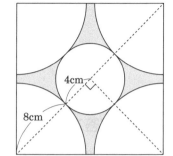

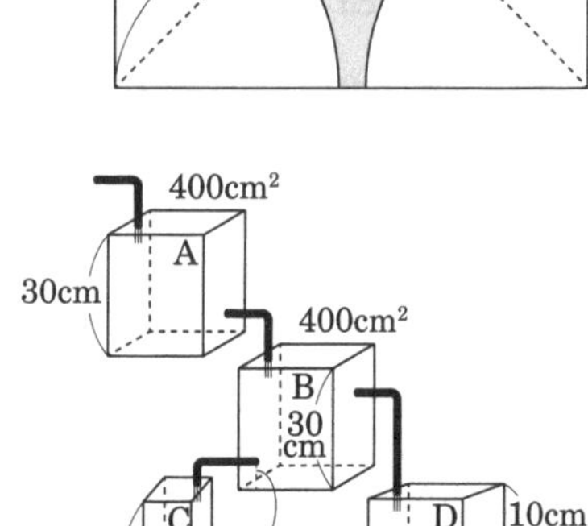

5 **(平面図形，立体図形，割合と比，グラフ)**

基本 (1)　タンクC…$200\times30=6000(\text{cm}^3)$

　　タンクD…$400\times10=4000(\text{cm}^3)$

重要 (2)　グラフより，タンクBに$38-24=14$(秒)で7cm水がたまった。
したがって，タンクAに入る給水量は
$400\times7\div14=200(\text{cm}^3)$

(3)　(2)とグラフより，タンクAの管の高さは
$200\times24\div400=12(\text{cm})$

(4)　(2)・(3)とグラフより，タンクAの水面の高さは
$12+200\times(150-134)\div400=20(\text{cm})$

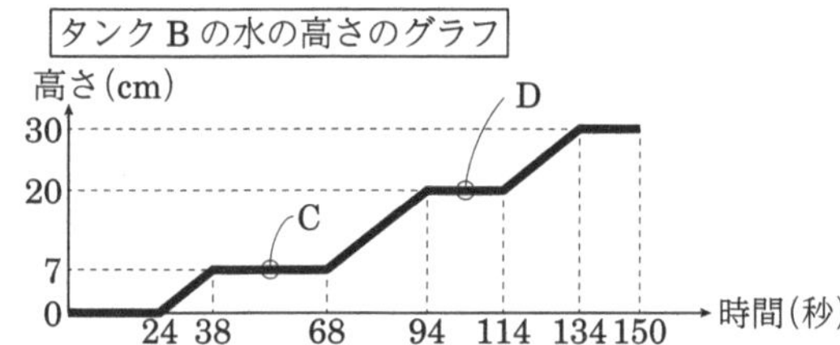

★ワンポイントアドバイス★

1(5)29は，$(29+1)\div2=15$(番目)の奇数である。5「タンクの水量」は，(1)で「タンクC，Dの容積」が簡単に求められるが，(2)「タンクAに入る給水量」が求められないと(3)・(4)が正解できない。

<理科解答>

1　(1)　(水温)　18℃以上　　(明るい時間の長さ)　13時間以上　　(2)　卵を産みつける場所をつくるため　　(3)　A　当たらない　　B　レンズをのぞきながら　　C　○
(4)　(あ)・(う)

2　(1)　西がわ　　(2)　(う)　　(3)　②・③　　(4)　(予想した気体)　(例)　二酸化炭素
(実験操作)　石灰水を入れてふると白くにごる，火をつけた線香を入れると火が消える　など

3　(1)　右図　(2)　直列つなぎ　(3)　①と④
(4)　a　小さい　c　大きい　(5)　ウ
(6)　B・D・E　(7)　B

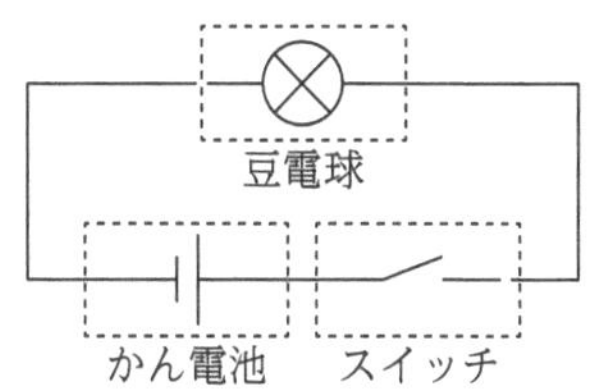

○推定配点○
1　各3点×7((4)完答)
2　(4)実験操作　3点　他　各2点×4((3)完答)
3　(6)・(7)　各3点×2((6)完答)　他　各2点×6((3)完答)　計50点

<理科解説>

1　(生物—動物)

やや難　(1)　明るい時間の長さが13時間以上のとき，すべてのメスが卵を産んだので，メダカが卵を産むために必要な明るい時間の長さは13時間以上である。水そう②は明るさの条件は満たしており，18℃の水温でメスが1匹卵を産んだので，メダカが卵を産むために必要な水温は18℃以上だとわかる。

重要　(2)　メダカは水草に卵を産みつける。

重要　(3)　A　解剖顕微鏡は，直射日光の当たらない明るい場所で使用する。　B　解剖顕微鏡は，直接レンズをのぞきながら操作する。　C　観察するものはステージにのせるので，Cは正しい。

基本　(4)　卵や種子の大部分は，はいが育つための栄養分である。

重要 2　(地形—流水)

(1)　西がわの方が川の流れが速いので，東がわより大きな石が堆積する。

(2)　流す水の量を増やすと，流れが速くなり，土をおしながすはたらきが大きくなる。流す水の量をへらすと，流れが遅くなり，土をおしながすはたらきが小さくなる。

基本　(3)　河口付近から沖の方まで，土砂が運ぱん，たい積するので，海がにごって見える。

基本　(4)　塩酸と石灰石が反応すると二酸化炭素が発生する。二酸化炭素は，石灰水を白くにごらす性質がある。

重要 3　(電流—回路と電流)

(1)　豆電球，乾電池，スイッチの電気用図記号は図1のようになる。

(2)　①と②に豆電球をつなぐつなぎかたを，直列つなぎという。

基本　(3)　①と④に豆電球をつなぐと，乾電池が3個直列つなぎになるので，豆電球は最も明るくつく。

図1
豆電球
かん電池　スイッチ

(4)　a　Yの方がたくさんの電流が流れているので，抵抗が小さい。　c　同じ電流が流れているときは，抵抗の大きいXの豆電球の方が明るく光る。

(5)　直列つなぎの回路は，どこでも電流の大きさが同じになる。

基本　(6)　電流は図2のように流れるので，光る豆電球はB・D・Eである。

基本　(7)　豆電球Bは乾電池3個と直列につながっているので，一番明るい。

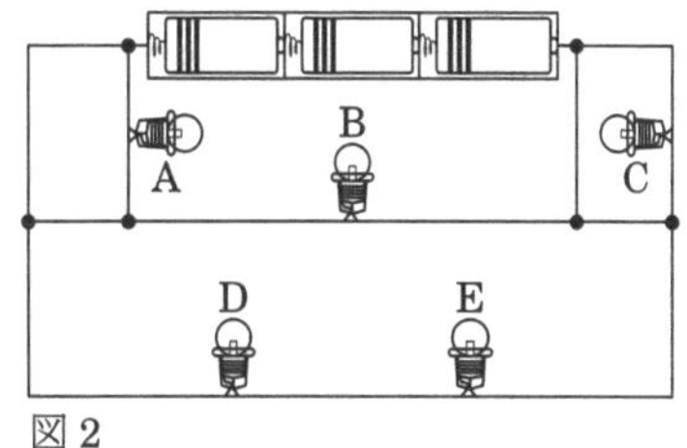

図2

★ワンポイントアドバイス★
問題文の意図を素早く読み取る読解力を身につけよう。

<社会解答>

1 問1 A ユーラシア B 緯度 問2 ポルトガル 問3 エ 問4 台風の強い風を防ぎ，夏の気温が高いので風通しをよくしている。 問5 イ 問6 ウ 問7 ウ 問8 大津市 問9 ① ウ ② ア

2 問1 エ 問2 執権 問3 イ 問4 武家諸法度
問5 （記号） ウ （都道府県名） 長崎県 問6 日米和親条約 問7 エ

3 問1 (1) 踏み絵 (2) 国民主権 問2 18 問3 ウ 問4 安全保障理事会
問5 (1) （例） 日本の人口は将来的にも減少し，少子高齢化が進むことから，外国人労働者を受け入れることで労働力を補うことができる。 (2) 1・4・⑧ （理由の例） 少子高齢化の進展は生産年齢人口の急激な減少をもたらす。生産が減少するだけでなく消費や納める税金の減少にもつながっていく。優秀な外国人労働者を受け入れることで経済成長を促し豊かな社会の実現を目指すことができる。

○推定配点○
1 問1・問2・問8 各2点×4 問4 3点 他 各1点×6
2 問1・問3・問5・問7 各1点×5 他 各2点×3
3 問3 1点 問5 (1) 5点 (2) 8点 他 各2点×4 計50点

<社会解説>

1 （地理―国土と自然・産業・環境問題・世界地理など）

基本 問1 A アジアとヨーロッパを合わせた大陸で，全陸地の40%近くを占める。一般にロシアのウラル山脈を境にして西部をヨーロッパ，東部をアジアとしている。 B 赤道を0度として南北を90度ずつに分ける。秋田県八郎潟付近で交差するのが北緯40度，東経140度。

問2 ポルトガル人を乗せた中国船が種子島に漂着し鉄砲を伝えたといわれる。当時ヨーロッパではポルトガルとスペインが東アジア進出を狙い熾烈（しれつ）な争いをしていた。

問3 世界の水産資源を保護するには自国の利益だけを考えていては実現できない。各国が協力し資源の保護，養殖技術の研究などに取り組むことが大切である。

問4 台風の通り道となっている沖縄の伝統的な家屋は，瓦を漆喰（しっくい）で固めた低い屋根でサンゴ礁の石垣や樹木を家の周りに配しているものが多い。また，サンゴ礁の島では地下水が深いため水の確保が難しくタンクなどで雨水をためる家もみられる。

問5 日本海に面した山形県は冬季の降雪量が多いが，夏の気温は比較的高く稲作も盛んである。特に内陸地の盆地では夏には南東より吹き込む風によりフェーン現象が発生し異常高温になることもある。戦前に記録した山形市の40.8度は長い間日本の最高気温として知られていた。

重要 問6 小麦は減反政策による転作奨励で若干増えたが，品質や価格の面で外国産に対抗できない。肉類も国内飼料の自給率については25%程度と極めて低いのが現状である。

問7 松尾芭蕉の句で知られる最上川は福島県境を水源に，米沢・山形盆地など山形県を貫流して酒田で日本海に注ぐ東北地方屈指の大河である。

問8　近世には京都の東の入り口となる街道交通の要地として発展。また，古くから物資輸送の大動脈であった琵琶湖水運の中心都市であり，京都の外港としての役割も果たしていた。

問9　①　世界遺産はユネスコの世界遺産委員会で決定，現在国内では25の文化財や地域が登録されている。　②　イランのラムサールで採択された条約。ナショナルトラスト運動とは地域住民が資金を出し合い，自然環境や歴史的遺産を保護していく運動。

2　(日本の歴史―古代～近代の政治・外交など)

重要　問1　中大兄皇子らによる大化の改新(645年)→平城京の建設(710年)→藤原摂関政治の全盛(10世紀末～11世紀前半)→平氏政権の樹立(1167年)の順。

問2　侍所と政所の長官を兼ねた役職。代々北条氏が世襲し幕府の実権を掌握した。

問3　1404年，3代将軍・足利義満が「日本国王臣源」と称して明に朝貢した。初期の60年は南北朝時代，義政が東山に築いたのは銀閣，御家人制度は鎌倉幕府。

重要　問4　将軍の代替わりごとに出された幕府の大名統制策。1635年，徳川家光が出した武家諸法度ではそれまで自発的に行われていた参勤交代が制度化された。

問5　1641年，平戸(長崎県)にあったオランダ商館が出島(長崎港内に造られた扇型の埋立地で役人や指定商人以外は出入り禁止)に移設され鎖国が完成した。

問6　1854年，神奈川近くの横浜村でペリーとの間で結ばれた漂流民の救済や必需品の供給などを認めた条約。同様の条約がイギリス・ロシア・オランダとも結ばれ神奈川条約と呼ばれる。

問7　国民皆学を目指した学制(1972年)による学校教育。アは江戸時代の打ちこわし，イは蒙古襲来絵詞，ウは源氏物語絵巻。

3　(日本の歴史・政治―近世～近代の政治・憲法・国民生活など)

問1　(1)　信者摘発のために用いられたキリストやマリアを木版や銅板に刻んだ画像。これを踏む行為が絵踏と呼ばれる。厳しい弾圧の中，隠れキリシタンとして信仰を続けた信者も多い。

(2)　国の政治のあり方を最終的に決定する力は国民にあるという考え方。

基本　問2　世界ではすでに170か国近くが18歳で日本もようやくそれに合わせたともいえる。選挙権に合わせ成人年齢の引き下げも2018年に成立，2022年4月から施行されている。

問3　1931年，満州事変の発生で翌32年には傀儡(かいらい)国家・満州国が建国。中国の訴えにより国際連盟は満州国を否定し日本の撤退を勧告，翌33年に日本は連盟からの脱退を決定した。

重要　問4　拒否権を持つ米・英・仏・露・中の常任理事国と非常任理事国10か国で構成，国連総会に優越した権限を持ちその決定は拘束力を持っている。

問5　(1)　日本の人口は2008年をピークに減少，労働力の不足による経済活動の停滞や税収の減少など様々な事態が懸念されている。　(2)　日本の高度経済成長を支えた要因の一つは戦後の生産人口の急激な増加(人口ボーナス)にもある。現在は急激な人口減少に向かっており，このままでは経済に大きなマイナスとなる。また，1人当たりのGDPでは2000年度の2位から現在では30位以下にまで低下しているという統計もある。生活に困窮する世帯は確実に増えており，財政難から教育に回す資金の不足も予想されいずれの番号を選ぶこともできる。

★ワンポイントアドバイス★

記述問題に対応するには普段から自分の意見を発表することが大切である。字数は気にせずコンパクトにまとめることを心がけよう。

＜国語解答＞

一 問1 (ア) 簡単 (イ) 習慣 (ウ) 確実 (エ) 効率的
問2 A オ B イ C カ 問3 (1つ目) 個人が未知なるものに遭遇して起きた失敗 (2つ目) ひとが成長するうえで，必ず必要となる失敗 問4 エ
問5 ア・イ・エ 問6 (1) 失敗なしに (2) ただし，そ
問7 (例) A 私は，野球チームでレギュラーになれなかったことがよい失敗だったと思います。なぜなら，そのことがきっかけで素振りなど，自分自身で練習するようになり，努力する楽しさを知るきっかけになったからです。

二 問1 (ア) 混乱 (イ) 区別 (ウ) 無視 (エ) 推測 (オ) 優先
問2 Ⅰ 頭 Ⅱ 口 Ⅲ 目 問3 a イ b カ c オ d ケ
問4 エ 問5 ウ 問6 イ 問7 (例) 立見さんと川澄さんは，ハネリカが本当は妹の羽根さんと仲がよいということに気づいたので，ハネリカの機嫌をとるために悪口を言う必要がなくなったから。

○推定配点○
一 問1・問2 各2点×7 問7 13点 他 各4点×6(問5完答)
二 問4～問6 各4点×3 問7 13点 他 各2点×12 計100点

＜国語解説＞

一 (論説文―大意・要旨・段落構成・細部の読み取り，接続語，空欄補充，漢字の書き取り，記述力)

基本 問1 〰〰線部(ア)の「簡」の部首は「竹(たけかんむり)」であることに注意。(イ)はくり返し行ってきまりのようになっているさま。(ウ)はたしかで間違いのないこと。(エ)はむだがないさま。

問2 空らんAは直前の内容の理由が直後で続いているので「なぜなら」，Bは直前の内容と対比する内容が続いているので「一方」，Cは直後で仮に想定する内容が続いているので「もし」がそれぞれ入る。

問3 ――線部①について直後の段落で「個人が未知なるものに遭遇して起きた失敗(19字)」であること，また，「この，ひとが……」で始まる段落で「ひとが成長するうえで，必ず必要となる失敗(20字)」が「『よい失敗』なのです」と述べている。

問4 人類の進化のプロセスと，人間が失敗から成長していくプロセスに共通するものを感じると述べている[　]直後で，この内容から「人類がたどった歴史と同じく，数々の失敗を体験してこそ，初めて成長できるのではないかと思う」と考察しているのでエが適切。[　]直後で考察している内容を説明していない他の選択肢は不適切。

重要 問5 ――線部②について直後の2段落で，アの「『よい失敗』に含まれないすべての失敗」，イの「周囲の人間に悪影響を及ぼすような失敗」であることを述べている。また「失敗から……」で始まる段落で，「よい失敗」の説明として「取り返しのつかないほど大きな失敗につながらないよう気をつけながら」と述べているので，エの「取り返しのつかないほど大きな失敗」も②である。「失敗したひとにとって意味がな」い失敗，「その失敗によって得られるメリットとデメリットを比べたとき，圧倒的にデメリットの方が多」いのが「悪い失敗」なので，ウ，「メリットの方が多い」とあるオはあてはまらない。

問6 (1)については「失敗なしに……」で始まる段落，(2)については「ただし，そこには……」

で始まる段落でそれぞれ述べている。

やや難 問7　解答例はAについて，自分の実際の経験を具体的に挙げ，その理由とともに「よい失敗」について述べている。Bを選んだ場合，家族や友人のほか，新聞やニュース，本などで見聞きしたことを思い返して，本文の「よい失敗」にあてはまるものを具体的に述べていこう。

二 （小説―心情・情景・細部の読み取り，空欄補充，漢字の書き取り，慣用句，記述力）

基本 問1　〰〰線部(ア)はまざりあって，わけがわからなくなること。(イ)は違いなどによって分けること。(ウ)はそこに存在する人やものをわざと見ないこと。(エ)は想像によって判断すること。(オ)は先にあつかうこと。

問2　Ⅰの「頭を抱える」は困り果てて考えこむこと。Ⅱは何も言えないという意味で「口」が入る。Ⅲの「目が点になる」は黒目が点ぐらいに小さくなってしまうほど非常に驚くこと。

問3　aは「元から，最初から」という意味でイ，bはゆったりと落ち着いているさまを表すカ，cは声や音がさわがしく聞えるさまを表すオ，dは簡単に行われるさまを表すケがそれぞれ入る。

問4　――線部①は，直前の自分の言葉がハネリカに対する「気の遣い方が，わざとらしい」と思ったことなのでエが適切。①直後の暦の心情をふまえていない他の選択肢は不適切。

重要 問5　「ハネリカ」と妹の関係について，「弱気なはずの妹に，勝気なハネリカがしかられている」「本当は仲よしの妹」ということが描かれているのでウが適切。妹を否定的に説明しているア，イは不適切。エの「とてもこわがっている」も不適切。

問6　――線部②について②直後で，「立見さんと川澄さんは，ハネリカの機嫌をとるために，冴えない妹である『由梨っぺ』の悪口を言ってあげていた」が，ハネリカも立見さんと川澄さんとの関係を気にして「本当は仲よしの妹の悪口を聞いてあげていた」ことに立見さんと川澄さんが気づいたことが描かれているのでイが適切。②直後の内容をふまえていない他の選択肢は不適切。

やや難 問7　「近くで聞いてた……」で始まる段落にあるように，「由梨っぺ」はハネリカの妹の羽根さんのあだ名で「羽根さんのことをバカにするときだけ」呼ぶあだ名である。このことと指定されていることばをふまえ，「立見さん」と「川澄さん」は「ハネリカ」が本当は妹の「羽根さん」と仲がよいということに気づいたことで，ハネリカの機嫌をとるために羽根さんの「由梨っぺ」という悪口を言う必要がなくなった，ということを③の理由として説明する。

★ワンポイントアドバイス★

二つの事がらを対比させている論説文では，それぞれの事がらに対する筆者の考えをしっかり読み取っていこう。

<英語解答>

1　Part1　(1)　C　(2)　B　(3)　B　(4)　A　Part2　(1)　C　(2)　A
Part3　(1)　Monday, because it's a holiday.　(2)　Because it has two big pockets on the side and a water bottle holder.

2　1　(1)　fine　(2)　fire　2　It is an emergency vehicle that carries sick or injured people to the hospital.

3　1　(1)　older member of the orphanage　(2)　children and teachers
2　(1)　He wanted to save poor children from diseases.

(2) Through the children's assembly

4 1 (1) イ (2) オ (3) カ (4) ウ 2 ウ 3 エ 4 人々や社会や自然環境に配慮して作られた服

5 (解答例) Yes, I think friendship is important to me. For example, when I was in the 5th grade, I was not selected as a relay member and I was so depressed. Then, one of my friends encouraged me. He said, "You can try next year again. Let's practice together from today! Thanks to his words, I was able to start running again. That's why I think friendship is important to me. (72words)

○推定配点○

1 Part1・Part2 各4点×6 Part3 各5点×2 2 1 各4点×2 2 5点

3 各5点×4 4 1～3 各3点×6 4 5点 5 10点 計100点

＜英語解説＞

1 (リスニング)

Part1

1. ☆ : Do you want to take a dance class with me?
★ : Sure! I love to dance!
☆ : How long have you been dancing?
A : I've been taking singing classes.
B : For 5 minutes.
C : Since I was 5 years old.

2. ☆ : Did you go to the science fair last weekend?
★ : Yes, I did. My team and I presented our research on robots. Did you go?
A : Wow, That's incredible! I wish I went today.
B : Wow, That's incredible! I wish I could have gone to see it.
C : Wow, That's incredible! I wish my friends were here.

3. ☆ : Where are you going?
★ : To the grocery store.
☆ : What are you going to buy?
A : Driving there is faster than walking.
B : Some bread, milk, and butter.
C : Dinner will be at six o'clock.

4. ☆ : How was your presentation?
★ : It was difficult, but I worked hard on it so I think it went well.
☆ : That's great. Did you spend a lot of time preparing it?
A : Yes, I worked on it every day for 2 weeks.
B : Sometimes I worked on it with friends.
C : No, I only worked on it for 2 hours.

Part1 （全訳）

1　☆：僕と一緒にダンスのクラスを受けない？
　★：いいよ！　私はダンスするのが大好き！
　☆：どのくらいダンスをしているの？
　　A：私は歌のレッスンを受けているよ。
　　B：5分間。
　　C：5歳の時から。

2　☆：この前の週末の科学フェアに行った？
　★：うん，行ったよ。僕のチームと僕はロボットについての研究を発表したよ。君は行った？
　　A：わあ，それは信じられない。私も今日行けたらよかったのに。
　　B：わあ，それは信じられない。私もそれを見に行けたらよかったのに。
　　C：わあ，それは信じられない。私の友達がここにいてくれたらいいのに。

3　☆：どこへ行くの？
　★：食料品店だよ。
　☆：何を買うつもりなの？
　　A：そこへ車で行く方が歩くより早いよ。
　　B：パン，牛乳，バターだよ。
　　C：夕食は6時の予定だよ。

4　☆：あなたの発表はどうだった？
　★：難しかったけど，一生懸命やったから，うまく行ったと思うよ。
　☆：それは素晴らしい。準備にたくさんの時間を使ったの？
　　A：うん，2週間毎日取り組んだよ。
　　B：時々は友達と一緒にやったよ。
　　C：いや，2時間しかやっていないよ。

Part2

1. Kim has been learning about the dangers and impact of climate change at school. She decided to take action, and created “Earth club”. Members of the club meet every Wednesday at the library to do research on actions they can take to reduce the effects of global warming. On every other Saturday, they go to beaches and parks to pick up trash.

Question: What activities do members of “Earth club” do?

2. Brian’s Grandmother’s birthday is next Wednesday. He found a beautiful vase to gift her. It costs twelve dollars. He opened his piggy bank and realized he only has eight dollars. Brian came up with an idea to sell some of his old games to makes some money. He brought 4 games to the recycle shop to sell. However, he could only receive two dollars because the games were old. He decided to borrow two dollars from his mom until he earned more money.

Question: What did Brian do to make money?

Part2 （全訳）

1　キムは学校で気候変動の危険や影響について学んでいる。彼女は行動を起こすことにし，「地球クラブ」を作った。クラブの部員たちは，地球温暖化の影響を減らすために自分たちができる行動について調べるため，毎週水曜日に図書館で会合を開く。隔週の土曜日に，彼らはごみを拾うため海岸や公園に行く。

質問：「地球クラブ」の部員たちはどんな活動をするか。

A：彼らは地球温暖化とその影響について発表をするため，図書館へ行く。

B：彼らは他校の生徒たちと地球温暖化についてディスカッションをする。

C：彼らは地球温暖化について調べ，海岸や公園でごみを拾う。

2　ブライアンの祖母の誕生日は次の水曜日だ。彼は祖母にプレゼントするための美しい花瓶を見つけた。それは値段が12ドルだ。彼は自分の貯金箱を開け，8ドルしかないことに気づいた。ブライアンはお金を稼ぐため，古いゲームをいくつか売るというアイデアを思い付いた。彼は4つのゲームを売るためにリサイクルショップに持って行った。しかしゲームが古かったので2ドルしか受け取ることができなかった。彼はもっとお金が稼げるまで，母から2ドル借りることにした。

質問：ブライアンはお金を稼ぐために何をしたか。

A：彼は自分の古いゲームを売った。

B：彼は自分の貯金箱を開けた。

C：彼は美しい花瓶を見つけた。

Part3

1. A: Can you take me to the bookstore this weekend? I need to buy a book on world history.

B: Sure! How about this Sunday? I heard they're having an event this weekend.

A: I have a basketball game that day. Can we go on Saturday instead?

B: Sorry, I have a work conference. How about Monday since it's a holiday?

A: Sounds great! Do you know what kind of event they're having?

B: The calendar says this month's event is a book fair. You can buy 3 books for two dollars!

A: I'm looking forward to it! I hope we find some good books!

Question: What day will they go to the bookstore, and why did they choose this day?

2. A: Welcome to Sports plus. How can I help you?

B: Yes, I'm looking for a backpack that I can use for sports and camping.

A: This big blue one is very popular because it has 3 big pockets.

B: It's nice, but I would like a different color and design.

A: We have this one, which has 2 big pockets on the side and a water bottle holder. We have purple, green, and orange available in this design

B: That's perfect! I will take the green one. Thank you for your help!

Question: Why did she choose the green backpack?

Part3　（全訳）

1　A：今週末に本屋に連れて行ってくれない？　世界史についての本を買う必要があるの。

B：もちろん！　今度の日曜はどう？　今週末にイベントがあるらしいよ。

A：その日はバスケットボールの試合があるの。代わりに土曜日に行ける？

B：申し訳ないが，仕事の会議がある。月曜日はどう？　休日だから。

A：いいよ！　どんな種類のイベントをするか知っている？
B：カレンダーによると，今月のイベントはブックフエアだ。本3冊が2ドルで買える！
A：それは楽しみね！　いい本が見つかるといいな。
質問：彼らはいつ本屋へ行く予定で，なぜその日を選んだのか。
解答例：月曜日，なぜなら休日だから。

2　A：スポーツプラスにようこそご来店いただきました。どのようなご用件でしょうか。
B：スポーツとキャンプに使えるバックパックを探しています。
A：この青いバックは大きなポケットが3つ付いているのでとても人気があります。
B：いいですね，でも別の色とデザインのものがいいです。
A：こちらもございます，横に2つ大きなポケットがあり，水筒ホルダーもあります。このデザインで紫，緑，オレンジがあります。
B：それは完璧ですね！　緑色のものをください。ありがとうございました。
質問：なぜ彼女は緑色のバックパックを選んだのか。
解答例：横に2つ大きなポケットがあり，水筒ホルダーもあるから。

2　（語句補充：多義語，語彙）

1　(1)　「8時間寝て十分な休息を取ったので，今は気分が良い」「彼はハイウェイでスピードを出しすぎたので80ドルの罰金を受けた」　fine「元気な，良い」「罰金」
(2)　「この建物は火事で完全に破壊された」「彼の業績はあまり良くないため，彼は上司が自分を解雇するのではないかと恐れている」　fire「火，家事」「～を解雇する」

2　ambulance「救急車」　解答例の訳「それは病気やケガの人を病院へ運ぶ緊急車両だ」

やや難 **3　（長文読解問題・伝記：内容吟味，英問英答，）**

（全訳）　およそ150年前，1人の少年がポーランドの首都ワルシャワの裕福な家庭に生まれた。彼の名はヤヌシュ・コルチャックだった。その少年が18歳の時，父親が亡くなった。彼は家族の家計を助けるために家庭教師として働きながら，ワルシャワ大学の医学部に入学した。彼は貧しい子供たちを病気から救いたかったので，医学部を選んだ。数年後，戦争のため，彼は軍医として仕えるために召集された。33歳で彼はついに長年の望みをかなえる機会を得た。

40歳の時，彼はポーランドの子供たちのために孤児院の院長になるよう依頼された。コルチャック医師はそこで一連の改革を行った。彼は子供たち自身を孤児院の毎日の活動に参加させるようにした。例えば，洗濯，食事の支度，読書室の運営，問題のある子供たちを世話すること，病気の子供たちの看病などである。いじめの問題を解決するために，コルチャック医師は新たな方法も導入した。彼は，新しく入ってきた子供に孤児院の年上の子供を割り当てるようにし，その子が彼らを見守り，学校生活に適応するのを助ける手助けをした。

さらに，孤児院は協議会と法廷を通じて，よりよく運営された。例えば，「子供法廷」では与えられた仕事をさぼったり，いじめをしたり，盗んだりした子供たちは，子供たち自身によって開かれた法廷で判決を受けた。ここでは教師たちでも判決を逃れることはできなった。コルチャック自身もそのような者の内の1人であった。怒りに駆られて生徒の顔を殴ったのだ。

「子供集会」では子供たちが自分たちの「家」をどのように良くするかについて何度も議論した，そしてこのようにして孤児院の運営は非常に改善した。またコルチャック医師も1942年に亡くなるまで，自分の身を子供たちの教育に捧げた。

1989年，国連は「子どもの権利委員会」を設置し，それはどの子供も尊重され，子供と大人は平等であるという考えに基づいている。コルチャック医師は子供にも権利があるという考えの先駆者として知られている。

1 (1) 「孤児院の年上の子が，孤児院に入った新しい子に対し，サポートするため割り当てられた」 第2段落最終文参照。 (2) 「法廷では，悪いことをした子供たちと教師たちが判決を受けた」 第3段落最後から2番目の文参照。「教師たちさえも判決を逃れることはできなかった」とある。

2 (1) 「ヤヌシュ・コルチャック少年の夢は何だったか」「彼は貧しい子供たちを病気から救いたかった」 第1段落第5文参照。 (2) 「孤児院の運営はどのようにして改善したか」「子供たちの集会を通じて」 第4段落第1文参照。

4 (長文読解問題・論説文：語句補充・選択，内容吟味)

(全訳) 「ファストファッション」について聞いたことがあるだろうか。安くて，速い，簡単な食事が「ファストフード」と呼ばれるのと同じように，ファストファッションは，低価格だが流行の洋服を大(1)量に短い期間で生産して売るファッションブランドとそのビジネスモデルを指す。ファストファッションの店ではTシャツ1枚が1000円もしないことがあるかもしれない。人々はその安い値段から恩恵を受ける一方で，なぜそれらはそんなに安いのかと立ち止まって疑問に思う人々は多くない。

ほとんどのファストファッション製品はカンボジア，ベトナム，バングラデシュのような発展途上国で作られている。これらの国の労働者たちは先進国に比べ，ずっと低賃金で働いている。例えば，カンボジアの平均年収はおよそ24万円で，それは日本の平均月(2)収より少ない。この安い労働力がなければ，ファストファッション企業は自分たちのビジネス方法を維持することはできないだろう。

このビジネスモデルは企業に多額の利益をもたらすが，それらの発展途上国の労働者たちの犠牲の上で成り立っていることが多い。2013年，ある不幸な事故がバングラデシュのダッカで起きた。8階建ての縫製工場であるラナ・プラザが倒壊し，1,100名以上が死亡，2,500名以上が怪我を負った。その建物は違法に増築され，犠牲者の多くはスラムや貧しい家庭出身の若者たちで，そのような貧しい労働(3)環境で働くしか選択肢がなかったということが明らかにされた。

その事故はファッション産業の(4)歴史上最悪のこととして，ニュースで広く報道された。実は，その工場はプラダやベネトンなど，複数の西洋の洋服のブランドの下請け業者だったのだ。これは人々の心に変化を起こし，だんだんと世界が「エシカルファッション」に向けて努力するようになってきた。エシカルは「モラル(道徳)」という意味で，エシカルファッションは人々，社会，自然環境に考慮して作られた洋服という意味だ。近頃，この(A)生産と消費を考え直そうという流行は，宝石，化粧品，アクセサリー，車，食品など多くの他の分野にも広がり続けている。

あなたが普段着る服さえも，あなたが他の国に住んでいる人々とつながっているということを示している。エシカルファッションのおかげで，あなたは誰がその服を作り，労働者たちがどのような労働環境，生活環境に置かれていて，その商品があなたの手元に届くまでどのようなプロセスを経るのか，ということを想像するようになる。

やや難 1 全訳下線部参照。

2 ファストファッションの「安価な流行服を大量生産し，短期間に消費する」という点を問題視するようになり，エシカルファッションが広がってきた。

重要 3 ファストファッションは発展途上国で生産されている。また，空所の次の文に who makes the clothes「誰がその服を作るか」とあることから，(エ)が適切。

4 空所(A)の直前の文の ethical fashion means ～ 以下をまとめる。

5 (条件英作文)

「あなたは自分にとって友情が大切だと思いますか」解答例の訳「はい，私は自分にとって友情は大切だと思います。例えば，私は5年生の時にリレーのメンバーに選ばれず，とても落ち込みました。その時，友人の1人が私を励ましてくれました。彼は『来年また挑戦できるよ。今日から一緒に練習しよう！』と言ってくれました。彼の言葉のおかげで，私はまた走り始めることができました。そんなわけで私は自分にとって友情は大切だと思います」

★ワンポイントアドバイス★

3の長文読解問題は，ポーランドの小児科医・教育者の伝記。日本ではあまり知られていない人物であり，単語・構文の難度が高く，読解に時間がかかる。

大切なことはメモしておこうネ！

T.G

2022年度

★★★★★★★★★★★★★★★★★★★★★★★

入　試　問　題

2022年度

創価中学校入試問題

【算　数】（45分）　＜満点：100点＞

【注意】 定規（じょうぎ）・コンパス・分度器・計算機を使わずに答えてください。

1 次の問いに答えなさい。

(1) 15－36÷６×２　を計算しなさい。

(2) 1.2×15－4.8×２＋12×0.3　を計算しなさい。

(3) ４：３＝$\frac{1}{6}$：□　の□に入る数を求めなさい。

(4) ３と７と12の公倍数で，２番目に小さい数を求めなさい。

(5) ある７人のテストの平均点を調べると72点でした。別の８人の平均点を調べると84点でした。この15人の平均点を求めなさい。

(6) ５□（12□３□７）＝55　の□に＋，－，×，÷をいれて式を完成させなさい。

2 次の問いに答えなさい。

(1) 同じ重さのくぎが大量に用意されています。重さをはかると，322ｇでした。ここにまちがえて同じ重さのくぎを４本加えてしまいました。重さをもう一度はかると，336ｇでした。最初に用意したくぎは何本でしょうか。

(2) ３つの荷物Ｘ，Ｙ，Ｚがあります。ＸとＹの重さの合計が19.1kg，ＹとＺの重さの合計が21.6kg，ＺとＸの重さの合計が15.3kgになりました。この３つの荷物の重さの合計は何kgでしょうか。

(3) 長さ１kmのトンネルがあります。ここに長さ140mの電車が秒速15mでトンネルに入ったとき，入り始めてからトンネルを抜けきるまでに何分何秒かかりますか。

(4) Ａさん，Ｂさん，Ｃさん，Ｄさん，Ｅさんの５人が順に１列に並んだとき，ＡさんとＢさんが２人とも列の両はじにいる並び方は何通りありますか。

(5) ある中学校の２年生の人数は180人です。この中学校の２年生は３年生と比べて10％少なく，１年生は２年生と比べて10％多いです。このとき，この中学校の全校生徒の人数は何人ですか。

(6) 下の図のような台形の対角線を引いたとき，アの三角形とウの三角形の面積は等しくなります。その理由をくわしく説明しなさい。

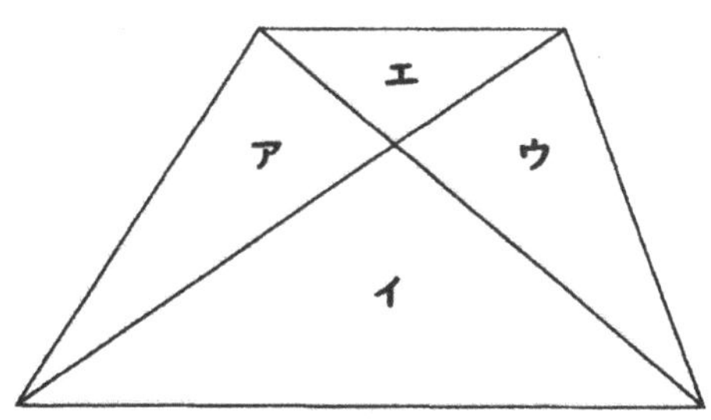

3 1，1，2，1，2，3，1，2，3，4，1，…は，ある規則にしたがって並んだ数の列です。次の問いに答えなさい。

(1) はじめて10があらわれるまでに，1はいくつありますか，答えなさい。

(2) はじめて15があらわれるのは，はじめから数えて何番目ですか，答えなさい。

(3) はじめから数えて，201番目の数は何ですか，答えなさい。

4 下の図のような台形ABCDがあり，点Pが頂点Bを出発して一定の速さでB→A→D→Cの順に辺上を頂点Cまで動きます。

下のグラフは，点Pが頂点Bを出発してからの時間と三角形PBCの面積の関係を表したグラフです。次の問いに答えなさい。

(1) Pの動く速さは，毎秒何cmか，求めなさい。

(2) 台形ABCDの面積を求めなさい。

(3) 三角形PBCの面積が96cm²になるのは何秒後か，すべて求めなさい。

図

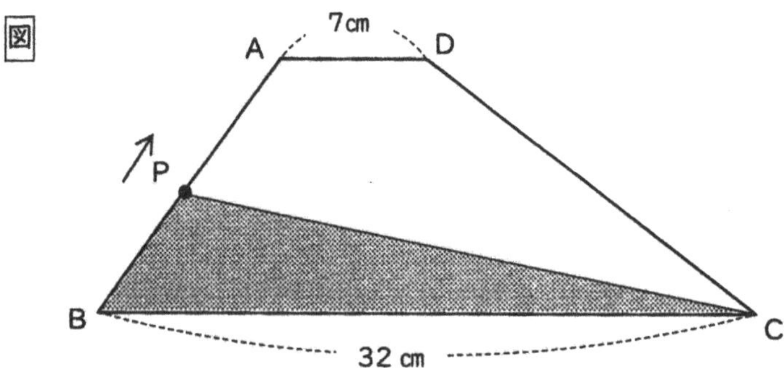

グラフ

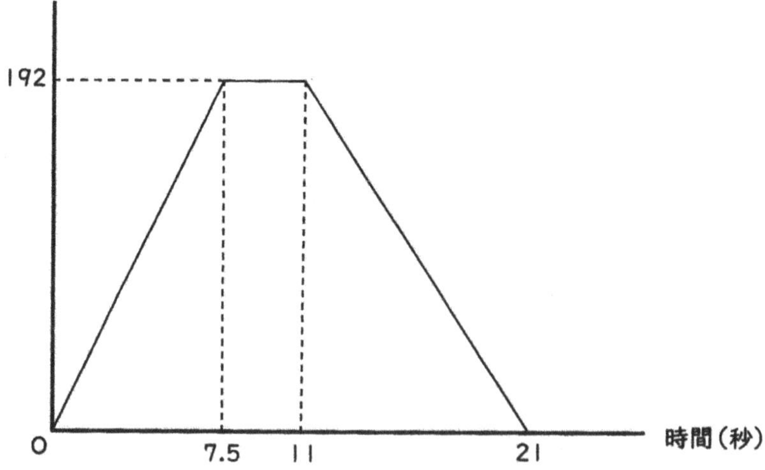

5 下の図は1辺が12cmの**立方体**と，底面の直径が12cm，高さが12cmの**円柱①**，底面の直径が4cm，高さが12cmの**円柱②**です。次の問いに答えなさい。

ただし，容器の厚さは考えないものとし，円周率は3.14とします。

(1) 立方体に水をいっぱいに入れます。そこに，**円柱①**を図の向きのまま入れて，水をあふれさせました。残った水の量は何cm^3になりますか。

(2) 立方体に水をいっぱいに入れます。今度は，**円柱②**を9本，図の向きのまま立方体に入れて水をあふれさせました。このとき，残った水の量は(1)と比べてどうなりましたか。考えのもとになる計算もいれて，説明しなさい。

(3) (2)の状態から，**円柱②**を1本だけ抜きました。このとき，立方体に入った水の高さはおよそ何cmになりますか。小数第2位を四捨五入して答えなさい。

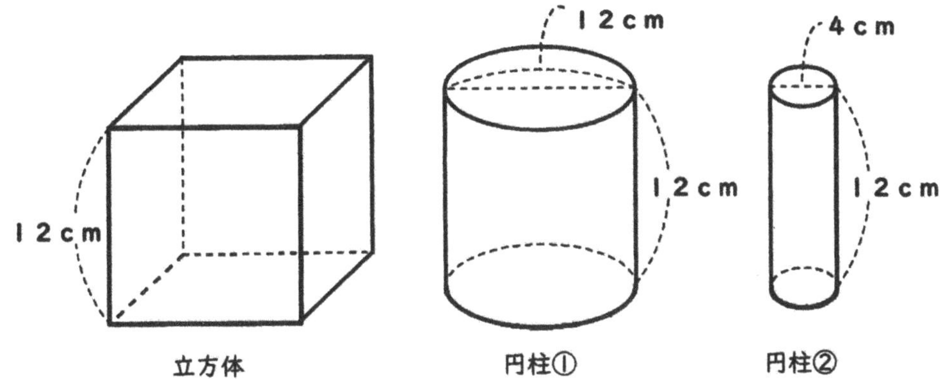

【理　科】（社会と合わせて45分）　＜満点：50点＞
【注意】 漢字がわからない場合は，ひらがなでもかまいません。

1　光電池の性質を調べる実験をしました。次の各問いに答えなさい。

【実験】 光電池を使って，右の図のようなソーラーカーを作りました。よく晴れた日に，ひらけた平らな場所にソーラーカーを置くと，ソーラーカーが走ることが確認できました。しかし，雲によって太陽が隠れてしまうと，ソーラーカーはすぐに止まってしまいました。
　また，光電池を面積が大きいものに交換して実験したところ，ソーラーカーの走る勢いが増し，速く走ることが確認できました。

(1) 【実験】において，もしも1日中雲がない晴れの状態が続いたとしたら，ソーラーカーが一番勢いよく走ったのは，1日の中でどの時間帯ですか。最も適切なものを次のア～エから選び，記号で答えなさい。ただし，光電池は真上を向いていました。

ア．朝の7時　イ．正午　ウ．夕方の4時　エ．夜の9時

(2) 【実験】において，太陽が隠れているときに，あらかじめ充電しておいた「ある道具」をソーラーカーにつけたところ，太陽が隠れていてもソーラーカーが走りました。しかし，太陽が出る前にすぐにまた止まってしまいました。このとき取り付けた「ある道具」をカタカナ6文字で答えなさい。

(3) 【実験】から分かることを，次のア～カから2つ選び，記号で答えなさい。

ア．光電池の面積が大きいほど，発電できる電気が増える。
イ．光電池の数を増やすと，発電できる電気が増える。
ウ．光電池は，光が当たっていない間も発電している。
エ．光電池の半分だけに太陽光を当てても，発電できる。
オ．光電池は，太陽の光を受けると発電することができる。
カ．光電池は，けい光灯によって電気を発電することができる。

2　校外学習に行ったときの会話文を読み，次の各問いに答えなさい。

先生：地層を観察してスケッチをしましょう。ふくまれているものの大きさや色がちがう層が重なっています。
Aさん：虫めがねも使って見てみよう。ガラスのような角ばったつぶがふくまれている層はキラキラしてきれいだよ！
先生：それと同じものはこの前，学校で観察しましたね。
Aさん：ということは，昔，（　①　）が起きたということかな？
Bさん：別の層にアサリに似た化石がふくまれています。
Aさん：もしアサリだとすると，昔，この地域は（　②　）だったと考えられるね。

（スケッチは次のページ）

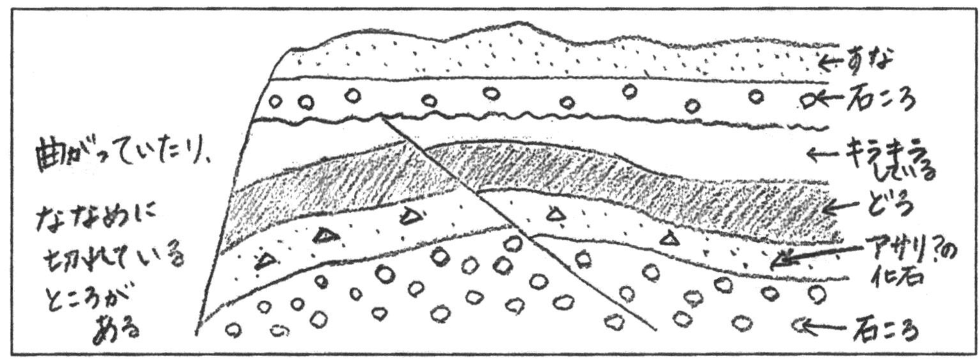

＜Aさんのスケッチ＞

⑴ 空らん（①）および（②）にあてはまるできごとや様子について，最も適切な組み合わせを，右の表のア～カから選び，記号で答えなさい。

記号	（ ① ）	（ ② ）
ア	いん石の落下	浅い川
イ	いん石の落下	深い海
ウ	火山のふん火	深い海
エ	火山のふん火	浅い海
オ	サンゴの絶めつ	深い海
カ	サンゴの絶めつ	深い川

⑵ 観察をした地層のうち，**どろの層がつもったあとから，上のすなの層がつもる前までの間**には，どのような大地の動きがあったと考えられますか。

次のA～Eの動きを，これらの層ができた順番に並べるとき，最も適切なものをア～オから選び，記号で答えなさい。

＜大地の動き＞

A．大地が上しょうした。
B．大地が下降した。
C．大地がけずられた。
D．地震が起きて地層がずれた。
E．地層が曲げられた。

記号	順番
ア	E → D → C → A → B
イ	E → A → D → C → B
ウ	E → D → A → C → B
エ	E → A → D → B → C
オ	E → D → A → B → C

3 水のすがたを調べる実験をしました。次の各問いに答えなさい。

【実験１】 右の図のようにビーカーに水を入れて水面の高さを記録するためにビーカーにしるし（A）をつけ，温度計をさしたまま，こおらせました。

水がすべて氷になったら，氷面の高さにしるし（B）をつけて，温度の変化を観察し始めました。

しばらく室内に置いて，氷をすべてとかしました。すべて水になったときの水面の高さにしるし（C）をつけ，実験用コンロを使って加熱しました。

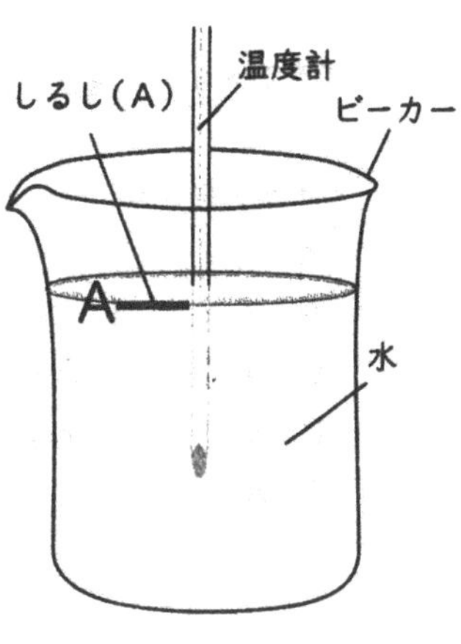

10分程度ふっとうさせた後，加熱をやめて，水面の高さにしるし（D）をつけました。実験の結果をグラフにまとめると，下のようになりました。

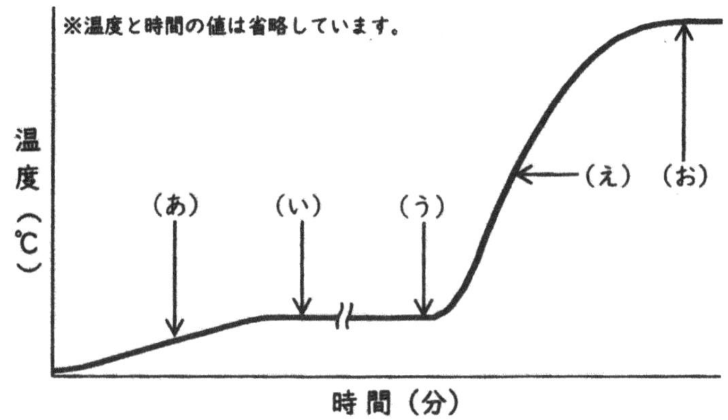

⑴　グラフの（あ）～（お）のうち，**【実験】**で加熱を開始したタイミングはどこですか。最も適切なものを選び，記号で答えなさい。

⑵　**【実験１】**で，水がふっとうしたとき，湯気が観察できました。湯気は，固体，液体，気体のうちどの状態ですか。

⑶　**【実験１】**で，ビーカーにつけたしるし（A）～（D）の位置が高いものから順番に並べたとき，どうなりますか。最も適切なものを次の**ア**～**オ**から選び，記号で答えなさい。ただし，**ア**と**ウ**の（A）と（C）は同じ高さとします。

ア．（A）・（C）→（B）→（D）　　**イ**．（D）→（D）→（A）→（B）
ウ．（B）→（A）・（C）→（D）　　**エ**．（A）→（B）→（C）→（D）
オ．（B）→（C）→（A）→（D）

【実験２】　**【実験１】**と同じ大きさのビーカーに同じ量の水を入れて，ビーカーにラップをかぶせて密閉しました。その後，つまようじでラップに小さい穴を３個開けました。この状態で，**【実験１】**と同じ手順で実験を行いしるし（A）～（D）をつけました。

⑷　**【実験１】**と**【実験２】**の結果を比べると，しるし（A）～（D）のうち，明らかに高さが違うしるしが１つだけありました。そのしるしはどれですか。また，どのように違っていましたか。「**【実験２】**の方が」に続くように，10字以内で説明しなさい。

⑸　液体が気体になるときの温度を「ふっ点」，固体が液体になるときの温度を「ゆう点」と言います。右の表は，身の回りにあるもの**ア**～**カ**のふっ点とゆう点をまとめたものです。これらのものが1000℃になったとき，液体になっているものはどれですか。**ア**～**カ**から**すべて選び**，記号で答えなさい。

もの	ゆう点	ふっ点
水	０℃	１００℃
ア	１５３５℃	２７３５℃
イ	８０１℃	１４１３℃
ウ	－１１５℃	７８℃
エ	１０８３℃	２５６７℃
オ	－２１０℃	－１９８℃
カ	６６０℃	２７５０℃

4 人のからだのつくりとはたらきについて，次の各問いに答えなさい。

⑴ 右の図は，人のからだを前からみたときの，器官の一部をかんたんに表したものです。食べたものは，口でかみくだいたあと，どのような順番で**ア**～**ケ**の器官を通ってこう門までいくか，記号で答えなさい。ただし，**ア～ケのすべてを通るとは限りません**。

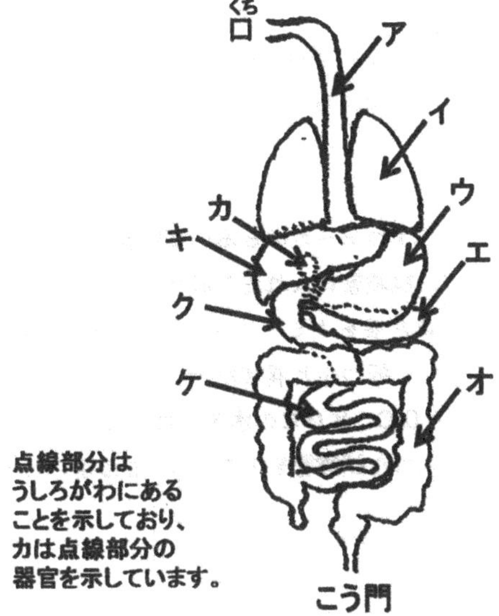

⑵ ⑴で答えた，口からこう門までの通り道を何と言うか，書きなさい。

⑶ 人の器官のはたらきについて述べた次の（**あ**）～（**お**）の文章のうち，**正しいものを２つ選び**，記号で答えなさい。

（**あ**） 食道は食べたものと呼吸に必要な空気の通り道である。

（**い**） かん臓は養分を一時的にたくわえたり，しぼうの消化を助ける，たん汁をつくるはたらきをしている。

（**う**） じん臓は，血液の中から必要なものを回収し，にょうをつくっている。

（**え**） 大腸は水分の吸収を行っている。

（**お**） 肺には筋肉があり，ふくらんだり，しぼんだりしている。

⑷ **ご飯つぶをかみ続けていると，あまく感じるようになる。**この理由について３人で次のように話し合い，確かめる実験をあとの手順で行った。この実験について，次のページの①と②の問いに答えなさい。

Ａさん：ご飯つぶをかみ続けていると，だ液も出てくるので，ご飯とだ液が混ざることで，ご飯があまく感じるものに変化したのではないかな。

Ｂさん：ご飯つぶには，デンプンが多くふくまれているため，ご飯つぶが変化したかどうかはヨウ素液を使うことでわかると思う。

Ｃさん：さらに，温度の変化で反応にちがいがあるのかな。

＜実験＞

【手順１】 ご飯つぶを１つぶずつ**ア**～**カ**の６本の試験管に入れた。

【手順２】 わりばしを使い，試験管に入れたご飯つぶを５回ずつ押しつぶした。

【手順３】 試験管に水またはだ液を１ミリリットルずつ入れ，わりばしを上下に５回ずつ動かして，ご飯つぶと混ぜた。

【手順４】 温度が10℃，40℃，80℃の水を入れたビーカーを用意した。次に，水またはだ液を入れた試験管を１本ずつ，各温度のビーカーの中に入れ，10分間待った。

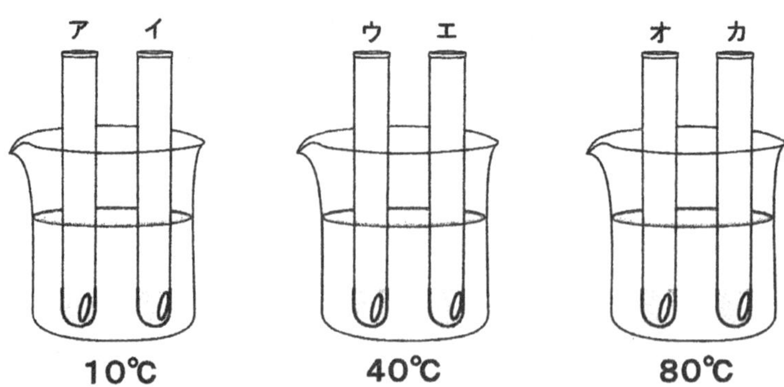

ビーカーの中の温度は，どの部分でも同じであり，実験中は温度が変化しないものとする。

【手順５】 ヨウ素液を１てきずつ試験管に入れ，ふり混ぜてから色のようすを調べた。

＜結果＞

試験管	ア	イ	ウ	エ	オ	カ
入れた液体	水	だ液	水	だ液	水	だ液
温度	１０℃	１０℃	４０℃	４０℃	８０℃	８０℃
色のようす	青むらさき色	青むらさき色	青むらさき色	うすい茶色（変化なし）	青むらさき色	青むらさき色

① 試験管エだけが「うすい茶色」だった理由について，**間違っているもの**を次のＡ～Ｃの中から１つ選び，記号で答えなさい。

Ａ．だ液は体温に近い温度ではたらく。

Ｂ．だ液はデンプンを変化させる。

Ｃ．だ液は酸性のときにはたらく。

② なぜ，この実験では，水とだ液の２種類を使ったのでしょうか。理由を答えなさい。

【社　会】（理科と合わせて45分）　＜満点：50点＞

【注意】 漢字がわからない時は，ひらがなで書いてください。

1 次の問いに答えなさい。

1．日本の主な工業地域や工業地帯は平野に集中しています。京浜(けいひん)工業地帯は関東平野に，中京工業地帯は（　　　）平野，A阪神工業地帯は大阪平野に広がっています。とりわけ，海沿いにはB原料の輸入に便利な港の近くに大きな工場がみられます。

問1　文中の（　）にあてはまる言葉を答えなさい。

問2　次の（ア）～（ウ）は，文中の工業地帯の工業出荷額と品目別の割合をあらわしています。下線部Aの工業地帯にあてはまるものを一つ選び，記号で答えなさい。

主な工業地帯の工業出荷額（2016年　工業統計表など）

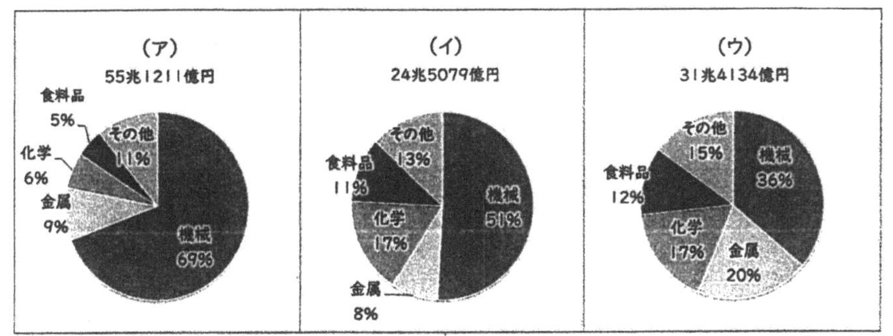

※京浜工業地帯は、東京都と神奈川県にまたがる工業地帯です。

問3　下線部Bに関連して，次の文章は日本が鉄鉱石を多く輸入している国について説明しています。あてはまる国名を答え，国の位置を地図のア～オから一つ選び，記号で答えなさい。

> 20世紀のはじめ頃(ごろ)，この国に多くの日本人が移住し，コーヒー農園や工場で働きました。現在この国には，その子孫である日系人約200万人（外務省ホームページより）が暮(く)らしているともいわれています。この国は，日本から見るとちょうど地球の反対側にあります。

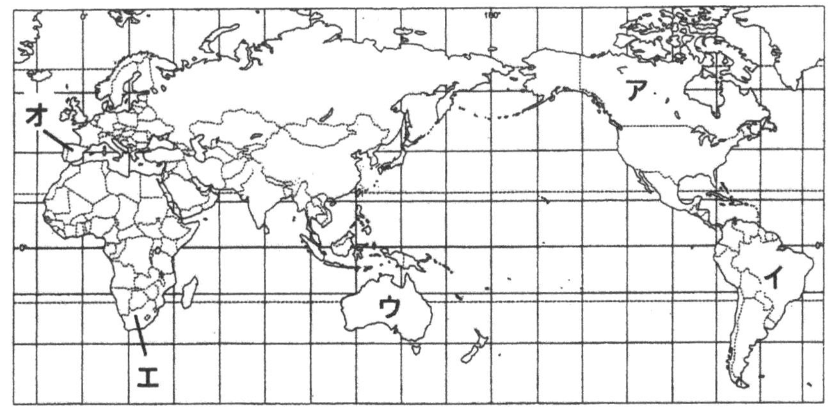

2．日本では，大きな自然災害がたびたび発生しています。そこで国や都道府県，市町村では，防災施設をつくったり，C防災に関する情報を伝えるしくみを整えたり，防災への意識を日ごろか

ら高めたりすることで，自然災害が発生しても，災害による被害を減らせるようにする（　　　）のための努力をしています。

問４　文中の（　）にあてはまる言葉を答えなさい。

問５　下線部Ｃに関連して，防災に関する情報について説明した文①～④について，まちがっているものを一つ選び，記号で答えなさい。

①　防災に関する情報はテレビやラジオだけでなく，インターネットを利用して受け取ることができるようになった。

②　ＳＮＳを使った情報は，地域の被害状況などを正確に伝えているので，テレビやラジオよりも信頼できるようになった。

③　スマートフォンなどの新しい情報通信機器が急速に広まり，だれでも防災情報を発信することができるようになった。

④　情報通信技術の発達によって，緊急地震速報や台風の進路予測など，防災に役立つ情報が受け取れるようになった。

３．日本には四季があります。梅雨になると（　　　）以外のほとんどの地域で雨の降る日が続きます。台風や季節風・地形の影響などによって，Ｄ地域によって気温や降水量にちがいがあります。

問６　文中の（　）にあてはまる地名を答えなさい。

問７　下線部Ｄについて，次の問いに答えなさい。

⑴　下図ア～エは，地図中の都市の気温と降水量のグラフです。上越市と高松市の組み合わせとして正しいものを①～⑤から選び，記号で答えなさい。

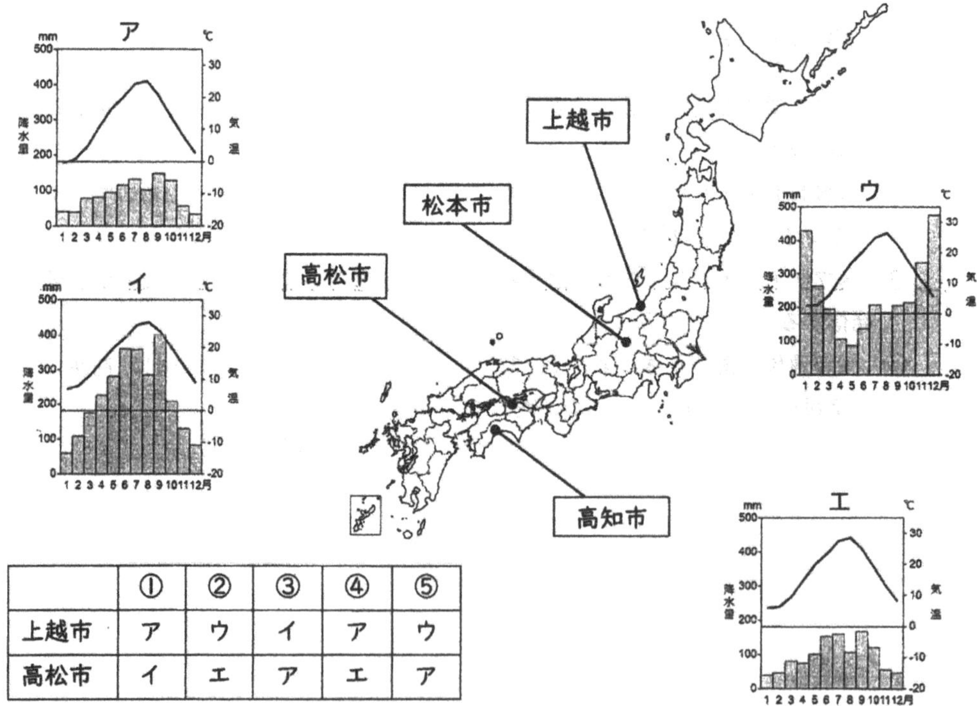

	①	②	③	④	⑤
上越市	ア	ウ	イ	ア	ウ
高松市	イ	エ	ア	エ	ア

※グラフは気象庁による1991～2020年の平均値をもとに作成。

⑵　松本市がある都道府県名を答えなさい。

⑶　野菜作りのさかんな高知平野では，なすやピーマンなどを冬に生産しています。他の産地からの出荷が減る時期に，どうしてそのような栽培ができるのでしょうか。「冬」「日照時間」という言葉を使って，20字以内で説明しなさい。ただし，句読点（。）（，）などの記号も字数として数えます。

2　創太さんの小学校では，歴史の授業で写真などの資料を使いながら発表を行うことになりました。次のA～Eは，クラスの５人が作った発表原稿です。これについて，あとの問いに答えなさい。

A

日本は朝鮮の支配をめぐって①中国と対立し，戦争が起こりました。この戦争で日本は中国から領土を獲得して，多額の賠償金を得ました。日本の動きを警戒した②ロシアとも戦争となりました。

B

中国の歴史書によれば，（　③　）という邪馬台国の女王が30ほどの「くに」をしたがえていたとされています。（　④　）の吉野ヶ里遺跡などは，「くに」の王が住んだ集落のあとだと考えられていますが，邪馬台国の場所はいまだにはっきりとわかっていません。

C

幕府は全国の米の生産量の４分の１を占める領地をもち，⑤全国の大名の配置にもくふうをしたため，戦いのない安定した世の中がおとずれました。また，キリスト教を広めるおそれのない（　⑥　）と中国に限り，長崎での貿易を認めました。

D

二度にわたる大戦の反省から，国際社会の平和をまもるために（　⑦　）がつくられました。しかし世界の国々は，⑧（　　　　）と（　　　　）を中心とする国々にそれぞれ分かれて，激しく対立しました。

E

応仁の乱のあと幕府の力がおとろえ，全国各地で力をもった大名が領地の支配をめぐって争うようになりました。尾張（愛知県）の大名であった織田信長は，幕府をほろぼして安土（滋賀県）に大きな城を築き，天下の統一をめざしました。

問１　下線部①について，この戦争を何というか答えなさい。

問２　下線部②についての説明として正しいものを**ア**～**エ**から一つ選び，記号で答えなさい。

ア　この戦争の負担が大きかったため，日本の国民の不満が高まった。

イ　サンフランシスコ平和条約をロシアと結び，この戦争が終わった。

ウ　この戦争の前に，小村寿太郎によって条約の改正が達成された。

エ　この戦争のあとに，ロシアが朝鮮半島を併合し1945年まで支配した。

問3　(③) にあてはまる人名を答えなさい。

問4　(④) にあてはまるものを**ア**～**エ**から一つ選び，記号で答えなさい。

ア　青森県　　**イ**　福岡県　　**ウ**　奈良県　　**エ**　佐賀県

問5　下線部⑤について，どのようなくふうをしたのか説明しなさい。

問6　(⑥) にあてはまるヨーロッパの国名を答えなさい。

問7　(⑦) にあてはまる組織の名前を答えなさい。

問8　下線部⑧の（　）と（　）には国名が入ります。正しいものを**ア**～**エ**から一つ選び，記号で答えなさい。

ア．イギリスとフランス　　**イ**．ドイツとイタリア

ウ．アメリカとソ連　　**エ**．中国とインド

問9　Ｅの発表で使うべき資料はどれか，**ア**～**エ**から一つ選び，記号で答えなさい。

ア

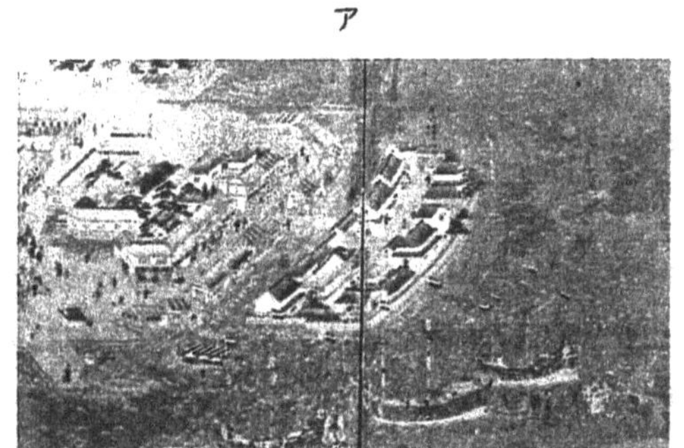

イ

ウ

エ

問10　Ａ～Ｅの発表原稿を時代が古いものから順に並べたときに，３番目にくるものの記号を答えなさい。

3　日本の国の政治について，次の問いに答えなさい。

問１　内閣では，国務大臣がさまざまな府・省・庁などの責任者として仕事の指示を出します。それぞれの省のおもな仕事内容の説明として正しいものを**ア**～**エ**から一つ選び，記号で答えなさい。

ア　国土交通省は，国の行政組織や地方自治・通信に関する仕事などをおこなう。

イ　厚生労働省は，医療や公衆衛生など国民の健康に関する仕事などをおこなう。

ウ　法務省は，教育や科学・文化・スポーツに関する仕事などをおこなう。

エ　財務省は，銀行の監督や経済や産業・エネルギーに関する仕事などをおこなう。

問２　裁判所は，争いごとや犯罪がおこったときに，憲法や法律にもとづいて判断して解決したり，国民の権利を守る仕事をしています。裁判所が具体的におこなうこととして，まちがっているものを**ア**～**エ**から一つ選び，記号で答えなさい。

ア　人々の間の争いごとについて，原告側と被告側に分かれて裁判をおこなう。

イ　罪を犯した疑いのある人が有罪か無罪かの裁判をおこない判決を出す。

ウ　法律や行政の仕事が憲法に違反していないかどうかを調べる。

エ　最高裁判所の長官を指名し，憲法を改めることを国民に提案する。

問３　国会は国の進むべき方向を決める機関であり，代表者である国会議員は国民により選挙で選ばれています。選挙の投票率について，下の【資料】から読み取れる問題点を一つあげ，あなたが考えるその問題の解決策を提案して，なぜその解決策が良いと思ったのかを述べなさい。

【資料】　衆議院議員総選挙の投票率の変化（総務省の資料による）

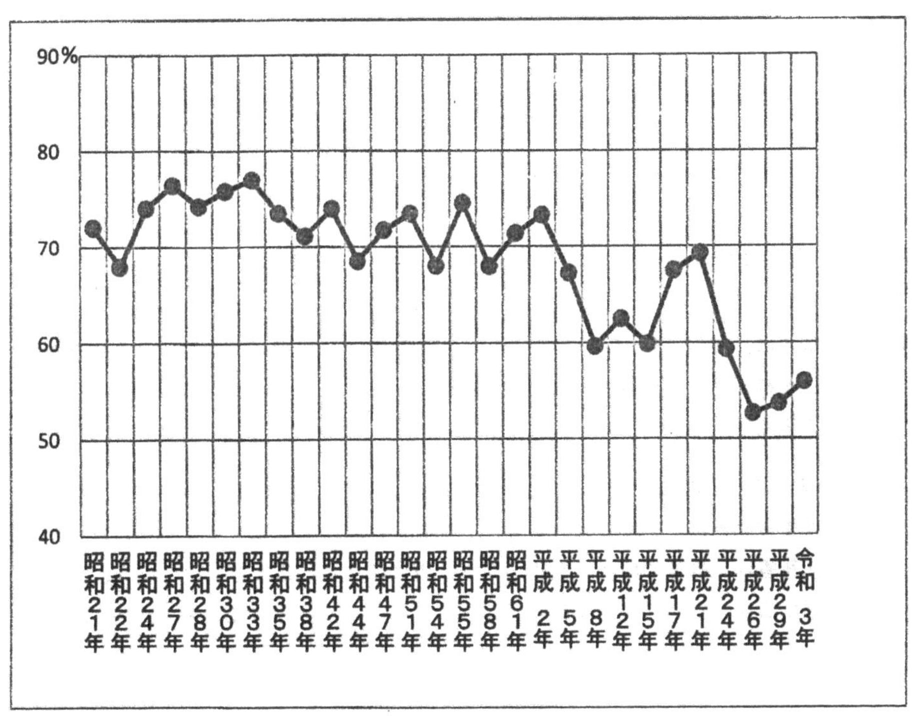

ウ．気をつかう人に、こちらも気をつかって答えるということ。
エ．とにかく健康的な大きな声で相手の質問に答えるということ。

問5　――線部②「横浜のともだちや母さんからのラインも、最近はあんまり楽しめない」とありますが、「ぼく」がそう感じる理由を三十字以上四十字以内で答えなさい。

問6　――線部③「またあした、遊ぼうや！」という言葉について

(1)　この言葉は「ぼく」の心を大きく変えました。そのことをたとえた表現を本文から抜き出しなさい。

(2)　この心の変化をあらわす情景描写（びょうしゃ）を二十五字以上三十字以内で抜き出しなさい。

問7　「ぼく」の気持ちの変化を八十字以上一〇〇字以内でまとめなさい。ただし、次の条件に沿って答えること。

〈条件1〉「転入生」という言葉を使うこと。
〈条件2〉「ぼく」の気持ちの変化する前と変化した後をわかるように書くこと。
〈条件3〉「ぼく」の気持ちが変化する「きっかけ」を書くこと。

ひさしぶりに笑いすぎて腹が痛くなった。

息が切れるほどかけまわったのもひさしぶりだった。

走ったり、さけんだり、笑ったりしているあいだに空は《　c　》暗くなって、遠い人影(ひとかげ)が泥棒か警察かわからなくなったころ、ドロケイはあっけなく【　Ⅲ　】を閉(と)じた。

「そろそろ帰らんと」

だれかがつぶやいた。それが合図だった。

「おれも」「ぼくも」と声が続いて、みんなは泥棒や警察から元の小学生にもどった。

ぼくも元の転入生にもどろうとした、そのときだった。

「おやぶん」

うしろから声がして、ふりむくと、男子のひとり——小林くんが笑っていた。

③「またあした、遊ぼうや!」

またあした、遊ぼうや。

たったひとこと。短い言葉だった。日本中のどこにでも転がっているような、よくあるへいぼんなあいさつでもあった。

なのに、心が、遠い星へ発(た)つロケットみたいに、ぐわんとうきあがった。

またあした。

またあした。

またあした。

さんざんドロケイで走ったあとなのに、帰り道もぼくは走った。ぺこぺこのおなかを《　d　》鳴らしながら、薄闇(うすやみ)にうもれた野菜畑をかすめて、家まで一気にかけぬけた。

小林くんの声を思いだすたび、地面をける足に力がこもって、あしたから、はりきれる気がしてきた。

小林くんがくれたのは、あしたの言葉。

新しい町へきたぼくの、新しい未来へとつながる言葉だった。

（森絵都『あしたのことば』より）

注　*ライン…SNSの一つ。連絡(れんらく)を取り合うためのアプリ。LINEとも表す。

*ステータス…社会的な身分のこと。

*奪還…うばわれたものを取りもどすこと。

問1　〰〰線部(ア)～(エ)のカタカナを漢字になおしなさい。

問2　【Ⅰ】【Ⅱ】【Ⅲ】に入る漢字一字を答えなさい。※【Ⅱ】の部分は同じ漢字が入ります。

問3　《a》～《d》に入る語句として、最も適切なものを次から選び、記号で答えなさい。

ア．びくびく	イ．みるみる	ウ．ひくひく
エ．あれよあれよ	オ．ぐちゃぐちゃ	カ．きりきり
キ．ぐうぐう	ク．うはうは	ケ．にやにや

問4　——線部①「ぼくは感じよく答えるのにだんだんつかれてきた」とありますが、「感じよく答える」とはどのようなことですか、最も適切なものを次から選び、記号で答えなさい。

ア．横浜の都会で育った者らしく、おしゃれに答えるということ。

イ．アクセントなど、土地の言い方にあわせて答えるということ。

「そりゃ、ちょっとちがうちゃない」
「ばってん、横浜の泥棒はすごかね。警察よか上に置かれるとったい」
「横浜の泥棒は地位が高かー」
「横浜の警察はなさけなかー」
「な、今日はおれらもケイドロじゃなくて、ドロケイばやらん?」
「よかね。おれ、今日は警察より泥棒やりたか」
「おれも泥棒がよか」
「泥棒ば公平にジャンケンで決めるとよ」
《 a 》と男子のほとんどが集まってきて、「ところ変われば泥棒の*ステータスも変わる」みたいな話でわき、その流れで横浜風のドロケイ(中身はいっしょだけど)をやることになった。
ふだんはすぐ家に帰るガリ勉や、本ばかり読んでいるおとなしい子も、その輪のなかにくわわった。
もちろん、ぼくも。
しかも、ぼくは六年二組にドロケイをもたらした(ウ)コウセキにより、ジャンケン免除で泥棒の座を手に入れて、さらに「泥棒チームのおやぶん」というよくわからない身分をあたえられたのだった。
そんなこんなで、みんなで外へ飛び出して、西日で赤い校庭でドロケイをはじめて——、
めちゃくちゃもりあがった!
「せっかく泥棒になれたとよ。警察ごときにつかまるわけにゃいかんたい」
「格下の警察なんかいっちょん怖なかぞ」
「どけどけ、泥棒さまのお通りじゃ!」
泥棒がいばれる、というなぞのルールのもと、泥棒チームは警察チームをからかったり、挑発したりをくりかえした。そのくだらないからいばりがウケて、だれかが声をあげるたび、どっと笑いがわきおこった。さかずきをかわした(って設定の)泥棒どうしの結束もかたく、調子にのりすぎただれかが警察につかまったときには、みごとなチームワークと多少のズルで牢屋から*奪還した。
ぼくは一度もつかまらなかった。
みんなが守ってくれたから。
「おやぶん、そこはきけんたい。水飲み場にかくれとったほうがよか」
「おやぶんはむりばせんで、あっしらにまかせとき」
「みなのしゅう、命にかえてもおやぶんを守るばい!」
おやぶん、おやぶんとみんなは【 I 】をはってぼくをガードし、みずからおとりになったり、警察のじゃまをしたりと、大奮闘。なかには、追いつめられたぼくを助けるために、「(エ)シンハンニンはここばーいっ!」と、いきなり自首するやつもいた。
「おやぶん、今のうちに逃げるとよ。天涯孤独のこのおれを、ここまで育ててくれたご恩ば、今こそ返すときたい!」
あきらかに、泥棒と極道の世界をごっちゃにしているやつもいた。
そんな芝居がかったみんなの【 II 】挙【 II 】動がたまらなくおかしくて、なんども足から力がぬけた。あっち、こっちで、地面につっぷし、笑い転げてるやつがいた。警察も職務放棄していっしょに転がっていた。
ぼくも校庭の砂にまみれて笑いまくった。せいだいにゲラゲラ笑ったり、身もだえながら《 b 》笑ったりした。

心がおどらない。クラスの子は「ぼく」を囲んで質問してくるが、みんな同じ顔に見える。なまえをおぼえようとする気力もわかない。かつてのともだちから　＊ラインが来るが、それは遠くの言葉に思えてしまう。それも毎日、少しずつ少なくなっていく。

福岡にきてから二週間目に入ると、クラスのみんなはぼくという転入生になれて、ぼくも転入生という立場になれた。

でも「なれる」と「とけこむ」はちがう。ぼくはあくまで転入生で、みんなとは言葉のアクセントもちがうし、これまで生きてきた道筋もちがう。出身の幼稚園も、修学旅行で行ったさきも、毎日食べてきた給食も。

「こまっとーことなか？」

「テストの範囲、知っとー？」

「生徒用がこんどるときは、先生用のトイレも使ってよかけんね」

あいかわらず、みんなは気をつかっていろいろ話しかけてくるけど、①ぼくは感じよく答えるのにだんだんつかれてきた。

「どうね、長沼。元気にしとーか？　健康男子なら、もっとパリッとせい。ガッツたい、ガッツ！」

大村先生のこういうノリにもつかれてきた。

「裕。電子レンジじゃたまご焼きは作れん。父さんはまたひとつ学んだとよ」

家じゃ家で、新生活一年生の父さんにふりまわされて、すっかり(ア)ショクヨクをなくしている。

どうしちゃったんだろ、ぼく。

ときどきふっと不安になる。

なんにもしてないのに、朝から晩まで、なんだかずっとつかれてる。勉強もやる気にならないし、ゲームでさえもはりきれない。

②横浜のともだちや母さんからのラインも、最近はあんまり楽しめない。

みんな、いろんな言葉でぼくをはげましたり、応援したりしてくれる。でも、ぼくがほしいのは、そういう言葉じゃないような気がする。

「ケイドロやらん？」

クラスの男子にさそわれた日も、ぼくはパリッとしないまま放課後をむかえて、ひとりで家に帰ろうとしていた。

「ケイドロ？」

なんだそれ、と思った直後に、あ、もしかして……とピンときた。

「ドロケイのこと？」

「ドロケイ？」

「おにごっこみたいなやつ。泥棒と警察の」

「うん……え？　横浜じゃ、ケイドロんことドロケイ言うとね？」

「うん」

「ぐえぇーっ」

福岡では「ケイドロ」で通ってるらしい遊びが、横浜では「ドロケイ」とよばれている。その事実を知ったみんなのリアクションは(イ)イヨウに大きかった。

「ばり衝撃たい！　おんなじ遊びなのに、警察と泥棒がさかさまになっとーとね。『ポケモン』を『モンポケ』って言うようなもんやね」

*エンターテイメント…人々を楽しませる娯楽やサービス。
*逃避…困難などに直面したとき逃げたり、意識しないようにしたりして、それを避けること。

問1　〰〰線部(ア)～(ウ)のカタカナを漢字になおしなさい。

問2　――線部①「技能レベル」「知識」「美的」「ドラマ」「エンターテイメント」「達成」「所属」「交流」「家族」「逃避」のどれか、について、次の問いに答えなさい。

(1)　文章中の空欄（「a」）～（「f」）は――線部①のいずれかの言葉が当てはまります。（「b」）（「c」）に当てはまる言葉をそれぞれ選んで答えなさい。

(2)　あなたがスポーツをみるときは、――線部①の中でどれが動機になることが多いですか。七十字以上一〇〇字以内で答えなさい。ただし、次の条件に沿って答えること。
〈条件1〉一文目には、「自分の考え」を書くこと。
〈条件2〉二文目以降には、具体的な例を示しながら「理由」を書くこと。

問3　文章中の空欄《g》《h》《i》に入る言葉として、最も適切なものを選び、記号で答えなさい。

ア．このように　イ．しかし　ウ．また
エ．もしくは　オ．たとえば　カ．もし

問4　――線部②「なぜスポーツは何度もみてしまうのか」とありますが、その理由は何だと述べられていますか。「再現」という言葉を必ず用いて、十五字以上二十五字以内で答えなさい。

問5　――線部③「スポーツをみる人が増えること、特に球場やスタジアムなどにみにくる人が増えること」にはどのような効果がありますか。「～という効果」につながるように、それぞれ二十字以内で二つ書き抜きなさい。

問6　この文章を四つのまとまりに分けるとしたら、どの段落で分けるのがよいと考えられますか。次のア～エの中から一つ選び、記号で答えなさい。

ア．(1)(2)(3)(4)－(5)(6)(7)(8)－(9)(10)(11)(12)(13)(14)－(15)
イ．(1)－(2)(3)(4)(5)(6)(7)－(8)(9)(10)(11)(12)(13)(14)－(15)
ウ．(1)(2)－(3)(4)(5)(6)(7)(8)(9)(10)(11)－(12)(13)(14)－(15)
エ．(1)(2)(3)(4)(5)(6)－(7)(8)(9)(10)－(11)(12)(13)(14)－(15)

問7　筆者がこの文章で、最も伝えたいこととして適切なものを、次のア～エの中から一つ選び、記号で答えなさい。

ア．スポーツを「みる」ことは、とても幅広い可能性がある。
イ．スポーツを「みる」ことは、ルールやマナーがもとめられる。
ウ．スポーツを「みる」ことは、とても楽しいものである。
エ．スポーツを「みる」ことが、文化として広がっていくと考えられる。

二　次の文章を読んで、あとの問いに答えなさい。

ここまでのあらすじ
「ぼく（長沼裕）」は両親が別れたことで、横浜から父親と福岡に引っ越してきた。新しいクラスはよいクラスだったが、すべてがひとごとのようで、

ます。映画の場合は、上映中のAという映画が、昨日と今日の上映でストーリーが違うことなどありえません。演劇やミュージカルなども同様です。《　g　》、スポーツは「筋書きのないドラマ」との言葉もあるように中身や結果が毎回違うため、たとえば錦織選手に関心が高い人は、「前回は負けたけれど、今回は勝ってほしい」などと思いながら、彼をめあてに何度もテニス会場に足をはこんだり、映像で応援することになります。逆にいえば、錦織選手に「先月のあの試合がとても感動したので、そのときと同じ試合をしてください」とお願いしても、それはとうてい無理な話です。

⑽スポーツ以外にも「みて楽しむもの」は映画や演劇など数多いですが、スポーツならではの再現の不可能性という特徴を知ると、スポーツをみることの奥深さを感じることができます。

⑾スポーツをみるという行為は、基本的には自分一人、または家族や仲間など少ない人数で行われるので、自分たちが楽しければそれでいいという見方もできます。しかし、③スポーツをみる人が増えること、特に球場やスタジアムなどにみにくる人が増えることは思わぬ効果をもたらします。

⑿その効果の一つは、まちのにぎわいが増えることです。人気チームの試合をみに行ったことがある人であれば、行き帰りに道を歩く大勢の人の混雑で疲れた経験があるかもしれません。そうしたとき、途中にある商店街やコンビニで買い物をしたり、飲食店で食事をした経験はないでしょうか。現在、日本の地方都市の多くは、郊外のショッピングモールの増加や高齢化などにより、駅前をはじめ「まちの中心部」の人どおりが減り、活気がないことが課題とされています。

⒀そうしたなか、スポーツ観戦は万人規模の人が集まり、地元の商店街からすれば人であふれる貴重な機会です。商店街のなかには、地元チームの応援旗やポスターをかざり、店員はチームのユニフォームを着るなど、まちをあげて雰囲気を盛りあげるところもあります。《　h　》、スポーツをみる人が増えることは、球場やスタジアムがまちににぎわいをもたらす拠点になることを意味します。

⒁ほかにも、地元の人がまちに愛着や誇りをもつという効果も考えられます。《　i　》Jリーグは、チーム名称に必ず都道府県や市町の名前が入っており、チームが好きで応援するほど地元のまちのことも好きになった、これまで自分の出身地を自信をもっていえなかったけれども地元のチームが活躍しているので誇りをもっていえるようになったなど、スポーツをみる人や応援する人が増えることは、まちに対する想いをかえる可能性も秘めています。

⒂このようにスポーツを「みる」ことは、個人の楽しみから社会への効果まで幅広い可能性があることを感じてもらえればと思います。ただし、スポーツをみる行為にはルールやマナーがもとめられることもわすれてはいけません。応援に熱が入りすぎて相手チームのファンをきずつける言動をすることはゆるされませんし、騒音やゴミのちらかしなど迷惑をかける行為もつつしむ必要があります。ロシアで開催されたサッカーのワールドカップでは、試合後に座席のゴミひろいをする日本人の観客の姿が世界的に話題になりました。そうした新しい観戦マナーも、スポーツをみる文化として広がっていくことを期待したいです。

（菅文彦『スポーツを「みる」ということ』より）

注　＊マーケティング…お客に商品・サービスを選んでもらうまでの活動。

【国　語】（四五分）　〈満点：一〇〇点〉

【注意】句読点（。）（、）などの記号や、かぎかっこ（「」）（『』）は字数として数えます。

一　次の文章を読んで、あとの問いに答えなさい。

〔注意〕本文中には、問題作成のため表記を変えたところがあります。

(1)皆さんのなかには運動部活動やスポーツクラブなどで、日常的にスポーツを「する」人も多いかと思います。では、スポーツを「みる」ことはふだんどの程度あるでしょうか？　球場やスタジアムでプロチームの試合や選手のプレーをみる、テレビやスマートフォンでスポーツ中継をみる、友達が出場するスポーツの大会にでかけて応援するなど、スポーツをみる機会もそれなりにあるのではないでしょうか。

(2)皆さんがスポーツをみるのはどうしてですか？　そう聞かれると、「だって好きだから、面白いから」という答えが返ってくるかもしれません。

(3)実は、スポーツ＊マーケティングという学問分野では「人がスポーツ観戦する動機」という研究があり、そのことがくわしく明らかにされています。それによると、スポーツ観戦の動機は、①「技能レベル」「知識」「美的」「ドラマ」「＊エンターテイメント」「達成」「所属」交流」「家族」「＊逃避」のどれか、または(ア)フクスウからなるとされています。

(4)テニス部の人なら、錦織圭選手や大坂なおみ選手のプレーをみて、ラケットさばきの技術を学んでいるかもしれません（「　a　」）。フィギュアスケートが好きな人なら、選手のジャンプやステップの美しい演技にみとれて（「　b　」）、あるいは箱根駅伝の手に汗にぎる順位争いにテレビにくぎづけになる人もいるでしょう（「　c　」）。プロ野球やJリーグ、Bリーグなどの特定チームのファンの人なら、試合でチームが勝てば、わがごとのように喜んで達成感をあじわう（「　d　」）。一方で、勝ち負けは気にせずに、友達や家族とおしゃべりしながらスポーツをみる雰囲気を楽しむ人もいます（「　e　」）。なかには日ごろの嫌なことをわすれたくてスポーツをみる人もいることでしょう（「　f　」）。

(5)このように、スポーツをみる動機は一つや二つではないとわかると、たとえば高校野球のお客さんで満員の甲子園球場の風景も、いままでと違った見方ができると思います。客席を見わたせば、母校の野球部を声をからして応援する人、あんな打球はどうやって飛ばすのかなとながめる野球少年、高校野球の劇的な展開が好きで仲間とにぎやかにみる人、一人でのんびりみる人など、さまざまな人の(イ)ソンザイに気づくことができます。

(6)もちろん、同じ人でも高校野球をみるときとテニスをみるとき、陸上競技をみるときでは動機はことなり、球場やスタジアムでみるときと、テレビやスマートフォンでみるときでは同じ動機ではないと考えられます。

(7)皆さんは自分が好きな競技やチーム、選手の試合は、一度みれば満足でしょうか？　特定のチームのファンなどは一度ならずくり返しみる(ウ)テンケイ例で、シーズン中の全試合をみるような熱心な人もいます。箱根駅伝の視聴率が毎年高いのは、お正月になるとかかさずみる人が非常に多いことを物語っています。

(8)②なぜスポーツは何度もみてしまうのか――。

(9)その理由の一つに、スポーツは中身や結果が毎回違うことがあげられ

【英　語】（45分）　＜満点：100点＞　※リスニングテストの音声は弊社HPにアクセスの上，音声データをダウンロードしてご利用ください。

1　リスニング（放送中，メモをとってもかまいません）

Part 1（放送は1回）

対話を聞いて，最後の文に続く応答として最も適切なものを，放送される英文A，B，Cの中から1つ選びなさい。

(1)

(2)

(3)

(4)

Part 2（放送は1回）

まとまった英文のあと，その内容に関する質問が放送されます。その質問に対する応答として最も適切なものをA，B，Cの中から1つ選びなさい。

(1)　A：She didn't practice enough.
　　B：She'll graduate next year.
　　C：Her grandparents are coming.

(2)　A：The price of the tickets was lowered.
　　B：The sales of souvenirs increased.
　　C：The staff members can enter for free.

Part 3（放送は2回）

対話を聞き，次の質問に英語で答えなさい。対話と質問は，2回続けて放送されます。放送のあと，次の問題まで1分間あります。

(1)　Why can't the woman cancel her membership?

(2)　Why does Chris think that a short movie is better?

2

1．次のa，bの文がほぼ同じ内容を表すように（　）に最も適切な単語を1語ずつ書きなさい。

(1)　a．Ms. Brown always keeps her promise.
　　b．Ms. Brown never (　　　) her promise.

(2)　a．My older brother can play soccer very well.
　　b．My older brother is good (　　　) playing soccer.

2．次の文の（　）に入る最も適切な単語を1語ずつ書きなさい。

(1)　The great Pyramid of Giza in Egypt is huge, but when seen from an airplane, it looks quite (　　　).

(2)　If you want to become a good (　　　), you must find topics that will interest your listeners.

3．次の語を，例のように英語で説明しなさい。

例）octopus = a sea creature with a soft body and eight long arms

rainbow =

3 次の英文を読んで，後の問いに答えなさい。

When Seisaku Noguchi was two years old, his mother, Shika came home after a hard day's work and thought her son was asleep. Shika took the pot to the fireplace and put a lock on it. Then she went out to the field behind the house.

Suddenly, Shika heard Seisaku's high-pitched cry. Shika returned to the house and screamed. Seisaku had fallen into the fireplace. Shika *smeared some medicine that the neighbors had brought with them all over his hand. His burns healed, but the fingers of his left hand were still stuck together. The neighborhood children made fun of his hands, and called him nasty nicknames.

When Seisaku was 10 years old, he wrote an essay about how he had been bullied. The teachers and students read his essay and decided to raise money for him, so he could see a surgeon to operate on his fingers. His surgery was a great success, and that's when he knew he wanted to be a doctor. Three years later at the age of 19, he decided to go to Tokyo.

Seisaku changed his name to Hideyo and became a famous researcher at the age of 21. He went to the United States to study *infectious diseases.

Twenty years later, Hideyo was given a new research project to study yellow fever in South America. If a person is bitten by a mosquito with the disease, a fever of nearly 40 degrees Celsius occurs within a week. Soon after, Hideyo went to Ecuador, where he began his fight against yellow fever. A few months after, his mother, Shika passed away. The following year, he found the *pathogen and developed a *vaccine for the shot. The Ecuadorians were grateful, and he wrote several research papers on yellow fever on the ship back to the United States.

At the age of 50, he decided to conduct research from the United States to Africa. In Ghana, Hideyo came down with yellow fever. Hideyo gave his life in the fight against diseases and died at the age of 51. The news of his death saddened many people, and his challenge to save the people as a doctor is widely known around the world.

*smear 塗りつける　*infectious diseases 伝染病　*pathogen 抗体　*vaccine ワクチン

1．本文の内容に合うように，AからDのできごとを正しい順番に並べ替えなさい。

He fell into a fireplace when he was two.

A．He found a pathogen for yellow fever.

B．He decided to be a doctor to research yellow fever.

C．He was bullied about his fingers.

D. He had surgery to recover his fingers.

He fell ill with yellow fever in Ghana.

2. 本文を読んで，次の質問に英語で答えなさい。

(1) How did his teachers and classmates help him?

(2) How does a person get yellow fever?

4 次の英文を読んで，後の問いに答えなさい。

Weeds are not usually grown on purpose. They grow on their own. However, when you try to grow weeds, it is quite difficult. After all, even if you sow the seeds, they do not *sprout easily.

I learned that the necessary conditions for plant *germination are moisture, temperature, and air. Most seeds of wild plants do not sprout even when these three conditions are met.

If a plant sprouts in the warm spring, grows in the summer, and dies in the autumn, it leaves behind its seeds. Their seeds fall on the soil in the autumn. What if the conditions of moisture, temperature, and air are right? The seeds will sprout in the autumn and die in the cold of the coming winter. Unlike plants cultivated by humans, wild plants decide when to sprout. Therefore, the conditions for germination are more complex.

Many plants that sprout in the spring have a mechanism that allows them to wake up after experiencing the cold winter. They know that the warmth that comes after the cold signifies spring.

However, there are some lazy seeds that do not sprout all at once, no matter how well the conditions are. They may or may not sprout. In the natural world, we never know what will happen.

What if a natural disaster occurs? The entire population of plants would be wiped out. Some plants sprout early, slowly, or sleep under the ground without sprouting, so that one of them can survive.

There are many seeds in the soil that do not sprout but remain asleep. This group of seeds in the soil is called a seed reserve. In the wild, plants store seeds in the soil for emergencies.

Many weed seeds are late-growing and sprout when they are exposed to light. When light hits the soil, it means that the surrounding plants have been removed. So, the seeds in the soil take this opportunity to sprout.

This is the reason why weeds sometimes sprout and increase in number after weeding is done.

*sprout 芽を出す *germination 発芽

1. 本文を読んで，次の質問の答えを，英単語3つで書きなさい。

What are the three necessary conditions for plant germination?

2．本文を読んで，次の質問に英語で答えなさい。

(1) Many plants sprout in the spring.
What kind of mechanism do they have?

(2) When do the late-growing seeds in the soil sprout?

5 次の質問に対するあなたの考えを<u>50語程度</u>の英語で書きなさい。

Which is better, having online classes or going to school for classes? Why?

2022年度

解　答　と　解　説

《2022年度の配点は解答欄に掲載してあります。》

＜算数解答＞

1　(1)　3　(2)　12　(3)　$\frac{1}{8}$　(4)　168　(5)　78.4点

(6)　5×(12÷3＋7)＝55

2　(1)　92本　(2)　28kg　(3)　1分16秒　(4)　12通り　(5)　578人

(6)　解説参照

3　(1)　10個　(2)　120番目　(3)　11

4　(1)　毎秒2cm　(2)　$234cm^2$　(3)　3.75秒後と16秒後

5　(1)　$371.52cm^3$　(2)　解説参照　(3)　およそ8.5cm

○推定配点○

1　(1)～(5)　各4点×5　他　各5点×16(4(3)完答)　計100点

＜算数解説＞

1　(四則計算，割合と比，数の性質，平均算)

(1)　15－12＝3

(2)　1.2×(15－8＋3)＝12

(3)　4：3＝1：$\frac{3}{4}$＝$\frac{1}{6}$：$\frac{1}{8}$

基本　(4)　3，7，12の最小公倍数は84であり，2番目に小さい数は84×2＝168

基本　(5)　(72×7＋84×8)÷15＝(504＋672)÷15＝78.4(点)

基本　(6)　12□3□7＝55÷5＝11より，5×(12÷3＋7)＝55

2　(割合と比，消去算，速さの三公式と比，通過算，単位の換算，場合の数，論理)

基本　(1)　4×322÷(336－322)＝92(本)

重要　(2)　(19.1＋21.6＋15.3)÷2＝28(kg)

基本　(3)　(1000＋140)÷15＝76(秒)すなわち1分16秒

重要　(4)　3×2×1×2＝12(通り)

基本　(5)　3年生の人数…180÷(1－0.1)＝200(人)

1年生の人数…180×(1＋0.1)＝198(人)

全学年の人数…180＋200＋198＝578(人)

重要　(6)　(説明例)図において，台形の上底と下底は平行であり，アとエを含む三角形とウとエを含む三角形の面積が等しいので，三角形アと三角形ウの面積も等しいから。

3　(数列・規則性)

基本　(1)　右の数列において，初めて10が現れるのは10行目であり，1は10個ある。

重要　(2)　1＋2＋…＋15＝(1＋15)×15÷2＝120(番目)

やや難　(3)　(2)より，120＋16＋17＋18＋19＝120＋35×2＝190であり，201－190＝11

1

1，2

1，2，3

重要 4 **(平面図形，図形や点の移動，速さの三公式と比，グラフ，割合と比)**

(1)　グラフより，Pは辺ADを11－7.5＝3.5(秒)で移動するので秒速は7÷3.5＝2(cm)

三角形PBCの面積(cm²)
192
0　7.5　11　21　時間(秒)

(2)　右図とグラフより，全体の面積は192＋192÷32×7＝234(cm²)

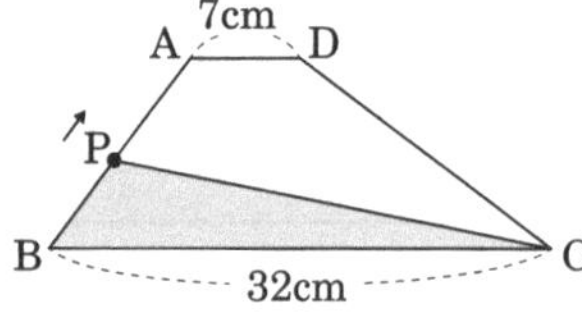

(3)　1回目…グラフより，96÷(192÷7.5)＝3.75(秒後)

【別解】7.5÷(192÷96)＝3.75(秒後)

2回目…同様に，192÷(21－11)＝19.2(cm²)より，21－96÷19.2＝16(秒後)

【別解】(11＋21)÷2＝16(秒後)

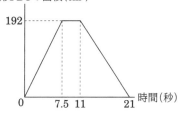

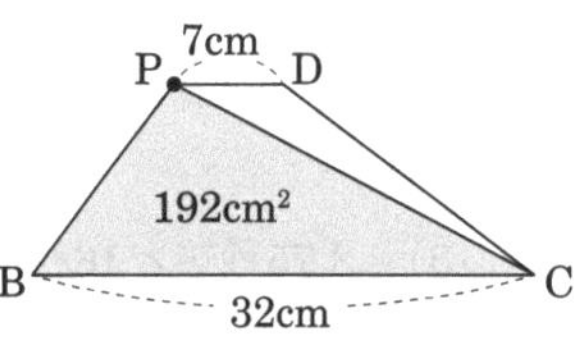

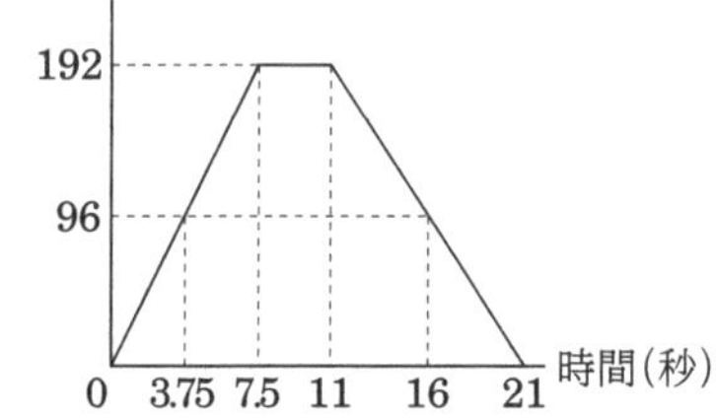

5 **(平面図形，立体図形，割合と比，概数，論理)**

基本 (1)　12×12×12－6×6×3.14×12＝12×(144－113.04)＝371.52(cm³)

重要 (2)　12×12×12－2×2×3.14×12×9＝12×(12×12－36×3.14)＝371.52(cm³)

(説明例)円柱①の体積が6×6×3.14×12＝36×3.14×12(cm³)であり，円柱②の9本分の体積も2×2×3.14×12×9＝36×3.14×12(cm³)であるから，残った水量は等しい。

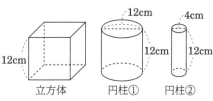

12cm　立方体　12cm　12cm　円柱①

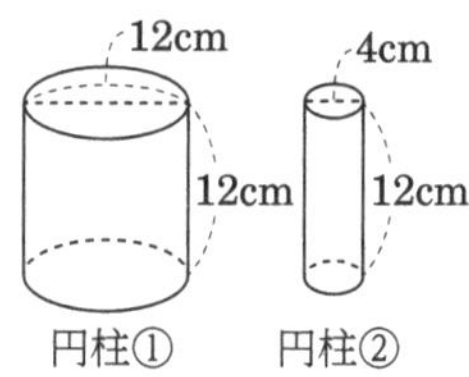

やや難 (3)　立方体の底面積から円柱②の9本分の底面積を引いた大きさ

…12×12－2×2×3.14×9＝30.96(cm²)

立方体の底面積から円柱②の8本分の底面積を引いた大きさ

…12×12－2×2×3.14×8＝43.52(cm²)

したがって，12×30.96÷43.52≒8.53より，水深はおよそ8.5cm

★ワンポイントアドバイス★

3(3)「201番目の数」の問題は，(2)「15が120番目」であることを利用する。4(3)「96cm²になる時刻」は，96が192の半分の大きさであることに気づくと計算が簡単になる。5(3)「水深」は，底面積の変化の割合を利用するとよい。

＜理科解答＞

1 (1) イ　(2) コンデンサー　(3) ア・オ　2 (1) エ　(2) イ

3 (1) う　(2) 液体　(3) ウ　(4) (しるし) (D)　説明 (【実験2】の方が,) 高くなっていた　(5) イ・カ

4 (1) 口→ア→ウ→ク→ケ→オ→こう門 (2) 消化管 (3) い・え (4) ① C
② 水がデンプンと反応していないことを確かめるため。

○推定配点○
1 各3点×3((3)完答) 2 各3点×2 3 (4)説明 4点 他 各3点×5((5)完答)
4 (4)② 4点 他 各3点×4((1)・(3)各完答) 計50点

＜理科解説＞

1 (実験)

重要 (1) 太陽の光が，地面と平行なソーラー電池を最もよく照らす時間帯は，太陽が南中している正午ごろである。

(2) コンデンサーは電気をたくわえたり，放出したりする電子部品である。

基本 (3) 光電池を大きいものに交換するとソーラーカーの走る勢いが増したことから，アがわかる。雲によって太陽が隠れるとソーラーカーがすぐに止まることから，オがわかる。

2 (地形—地層)

重要 (1) ① ガラスのような角ばった粒は，火山の噴火によって放出された火山灰に含まれる鉱物である。 ② アサリは現在，浅い海に生息しているので，昔この地域は，浅い海であったことがわかる。このように，地層が堆積した当時の環境がわかる化石を示相化石という。

基本 (2) どろの層が堆積した後，しゅう曲し(E)，大地が上昇した(A)。その後，地震が起き断層ができ(D)，大地がけずられ(C)，大地が下降し(B)，その上に石ころや砂が堆積したと考えられる。

3 (物質と変化—物質の状態変化)

重要 (1) 氷がすべて水になる箇所は，(う)である。

重要 (2) 湯気は，水蒸気が空気に冷やされてできた細かい水の粒である。よって，湯気は液体である。

基本 (3) 水はこおると体積が約1.1倍になるので，(B)が最もしるしの位置が高い。こおらす前の水(A)と，氷がとけた水(C)の高さは同じである。水はふっとうすると水蒸気に変化するので，水面が下がる(D)。

基本 (4) 実験2では，穴の開いたラップをかぶせたので，ふっとう後に水蒸気になった水がビーカー内にもどるので，実験1と比べると，(D)のしるしの位置は高くなっている。

やや難 (5) ゆう点が1000℃より小さく，ふっ点が1000℃よりも大きい物質を選べばよいので，イとカである。

4 (生物—人体)

重要 (1)・(2) 食べ物は，口→食道→胃→十二指腸→小腸→大腸→こう門の順に通り過ぎる。この食べ物の通り道を消化管という。

重要 (3) (あ) 呼吸に必要な空気の通り道は気管なので，(あ)は間違いである。 (い) かん臓は，ブドウ糖をグリコーゲンにして蓄えたり，たん汁をつくるので，(い)は正しい。 (う) じん臓は体の不要物を尿にするので，(う)は間違いである。 (え) 大腸は水分の吸収を行っているので，(え)は正しい。 (お) 肺には筋肉がないので，(お)は間違いである。

基本 (4) ① だ液は，体温に近い温度(40℃)で働き，ヨウ素液の変化からデンプンをほかの物質に変える働きがあることが表からわかる。Cの液性に関する実験は行っていないので，Cは間違いである。 ② 解答例の他に，「だ液のはたらきでデンプンが変化したことを確かめるため。」，「デンプンとヨウ素液が反応して変化が起きていないことを確かめるため。」などが考えられる。

★ワンポイントアドバイス★
問題文の条件情報を読みこなす練習をしよう。

<社会解答>

[1] 問1 濃尾 問2 (ウ) 問3 【国名】 ブラジル 【位置】 イ 問4 減災
問5 ② 問6 北海道 問7 (1) ② (2) 長野県 (3) 冬でもあたたかく，日照時間が長いから。

[2] 問1 日清戦争 問2 ア 問3 卑弥呼 問4 エ 問5 外様大名[関ケ原の戦い以後に徳川家に従った大名]を江戸から遠い場所に配置した。 問6 オランダ
問7 国際連合 問8 ウ 問9 イ 問10 C

[3] 問1 イ 問2 エ 問3 【問題点】 (例) 平成になってから，投票率が低くなっている。 【解決策とその理由】 解決策の例：投票を法律で義務づける[インターネットで投票できるようにする，投票の大切さを学校できちんと教える] 理由の例：用事や天気に左右されないから[政党や候補者を選びやすくなるから]

○推定配点○
[1] 問2・問3位置・問5・問7(1) 各1点×4 問7(3) 5点 他 各2点×5
[2] 問1・問3・問6・問7 各2点×4 問5 5点 他 各1点×5
[3] 問1・問2 各1点×2 問3問題点 3点 解決策とその理由 各4点×2 計50点

<社会解説>

[1] (地理―国土と自然・産業・貿易など)

基本 問1 木曽三川(木曽川・長良川・揖斐川(いびがわ))の堆積作用で形成された中部地方最大の平野。岐阜県や愛知県の旧国名である美濃・尾張から命名されたもの。

問2 阪神工業地帯は戦前には繊維や鉄鋼を中心に日本最大の総合工業地帯として発展，戦後その地位は低下したが今でも中京工業地帯に次ぐ規模を誇っている。(ア)は中京，(イ)は京浜。

問3 日本の鉄鉱石の輸入はオーストラリア・ブラジル・カナダの順。人口は2億人を突破しBRICS(経済成長の著しい5か国)の一員として注目されている。

問4 科学技術の進歩により災害の予測は格段に向上したもののそれには限界がある。そのため，災害の発生を前提にいかに被害を少なくするかという発想に転換しつつある。

問5 SNSの情報は極めて重要であるがしばしば誤ったものもみられる。安易にこれを信用するのではなく，本当にそれが正しいのかを判断をする能力こそが求められている。

問6 梅雨はオホーツク海高気圧と太平洋高気圧のせめぎ合いで生じるが，この時期の北海道はオホーツク海高気圧の勢力下にはいるため明確な梅雨といった現象はみられない。

重要 問7 (1) 上越市は日本で最も積雪の多い地域の一つ。高松市は瀬戸内地方にあるため温暖で降水量が少ない。アは中央高地の気候である松本市，イは太平洋側の気候である高知市。
(2) 県庁所在地の長野市に次ぐ県下第2の都市で，かつては信濃国の国府が置かれた。
(3) 夏野菜を品物が少ない時期に出荷することで高い価格での販売が可能となる。

[2] (日本の歴史―古代～現代の政治・外交など)

基本 問1 朝鮮を属国とする清と，大陸進出への足掛かりとして進出を狙う日本とが対立。甲午農民戦

争に対し朝鮮は清に派兵を要請，これに対抗して日本も出兵し両軍が衝突した。

問2　年間予算の6倍もの戦費を賄(まかな)うため増税を実施，ポーツマス条約では賠償金も得られなかったことから国民の不満は爆発し日比谷焼打ち事件なども発生した。

問3　魏志倭人伝には「鬼道を事としよく衆を惑わす」と記されており，呪術(じゅじゅつ)的な力で30余りの国々をまとめたシャーマンとみられる。

問4　弥生時代最大規模の環濠集落。指導者を葬ったと思われる巨大な墳丘墓や物見やぐらを持った内濠，溝で囲まれた高床建物など邪馬台国を思わせるような痕跡もみられる。

問5　重要な地を親藩や譜代大名で固め，外様大名を東北や九州などに配置して幕府に反抗することを防いだ。また，法に違反した大名は容赦(ようしゃ)なく改易や減封(げんぽう)，国替えを行った。

問6　プロテスタントのオランダはカトリックのスペインやポルトガルと異なり布教活動にはあまり熱心でなく，貿易による利益を重視していた。

問7　1941年，アメリカのローズヴェルトとイギリスのチャーチルが大西洋上で会談，戦後の領土不拡大や民族自立などの基本方針を発表(大西洋憲章)，これが国連憲章の基礎となった。

問8　第二次大戦後，米ソ両国を中心とする二大勢力が核兵器をかかえた「恐怖の均衡」状態で対立した冷戦。1989年，米ソ首脳のマルタ会談で冷戦終結が表明された。

問9　織田・徳川の連合軍が馬防柵と足軽鉄砲隊で当時最強と言われた武田の騎馬隊を打ち破った長篠の戦い。鉄砲の威力を示した画期的な戦いといわれる。

問10　B(3世紀)→E(16世紀)→C(17世紀)→A(19世紀末～20世紀初め)→D(20世紀半ば以降)。

3　(政治—政治のしくみなど)

問1　社会保障や労働問題などを所管する省庁で，2001年の省庁再編で厚生省と労働省が統合されて誕生。アは総務省，ウは文部科学省，エは金融庁と経済産業省が所管。

重要　問2　最高裁判所の長官は内閣の指名により天皇が任命する(憲法6条)。憲法改正は各議院の総議員の3分の2以上の賛成で国会が発議する(憲法96条)。

問3　2010年代以降の投票率は60%の大台を下回っている。国民の意思を表明する場である選挙は議会制民主主義の根幹であり，投票率の低下は現代社会に警鐘を鳴らしているといえる。

★ワンポイントアドバイス★

短い時間で記述問題をまとめるのは大変である。まずは出題者の要求が何であるかを把握し，それに沿って解答をまとめていこう。

＜国語解答＞

一　問1　(ア)　複数　(イ)　存在　(ウ)　典型　問2　(1)　b　美的　c　ドラマ
(2)　(例)　私はエンターテイメントが動機でスポーツを見ることが多いです。なぜなら，とてもわくわくするからです。たとえば，野球を見る時は特大のホームランを見ることを楽しみに観戦しています。　問3　g　イ　h　ア　i　オ
問4　(例)　スポーツは中身や結果が毎回違い，再現できないから　問5　(一つ目)まちのにぎわいが増える(という効果)　(二つ目)地元の人がまちに愛着や誇りをもつ(という効果)　問6　エ　問7　ア

□二 問1 (ア) 食欲 (イ) 異様 (ウ) 功績 (エ) 真犯人 問2 Ⅰ 体
Ⅱ 一 Ⅲ 幕 問3 a エ b ウ c イ d キ 問4 ウ
問5 (例) はげましたり，応援したりすることばをほしいと思っていないから。
問6 (1) 心が，遠い星へ発つロケットみたいに，ぐわんとうきあがった。 (2) 薄闇にうもれた野菜畑をかすめて，家まで一気にかけぬけた 問7 (例) はじめ，ぼくは，自分のことを「転入生」だと考え，みんなにとけこめないと感じていた。しかし，みんなと楽しく遊び，小林君から「またあした遊ぼうや！」と言われて本当の友だちになれたと思うようになった。

○推定配点○
□一 問2(2) 12点 問4 6点 問5～問7 各4点×4 他 各2点×8
□二 問4・問6 各4点×3 問5 6点 問7 10点 他 各2点×11 計100点

<国語解説>

□一 **(論説文―大意・要旨・細部の読み取り，接続語，空欄補充，漢字の書き取り，記述力)**

基本 問1 〰〰線部(ア)の「複」の部首は「ネ(ころもへん)」であることに注意。〰〰線部(イ)は特定の場にいること。〰〰線部(ウ)はその特徴を最もよく表しているもの。

重要 問2 (1) 空欄bは「選手の……美しい演技にみとれて」の動機なので「美的」が当てはまる。空欄cは「手に汗にぎる順位争い」が動機となるので「ドラマ」が当てはまる。空欄aは「技術を学んでいる」動機なので「技能レベル」，空欄dは「達成感を味わう」動機なので「達成」，空欄eは「雰囲気を楽しむ」動機なので「エンターテイメント」，空欄fは「嫌なことをわすれたくて」の動機なので「逃避」がそれぞれ当てはまる。

(2) 解答例では「エンターテイメント」を動機に挙げて，「わくわくする」ことを理由として「野球」の観戦を例に示して述べている。2つの〈条件〉を必ずふまえて，「自分の考え」→具体的な例を示しながら「理由」を書く，という形で自分の考えを述べていく。

問3 空欄gは直前の内容と相反する内容が続いているので，イの「しかし」が入る。空欄hは直前の内容を指して直後でまとめているので，アの「このように」が入る。空欄iは直前の内容の具体例が続いているので，オの「たとえば」が入る。

問4 (9)段落で「スポーツは……中身や結果が毎回違う」こと，(10)段落でスポーツの「再現の不可能性という特徴」について述べていることをふまえて，――線部②の理由を説明する。

問5 ――線部③の効果の説明として，(12)段落で「まちのにぎわいが増える(11字)」こと，(14)段落で「地元の人がまちに愛着や誇りをもつ(16字)」という効果も考えられることを述べている。

やや難 問6 (1)～(6)段落では「スポーツをみる動機」について，(7)～(10)段落では「スポーツを何度もみてしまう」ことについて，(11)～(14)段落では「スポーツをみる人が増えること，特に球場やスタジアムなどにみにくる人が増えること」の効果について，(15)では全体のまとめ，というまとまりに分けることができる。

重要 問7 全体をまとめている(15)段落で，「スポーツを『みる』ことは，個人の楽しみから社会への効果まで幅広い可能性があることを感じてもらえればと思います」と述べているので，アが適切。(15)段落をふまえていない他の選択肢は不適切。

□二 **(小説―心情・情景・細部の読み取り，空欄補充，漢字の書き取り，慣用句，記述力)**

基本 問1 〰〰線部(ア)は食べたいと思う欲望。〰〰線部(イ)は様子が普通でないさま。〰〰線部(ウ)は物事をうまくなしとげたてがら。〰〰線部(エ)は本当の犯人のこと。

問2　空欄Ⅰは命がけで行動するという意味で「体」が入る。空欄Ⅱは一つ一つの動作という意味でどちらにも「一」が入る。空欄Ⅲは物事が終わるという意味で「幕」が入る。

問3　空欄aは素早く行われるさまを表すエが入る。空欄bは身体の一部などが時々細かくふるえ動くさまを表すウが入る。空欄cは少しの間にどんどん変わっていく様子を表すイが入る。空欄dは空腹で腹が鳴るさまを表すキが入る。

問4　――線部①は「気をつかっていろいろ話しかけてくる」みんなに対するものなので，ウが適切。①直前の「気をつかって」をふまえていない他の選択肢は不適切。

問5　――線部②直後の「(横浜のともだちや母さん)みんな，いろんな言葉でぼくをはげましたり，応援したりしてくれる。でも，ぼくがほしいのは，そういう言葉じゃないような気がする」という「ぼく」の心情をふまえて，①の理由を説明する。

重要　問6　(1)　――線部③後で③の言葉で「心が，遠い星へ発つロケットみたいに，ぐわんとうきあがった。」という，「ロケット」にたとえた「ぼく」の心情が描かれている。

(2)　③の言葉を「思いだすたび……あしたから，はりきれる気がしてきた」という「ぼく」の心情は，「薄闇にうもれた野菜畑をかすめて，家まで一気にかけぬけた(27字)」という情景にこめられている。

やや難　問7　〈条件〉をふまえて本文を整理すると，はじめ「ぼく」は自分のことを「転入生」だと考え，その立場になれたが，みんなにとけこめないと感じていた(＝〈条件1〉)→みんなとドロケイをして楽しく遊び，小林くんから「またあした，遊ぼうや！」と言われたことで「あしたから，はりきれる気がした」＝みんなと本当の友だちになれたと思うようになった(＝〈条件2, 3〉)，となる。3つの〈条件〉を確認しながら，指定字数以内にまとめていこう。

★ワンポイントアドバイス★

小説や物語では，主人公の心情の変化を，その変化のきっかけとともに読み取っていこう。

＜英語解答＞

1　Part1　(1)　A　(2)　B　(3)　A　(4)　C　Part2　(1)　C　(2)　A
Part3　(1)　Because she doesn't have a school ID or a driver's license.
(2)　Because children can enjoy the voices and actions of people making a short movie.

2　1　(1)　breaks　(2)　at　2　(1)　small　(2)　speaker
3　a curve of colored light seen in the sky, caused by the sun shining through tiny drops of water in the air. ／ a beautiful big bridge in the sky with seven colors, can be seen after the rain.

3　1　C→D→B→A　2　(1)　They raised money for him to operate on his fingers.　(2)　When a mosquito with the disease bites someone, he/she will have a high fever and get yellow fever.

4　1　moisture, temperature, air　2　(1)　They wake up after experiencing the cold winter.　(2) When light hits the soil. ／ When they are exposed to light. ／ After weeding is done.

5 (解答例) I think going to school for classes is better than having online lessons. I like meeting my teachers and classmates face to face and want to study together with them. Besides, I can focus on learning more when my teacher is in front of me and everybody else is also learning in the classroom.(54 words)

○推定配点○

1 Part1・Part2　各4点×6　Part3　各5点×2　2 3　5点　他　各4点×4
3 各5点×3　4 1　各4点×3　他　各5点×2　5 8点　計100点

<英語解説>

1 (リスニング)

Part　1

1. ☆ : What are you doing?　Do you need help?
★ : I lost something important.
☆ : What are you looking for?
A : The iPad I borrowed from the school.
B : It's not eight o'clock yet.
C : I saw it in the music room yesterday.

2. ☆ : Can you check my math homework for mistakes, Mom?
★ : I can, but maybe you should ask your dad first.
☆ : Why is that, Mom?
A : He doesn't like math very much.
B : He knows more about math than I do.
C : He must be really busy today.

3. ☆ : I'm not sure what to do for Nancy's birthday party.
★ : How about a surprise party?
☆ : I don't think that's a great idea.
A : Why not?　Doesn't she like surprises?
B : Why not?　I think tomorrow is great.
C : Why not?　Wasn't her birthday last week?

4. ☆ : Did you leave the house yet?
★ : I was just on my way out.
☆ : Did you hear that all schools are shut down due to the snow?
A : I'm glad I went to the cafeteria.
B : I'm glad I'm already there.
C : I'm glad you called me before I left.

Part1 (全訳)

1 ☆：何をしているの？　手伝いが必要？
★：大事なものをなくしてしまったの。

☆：何を探しているの？
A：学校から借りたiPad。
B：まだ8時ではないよ。
C：私は昨日それを音楽室で見たよ。

2 ☆：ママ，数学の宿題の間違いチェックをしてくれない？
★：いいけど，まずはパパに頼んだほうがいいわよ。
☆：ママ，それはどうして？
A：お父さんはあまり数学が好きではないの。
B：お父さんは私よりも数学についてよくわかっているわ。
C：お父さんは今日，本当に忙しいに違いない。

3 ☆：ナンシーの誕生日パーティに何をしたらよいかわからないよ。
★：サプライズパーティはどう？
☆：それはいいアイデアじゃないと思う。
A：どうして？ 彼女はサプライズが好きじゃないの？
B：どうして？ 明日はすばらしいと思うよ。
C：どうして？ 彼女の誕生日は先週じゃなかった？

4 ☆：もう家を出た？
★：たった今，出るところだったよ。
☆：雪のためすべての学校が休校だって聞いた？
A：私はカフェテリアに行けたことがうれしい。
B：私はもうすでに到着していてうれしい。
C：私が出る前にあなたが電話してくれてうれしい。

Part 2

1. Michelle sings in the school's music club. She will graduate next year, and will give her final performance in two weeks. Michelle is really nervous about it because it's the first time that her grandparents will see her sing. She wants to impress them, so she is practicing hard with the other club members every day at school.

Question: Why was Michelle nervous about her final performance?

2. Laura works for a local zoo in her city. Recently, the zoo lowered the price of tickets during the day and offered free entry after 5 p.m. As a result, the number of visitors has gone up. Laura and the other staff members have noticed that because of this, sales of souvenirs have also increased. They are happy more people are enjoying the zoo.

Question: Why did the number of visitors go up?

Part2 （全訳）

1 ミシェルは学校の音楽クラブで歌っている。彼女は来年卒業し，2週間後に最後の公演をすることになっている。ミシェルはそのことについてとても緊張している，なぜなら彼女の祖父母にとって彼女が歌うのを見るのは初めてだからだ。彼女は彼らを感動させたいので，学校で毎日他の部員たちと一生懸命練習をしている。

質問：なぜミシェルは最後の公演について緊張していたのか。
A：彼女は十分に練習しなかった。

B：彼女は来年卒業する。

C：彼女の祖父母が来ることになっている。

2　ローラは地元の街の動物園で働いている。最近その動物園は日中の入園券を値下げし，午後5時以降は入場無料にした。結果として来場者数は増えた。ローラと他のスタッフたちはこのためおみやげの売り上げも増えていることに気づいた。彼女たちは動物園を楽しんでいる人が多くなってうれしい。

質問：なぜ入場者の数が増えたのか。

A：入場券の値段が下げられた。

B：おみやげの売り上げが増えた。

C：スタッフは無料で入場できる。

Part 3

1.　W: Excuse me. I'd like to cancel my membership at this sports club.

M: Before you cancel your membership, we'll need to see some ID. Do you have one, like a school ID or a driver's license?

W: No, I don't have one with me.

M: I'm sorry. You'll have to bring one to show us. We can't cancel your membership without it.

Question: Why can't the woman cancel her membership?

2.　A: I'm not sure what we should do for our presentation on SDGs. Do you have any ideas, Chris?

B: How about making a poster about recycling?

A: Well, that's a good start but will it be interesting enough for younger children?

B: We can make a short video with classmates. Children can enjoy the voices and actions of people instead of just looking at posters. We can also add some popular music.

A: That sounds even better than an ordinary poster. Let's get started next Monday at school.

Question: Why does Chris think that a short movie is better?

Part3　（全訳）

1　女性：すみません。こちらのスポーツクラブを退会したいのですが。

男性：退会する前に，身分証明書を確認させていただく必要があります。学生証や運転免許証などをお持ちですか。

女性：いいえ，持っていません。

男性：申し訳ありません。持参してご提示ください。それがないと退会できません。

質問：なぜその女性は退会できないのか。

解答例：彼女は学生証も免許証も持っていないから。

2　A：SDGsについての発表のために，何をしたらよいかわからない。クリス，何かアイデアがある？

B：リサイクルについてポスターを作るのはどう？

A：それは手始めに良いと思うけれど，幼い子供たちにはおもしろいかな？

B：クラスメートと一緒に短い動画を作れるよ。子供たちはポスターを見るだけよりも人の声や動きを楽しむことができる。人気のある音楽を付け加えることもできるよ。

A：それは普通のポスターよりずっと良さそう。今度の月曜日に学校で始めよう。

質問：なぜクリスは短い動画のほうがいいと思っているのか。

解答例：子供たちが短い動画を作っている人々の声や動きを楽しむことができるから。

2 **(言い換え・書き換え，語句補充，語彙：反意語，熟語)**

1 (1) a「ブラウンさんはいつも約束を守る」b「ブラウンさんは決して約束を破らない」 never「決して～ない」 keep one's promise「約束を守る」 break one's promise「約束を破る」

(2) a「私の兄はサッカーを上手にすることができる」b「私の兄はサッカーをするのが得意だ」 be good at ~ing「～することが得意だ」

2 (1) 「エジプトのギザのピラミッドは巨大だが，飛行機から見るとかなり小さく見える」 huge「巨大な」と対照的な意味の語として small「小さい」が適切。

(2) 「もし良い話し手になりたければ，聞き手の興味を引くような話題を見つけなくてはならない」 speaker「話し手」 listener「聞き手」

3 rainbow「虹」 解答例の訳「空に見える色のついた光の曲線で，太陽が空気中の小さな水滴を通して光ることで起きる」「7色の，空にかかる美しく大きい橋で，雨の後に見られる」

3 **(長文読解問題・伝記：文整序，英問英答，内容吟味)**

(全訳) 野口清作が2歳の時，母のシカは大変な日中の仕事から帰宅し，息子が寝ていると思った。シカはやかんをいろりに持っていき，その上に錠を取り付けた。そして彼女は家の裏の畑に出た。

突然シカは清作の甲高い叫び声を聞いた。シカは家に戻り，悲鳴を上げた。清作がいろりに落ちていた。シカは近所の人が持ってきてくれた薬を彼の手全体に塗りつけた。彼のやけどは治ったが，左手の指がくっついたままだった。近所の子供たちは彼の手をからかい，彼をひどいあだ名で呼んだ。

清作は10歳の時に，自分がいかにいじめられてきたかという作文を書いた。教師たちと生徒たちは彼の作文を読み，彼のためにお金を集めることにした。それで彼は指を手術するために外科医の診察が受けられた。彼の外科手術は大成功し，その時彼は自分の医師になりたいという気持ちを知った。3年後，19歳の時に彼は東京へ行くことにした。

清作は英世という名前に変え，21歳の時には有名な研究者になった。彼は伝染病を研究するためアメリカに行った。

20年後，彼は南米の黄熱病を研究するという新しい研究課題を与えられた。もし人がこの病気をもつ蚊に刺されると，1週間以内に40℃近い熱が出る。すぐに英世はエクアドルに行き，そこで黄熱病との闘いを始めた。数か月後，彼の母のシカが亡くなった。翌年，彼は抗体を見つけ，ワクチンを開発した。エクアドルの人々は感謝し，彼はアメリカに帰る船の上で黄熱病についての研究論文を何本か執筆した。

50歳で彼はアメリカからアフリカへの調査を主導することにした。ガーナで英世は黄熱病で倒れた。英世は人生を病気との闘いに捧げ，51歳で亡くなった。彼の死の知らせは多くの人を悲しませ，医師として人々を救うという彼の挑戦は世界中で広く知られている。

1 「彼は2歳の時にいろりに落ちた」→C「彼は指のことでいじめられた」→D「彼は指を治すために外科手術を受けた」→B「彼は医者になり黄熱病を研究しようと決心した」→A「彼は黄熱病の抗体を発見した」→「彼はガーナで黄熱病にかかった」

2 (1) 「彼の先生や同級生たちはどのように彼を助けたか」「彼らは彼が指の手術をするためのお

金を集めた」 第3段落第2文参照。 (2) 「人はどのようにして黄熱病になるか」「その病気を持つ蚊が人を刺すと，その人は熱が出て黄熱病になる」 模範解答は第5段落第2文の内容を踏まえたものである。この文をそのまま抜き出して解答してもよいだろう。

4 (長文読解問題・論説文：英問英答，内容吟味)

(全訳) 雑草はふつう目的があって育てられるものではない。それらは自分たちで育つ。しかし雑草を育てようとすると，かなり難しい。結局，種をまいても簡単には芽が出ないのだ。

私は植物の発芽に必要な条件は水分，温度，空気だと習った。ほとんどの野生の植物の種子はこれらの3つの条件が満たされた時でも発芽しない。

植物は暖かい春に発芽し，夏に成長し，秋に枯れたら，種子を残す。それらの種子は秋に土の上に落ちる。もし湿度，温度，空気の条件が正しければ，どうなるか。その種子は秋に発芽し，冬の寒さで枯れてしまう。人間によって育てられている植物とは違い，野生の植物はいつ発芽するかを決める。それゆえ発芽のための条件はさらに複雑だ。

春に発芽する植物の多くは，寒い冬を経験した後に目覚めるメカニズムを持っている。それらは寒さの後にくる暖かさが春を示すと知っているのだ。

しかしどんなに条件が良くても，すぐには発芽しない怠け者の種子もある。それらは発芽するかもしれないし，しないかもしれない。自然界では何が起こるかわからない。

自然災害が起きたらどうなるのか。植物全体がなくなってしまうかもしれない。どれかが生き残ることができるよう，早く発芽する植物もあれば，ゆっくり発芽するのもあり，発芽しないで地中で休眠するのもある。

地中には発芽せず休眠状態のままの種子がたくさんある。この地中の種子の集まりは，種子保管と呼ばれている。自然界では，植物は緊急事態に備えて土の中に種子を貯蔵する。

多くの雑草の種子は成長が遅く，光にさらされた時に発芽する。光が土に当たると，それはその周りにあった植物が取り除かれたということを意味する。そこで地中の種子がこの機会をとらえて発芽する。

これが，雑草取りが終わった後に雑草が発芽して数が増えることの理由である。

1 「植物の発芽に必要な3つの条件は何か」「水分」「温度」「空気」 第2段落第1文参照。

2 (1) 「多くの植物は春に発芽する。それらはどんなメカニズムを持っているか」「それらは寒い冬を経験した後に目覚める」 第4段落第1文参照。解答例は They wake up ~ としているが，本文の表現をそのまま使って They have a mechanism that allows them to wake up ~ と回答してもよい。 (2) 「地中の成長が遅い種子はいつ芽を出すか」「光にさらされた時」/「光が土に当たった時」/「雑草取りが終わった後」 最後から2番目の段落の第1，2文と，最終段落参照。該当の文の中から時を表す語句を抜き出して答えればよい。

やや難 **5 (条件英作文)**

「オンライン授業を受けるのと，授業のために学校に行くのと，どちらが良いですか。その理由は？」解答例の訳「私はオンライン授業を受けるよりも授業のために学校へ行く方が良いと思います。私は先生や友達と直接会うのが好きで，彼らと一緒に勉強したいです。また先生が目の前にいて他のみんなも教室で学んでいるほうが学習に集中できます」

★ワンポイントアドバイス★

2 3の語彙問題は，英単語の意味を英語で書く問題で，難度が高い。

2021年度

★★★★★★★★★★★★★★★★★★★★★★★

入　試　問　題

2021年度

創価中学校入試問題

【算　数】（45分）　＜満点：100点＞

【注意】 定規（じょうぎ）・コンパス・分度器・計算機を使わずに答えてください。

1 次の問いに答えなさい。

(1) $9+6\div(4-1)\times 2$ を計算しなさい。

(2) $\frac{5}{6}\times(8-7.25)$ を計算しなさい。

(3) Aに入る数字を求めなさい。

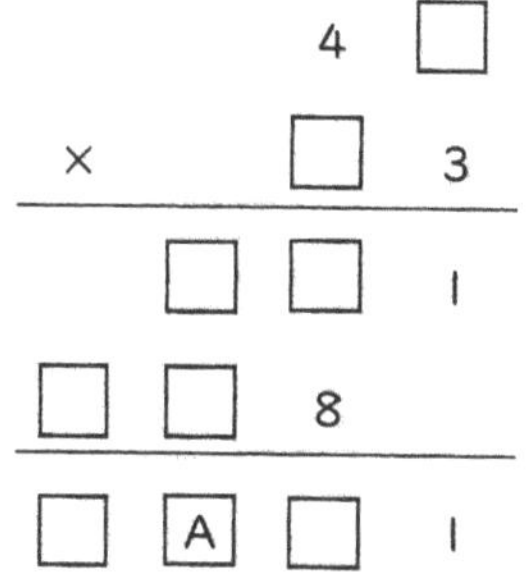

(4) 4でわっても6でわっても1余る整数で，100にいちばん近い整数を求めなさい。

(5) 原価に3割の利益があるように定価をつけると，650円になりました。原価を求めなさい。

2 次の問いに答えなさい。

(1) 210人に好きなスポーツを1つだけ聞くアンケートをとったところ，63人がサッカーと答えました。このアンケート結果を円グラフで表すとき，サッカーの割合を示すおうぎ形の中心角は何度になるか求めなさい。

(2) 2021年の1月1日は金曜日でした。2030年の1月1日は何曜日になるか答えなさい。ただし，1年間は365日であり，2021年から2030年の間に，うるう年は2回あります。

(3) ばねの伸びる長さは，ばねにつるすおもりの重さに比例します。30gのおもりをつるすと，ばねの長さは16.5cm，50gのおもりをつるすと，ばねの長さは19.5cmになりました。このとき，おもりをつるす前のばねの長さを求めなさい。

(4) ある仕事を終わらせるのに，太郎さん一人では20日かかり，健太さん一人では30日かかります。この仕事をはじめは2人で進めていましたが，途中で健太さんが5日間休んでしまいました。この仕事を終えるのに何日かかったか求めなさい。

(5) あるお菓子の空箱4個を集めると，新品の同じお菓子1個と交換してもらえます。150個の空箱をもっているとき，最大何個のお菓子を食べられるか求めなさい。

(6) 家から目的地まで往復します。

「行きは時速20kmで移動し，帰りは時速30kmで移動するとき，往復の速さの平均は時速25kmではありません。」このことを，例をあげて説明しなさい。

3 6, 7, 9, 12, 16, 21, 27, 34, 42, 51, …331, □, 384, …は，ある規則にしたがって並んだ数の列です。次の問いに答えなさい。

(1) 15番目の数はいくつか答えなさい。

(2) □に入る数を求めなさい。

(3) 100番目と110番目の差を求めなさい。

4 右の図の立体は，半円と長方形をつなぎ合わせて作った立体である。次の問いに答えなさい。ただし，円周率は3.14とします。

(1) この立体の体積を求めなさい。

(2) この立体の表面積を求めなさい。

(3) この立体の展開図をかきなさい。ただし，図のかげのついたAの長方形がどこか分かるように，展開図に「A」をかきいれなさい。直線や曲線は定規やコンパスを使わず，おおよその形でかまいません。

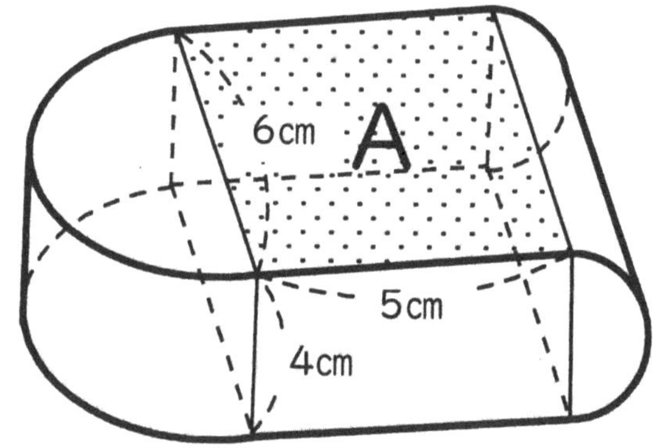

5 グラフは，川の上流のA地点から下流のB地点まで船で往復したときの，時間とA地点からの距離の変化の様子を表しています。この川は，途中のC地点を過ぎると川の流れの速さは半分の速さになります。このとき，次の問いに答えなさい。ただし，船の静水での速さは一定とします。

(1) この船の静水での速さは時速何kmか求めなさい。

(2) A地点からB地点までの川の長さを求めなさい。

(3) A地点を出発したときに，別の船がB地点を出発してA地点に向かって来ました。別の船の静水時の速さを時速9kmとすると，それぞれの船が出発して，最初に出会うのは何分後か求めなさい。

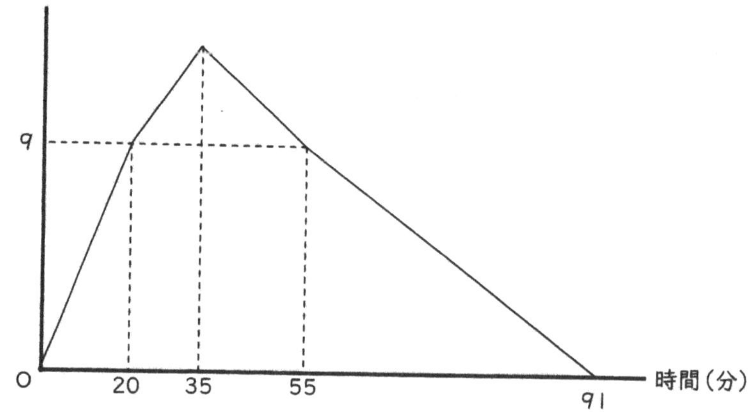

【理　科】(30分)　<満点：60点>

【注意】 漢字がわからない場合は，ひらがなでもかまいません。

1　植物の発芽と成長について調べる実験をしました。次の各問いに答えなさい。

【実験1】 次の図のように，だっし綿をひいた，とう明なプラスチックの容器にインゲンマメの種子を3個ずつまき，下の①～⑧の条件で発芽するかどうかを調べました。ただし，図は横から見た様子を示しており，①～⑥は20℃の明るい場所に置き，③～⑧の種子は水に半分だけつけました。また，⑤～⑧の空気は通るようにしてあります。なお，水は一度ふっとうさせてから冷ましたものを使い，白色LEDライトは発熱しないものとします。

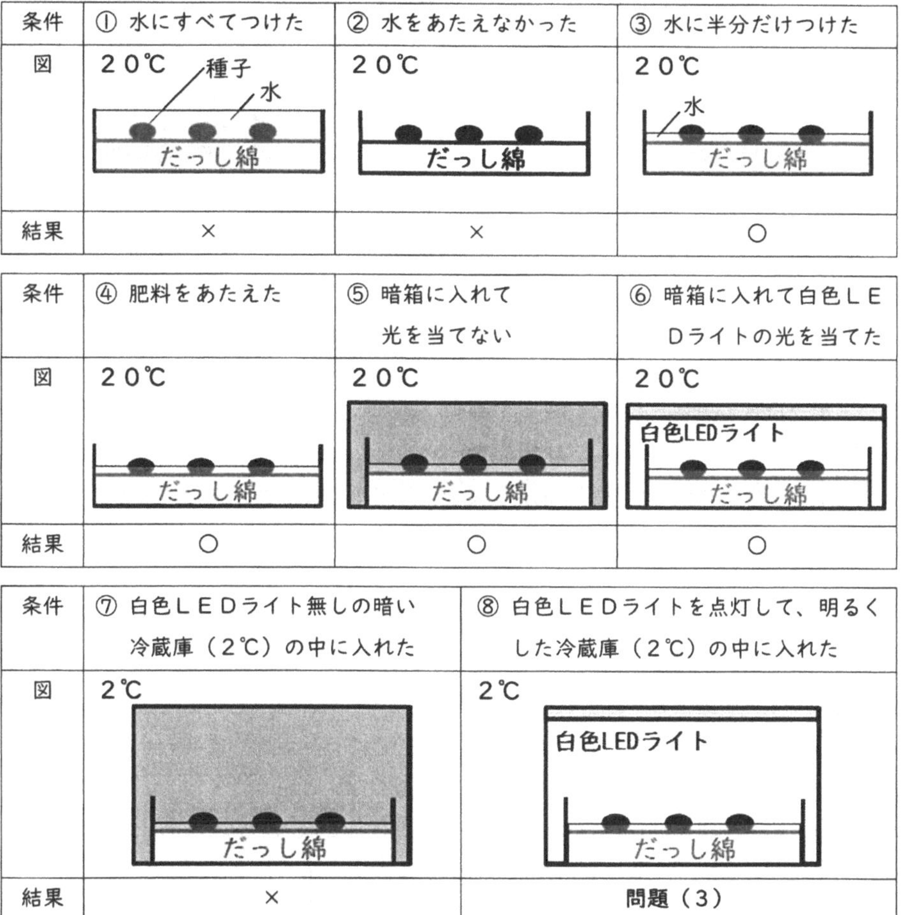

条件	① 水にすべてつけた	② 水をあたえなかった	③ 水に半分だけつけた
図	20℃ 種子 水 だっし綿	20℃ だっし綿	20℃ 水 だっし綿
結果	×	×	○

条件	④ 肥料をあたえた	⑤ 暗箱に入れて光を当てない	⑥ 暗箱に入れて白色LEDライトの光を当てた
図	20℃ だっし綿	20℃ だっし綿	20℃ 白色LEDライト だっし綿
結果	○	○	○

条件	⑦ 白色LEDライト無しの暗い冷蔵庫（2℃）の中に入れた	⑧ 白色LEDライトを点灯して、明るくした冷蔵庫（2℃）の中に入れた
図	2℃ だっし綿	2℃ 白色LEDライト だっし綿
結果	×	問題（3）

【実験2】 【実験1】の結果，肥料の有無に関係なく発芽したのでインゲンマメの種子にでんぷんが含まれるかどうかを調べました。

水に一晩ひたした種子を，カッターナイフで半分に切り「ある薬品」をつけると，一部が青むらさき色に変わりました。

【実験3】 植木ばちで育てたインゲンマメのなえを，光が当たらない暗室に，一晩置きました。次の日の朝に晴れていたので，葉に日光を当てるもの，白色LEDライトの光を当てるもの，アルミホイルをかぶせてどちらの光も当てないものの３つの条件にして，８時間置きました。

その後，葉を切り取り，熱湯に入れ，水であらってから，【実験２】と同じ「ある薬品」をつけた結果，日光または白色ＬＥＤライトの光を当てた葉はどちらも色が変わりましたが，光を当てなかった葉の色は変わりませんでした。

(1) インゲンマメの種子から最初に出るのは，芽か根のどちらですか，または，両方とも同時に出ますか。答えなさい。

(2) 【実験１】の条件①～③の結果を比べることで，発芽に必要なことが２つわかります。１つは水の有無ですが，もう１つは何の有無かを漢字で答えなさい。

(3) 【実験１】の条件⑧の結果はどのようになりますか，○か×で答えなさい。また，そのように答えた理由となる実験の条件を①～⑦の中から３つ選ぶとすると，最も適切な組み合わせはどれになりますか。右のＡ～Ｄから選び，記号で答えなさい。

記号	理由となる実験の条件		
A	③	④	⑤
B	③	④	⑦
C	③	⑥	⑦
D	⑤	⑥	⑦

(4) 【実験２】と【実験３】で使った「ある薬品」の名前は何か，答えなさい。

(5) 【実験２】の切り口で，青むらさき色に変わった部分はインゲンマメの種子のどの部分ですか。名前を答えなさい。

(6) 【実験１】～【実験３】の結果から**はっきりとわかったこと**をまとめたい。次のａ～ｃの文を読み，正しいものには○を，まちがっているものには×を，これらの実験結果だけからはわからないものには△を，それぞれ答えなさい。

ａ．インゲンマメは水と空気と温度のうち，２つの条件があれば発芽する。

ｂ．インゲンマメの種子に肥料をあたえると，早く発芽させることができる。

ｃ．インゲンマメは，日光でも白色ＬＥＤライトでも成長することができる。

2 天気や気温について，友だちや先生と協力して学校の中で１年間，調べることにしました。会話文を読み，後の各問いに答えなさい。

先生：どこで気温を調べるか，学校内の地図（次のページの図）を見て，考えてみてください。

Ａさん：登校したらすぐに調べられるように，校門の近く（地点①）にあるサクラの木の間はどうかな？春は花がきれいだし，夏でも木かげで暑くないと思う。

Ｂさん：でも，あの場所には蚊（か）がいっぱいいたよ。さされるのはいやだなあ。

Ｃさん：朝だけではなくて，お昼と放課後にも調べてみようよ。

Ｄさん：お昼にメダカにエサをあげるついでに池のよこ（地点②）で調べるのはどう？

Ａさん：いいね！そういえば冬の寒い日の朝に，池に氷がはっていておどろいたな。池が，校舎のかげに入ってしまうから，氷がとけにくいみたい。

Ｂさん：どちらもいいと思うけれど，雨の日にぬれたくないから，屋根がある校舎と食堂の間（地点③）はどう？風も食堂やかべで少しさえぎられるから，冬でもあまり寒い思いをしないで調べられると思う。

Ｄさん：それか，グラウンド（地点④）はどうかな？屋根は無いけれど，かげをつくるものは周りには無いし，目印を決めれば同じ場所ではかれるよ。

Cさん：そういえば，授業で，気温をはかるときに気をつける３つのことを習ったね。１つ目は，地面から（　あ　）～1.5mの高さで，温度計に，いきがかからないように顔から20～30cmはなしてはかること。２つ目は，温度計に日光が直接当たらないようにすること。これは，厚紙で作ったおおいを用意しよう。３つ目は…何だったか忘れてしまった。確認しよう。

⑴　空らん（あ）に最も適切な数字を，小数第一位まで答えなさい。

⑵　下の図は，学校内のようすを簡単にまとめた地図です。会話文の意見も参考にして，気温の観測に最も適している場所はどの地点か，記号で答えなさい。また，その地点を選んだ理由についても15文字以内で説明しなさい。

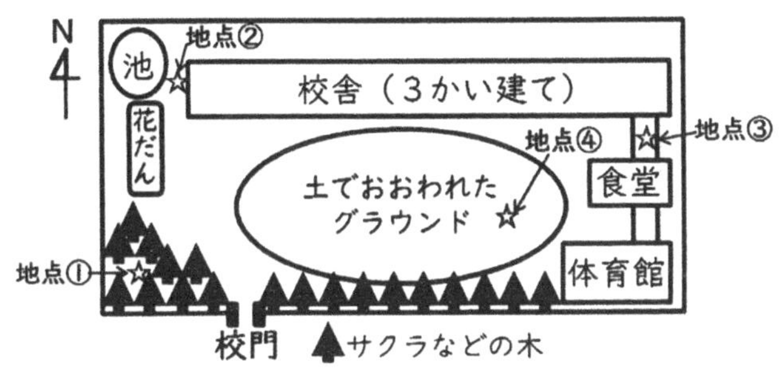

⑶　気温は，ぼう温度計を使ってはかることにしました。右の図は，ある日のぼう温度計のめもりの一部を表しています。このときの温度は何℃か，整数で答えなさい。

⑷　次の文を読み，空らん（A）～（D）にあてはまる言葉について，最も適切な組み合わせを，下の表の**ア～カ**から選び，記号で答えなさい。

「みんなで天気を観測し，テレビのニュースで人工えい星の雲画像を毎日見ていると，次のことに気がついた。日本付近の雲は，春には（　A　）から（　B　）へ移動していることが多い。６月から７月ごろには本州付近に雲がつながって長くのび，雨やくもりの日が続く。この時期のことを，日本ではつゆとよぶ。

また，7月から10月ごろに熱帯で発生して日本付近に近づくことの多い（　C　）は，（　A　）から（　B　）へ，とは限らない動きをする。冬になると，（　D　）側では雨や雪の日が多くなる。」

記号	（　A　）	（　B　）	（　C　）	（　D　）
ア	東	西	台風	日本海
イ	東	西	積乱雲	太平洋
ウ	東	西	積乱雲	日本海
エ	西	東	台風	太平洋
オ	西	東	台風	日本海
カ	西	東	積乱雲	日本海

⑸　次のページのア～ウの文は，学校での観測結果をもとに，みんなで考えて，天気についてまとめたものです。文中の下線部について，正しいものには○を，まちがっているものには**正しい言葉を**，それぞれ答えなさい。

ア．空に黒っぽい雲が増えると雨になることが多い。

イ．１日の中での気温変化は，晴れの日よりも雨の日の方が大きい。

ウ．晴れの日の気温は，正午ごろが最も高く，夕方になるにつれて低くなる。

3 ふりこのきまりについて調べる実験をしました。次の各問いに答えなさい。

【実験１】 図１のように，天井からぶら下げたふりこを使い，「ふりこの長さ」や「おもりの重さ」，「ふれはば」を変えて，ふりこが10往復する時間を調べました。そして，調べた結果を下の表にまとめました。

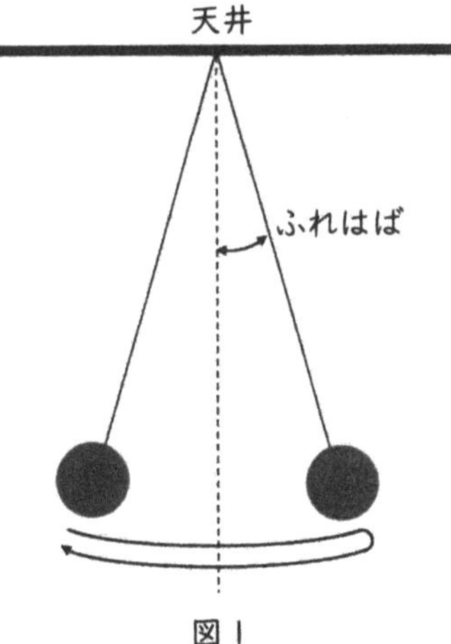

図１

表 （実験の結果）

ふりこの長さ（ｃｍ）	１００	５０	２５	２５	５０	１００
おもりの重さ（ｇ）	２０	２０	２０	２０	５０	５０
ふれはば（°）	１０	２０	１０	２０	２０	２０
１０往復する時間（秒）	２０	１４	１０	１０	１４	２０

(1) 「ふりこの長さ」とは，右の図において，天井から何マス分の長さのことですか。整数で答えなさい。

天井

(2) 「ふりこの長さ」が50㎝，「おもりの重さ」が100ｇのふりこを「ふれはば」が30°でゆらしたとき，**ふりこが１往復する時間**は何秒になりますか。実験の結果から推測して計算し，小数第一位まで求めなさい。

(3) ピサの大聖堂（寺院）の天井につり下げられたランプのゆれ方を観察して，ふりこのきまりを発見した，イタリアの科学者の名前を答えなさい。ただし，フルネームで答えなくてもかまいません。

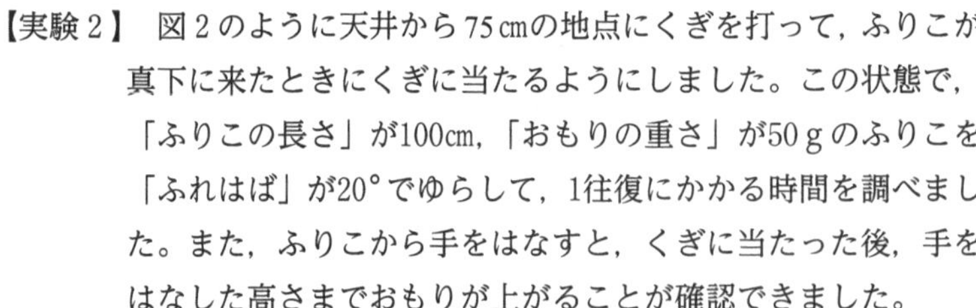
【実験２】 図２のように天井から75㎝の地点にくぎを打って，ふりこが真下に来たときにくぎに当たるようにしました。この状態で，「ふりこの長さ」が100㎝，「おもりの重さ」が50ｇのふりこを「ふれはば」が20°でゆらして，1往復にかかる時間を調べました。また，ふりこから手をはなすと，くぎに当たった後，手をはなした高さまでおもりが上がることが確認できました。

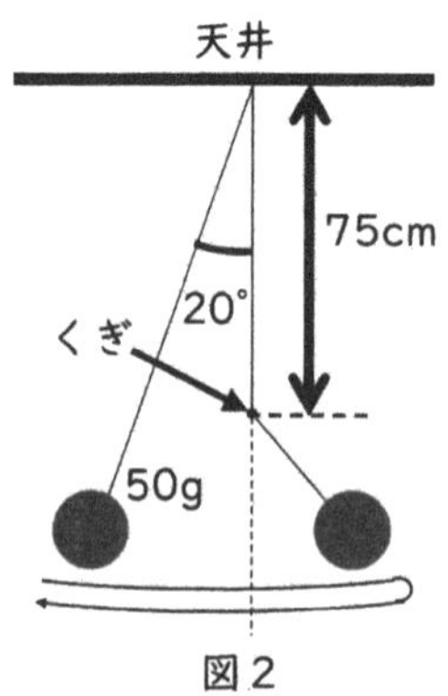

図２

(4) 【実験２】のとき，**ふりこが１往復する時間**は何秒ですか。【実験１】の表を参考にして計算し，小数第一位まで求めなさい。

【実験３】　図３のように，１本のぼうに長さの違う３つのふりこをつけました。これらのおもりの重さは，全て同じです。このぼうを持って地面と水平にして，前後に同じはばでゆらすと，②のふりこだけが大きく動きました。

その後，ぼうをゆらす速さを少しずつ速くしていくと，②のふりこの動きが小さくなり，③のふりこだけが大きく動くことが確認できました。

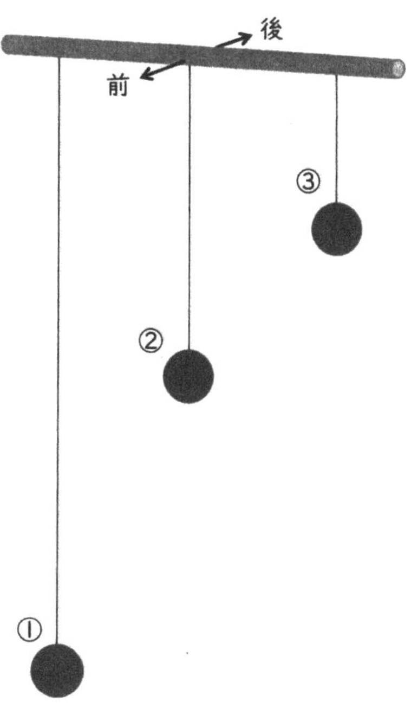

図３

(5)　2016年の４月に発生した熊本地震は，日本では過去に例がないほど地震の「ゆれが１往復する時間」が長い地震でした。この地震を通して，一部の建物における地震対策への課題が浮かび上がってきました。その一部の建物とはどのような建物ですか。【実験３】の内容と結果を参考にして，最も適切なものを次のア～エから選び，記号で答えなさい。

ア．高さ15mの学校校舎

イ．高さ５mの一けん家

ウ．高さ100mの超高層ビル

エ．高さ30mのマンション

4　もののあたたまり方や体積の変化を調べる実験をしました。次の各問いに答えなさい。

【実験１】　金属の球と，球がすき間なく通る金属の輪を用意し，輪の全体にはロウをぬっておきました，まずは，球をアルコールランプで十分に熱して，輪を通るのかを調べました。そして球が冷めないうちに，今度は図１のように，輪をアルコールランプで十分に熱し，球が輪を通るのかを調べました。

金属の球
金属の輪
アルコールランプ
図１

(1)　【実験１】の結果として，最も適切なものを次のア～エから選び，記号で答えなさい。

ア．球を十分に熱すると，球が輪を通らなかった。その直後に輪を十分に熱しても，球が輪を通らなかった。

イ．球を十分に熱すると，球が輪を通らなかった。その直後に輪を十分に熱すると，球が輪を通るようになった。

ウ．球を十分に熱すると，球が輪を通った。その直後に輪を十分に熱すると，球が輪を通らなくなった。

エ．球を十分に熱すると，球が輪を通った。その直後に輪を十分に熱しても，球が輪を通った。

(2)　次のページの図２は，図１の金属の輪を真上から見た図です。【実験１】の結果，次のページの図２の①～④において，ロウがとけた順番として，最も適切なものを次のページのア～オから選び，記号で答えなさい。ただし，球からは熱が伝わらないこととします。

ア．①→②→③→④
イ．④→③→②→①
ウ．①・④（同時）→②→③
エ．④→①→③→②
オ．①～④のすべてが同時にとける

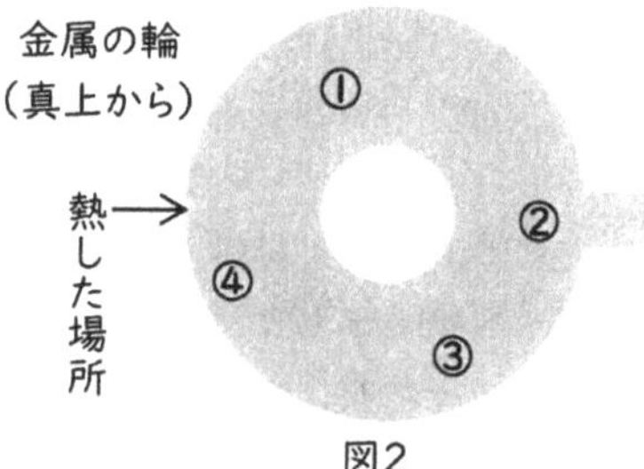

図2

【実験２】 真冬に，ある部屋の天井付近に設置されているエアコンの暖ぼうを使い，エアコンのふき出し口の向きによって部屋のあたたまり方が変わるのかを調べました。そのために，下の①～③の条件でエアコンをつけて，Ⅰ～Ⅲの位置に設置した温度計で気温を測定しました。ただし，温度計はエアコンの風と日光が直接当たらない場所に設置しました。

【エアコンのふき出し口の向き】	【温度計の設置場所】
① 天井と水平	Ⅰ 部屋の天井付近
② 下向き	Ⅱ 床から高さ１０ｃｍ付近
③ ①と②の中間	Ⅲ 床から高さ１５０ｃｍ付近

しばらくすると，３つの温度計の値がほぼ動かなくなり，安定しました。このときの３つの温度計の温度と，最高温度と最低温度の温度差を調べました。

(3) 【実験２】の結果として，最も適切なものを次のア～カの中から選び，記号で答えなさい。

ア．温度計の温度差が一番大きかったのは①の条件で，そのときの温度計の温度は，高い順からⅡ→Ⅲ→Ⅰであった。
イ．温度計の温度差が一番大きかったのは②の条件で，そのときの温度計の温度は，高い順からⅠ→Ⅲ→Ⅱであった。
ウ．温度計の温度差が一番大きかったのは③の条件で，そのときの温度計の温度は，高い順からⅢ→Ⅱ→Ⅰであった。
エ．温度計の温度差が一番大きかったのは①の条件で，そのときの温度計の温度は，高い順からⅠ→Ⅲ→Ⅱであった。
オ．温度計の温度差が一番大きかったのは②の条件で，そのときの温度計の温度は，高い順からⅡ→Ⅲ→Ⅰであった。
カ．温度計の温度差が一番大きかったのは③の条件で，そのときの温度計の温度は，高い順からⅠ→Ⅱ→Ⅲであった。

(4) 【実験２】と同じようにして，真夏に冷ぼうを使って部屋の冷え方を調べた場合，どのような結果になりますか。最も適切なものを(3)のア～カの中から選び，記号で答えなさい。

【実験３】 温度が高くなると色が変わるインクを水によく混ぜて，その水を試験管に入れました。その後，次のページの図３のように，試験管の下の部分をゆっくりと熱し，①試験管全体の水の色が変わるまでのようすを観察しました。

熱し終わった直後，図４のように，手であたためておいた先の長いプラスチック製のスポイトを使って，試験管の中の水を吸いました。そのスポイトを取り出して，逆さにして置いておき，②スポイト内の水の色がもとに戻り終わるまで放置しました。

図３

スポイトを放置している間，図４の試験管の中に氷のつぶを入れていきました。すると，氷のつぶは水面に浮かんで，とけていきました。氷がとけた後も，③試験管全体の水の色が元に戻るまで，新しく氷のつぶを入れていきました。

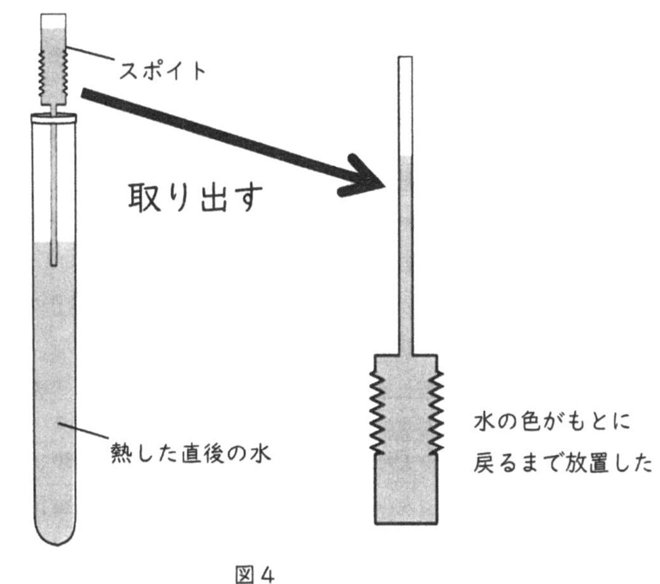

図４

(5)　下線部①について，試験管の下の部分を熱した後，試験管の水の色はどのように変化していきましたか。ア～クの中から３つ選び，熱した後から順番に並びかえなさい。

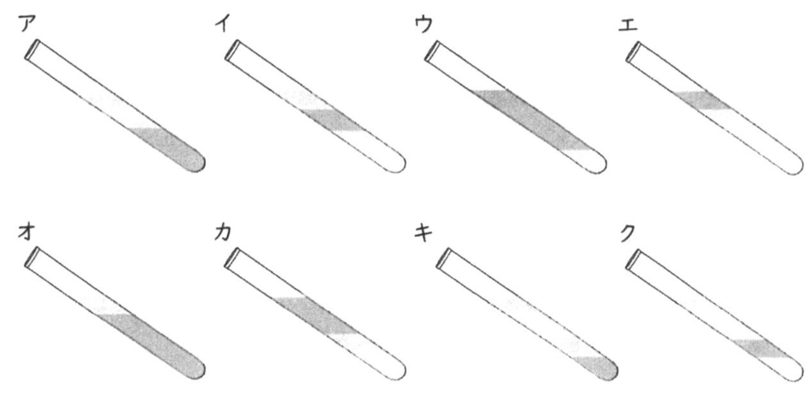

⑹ 下線部②について，スポイト内の水の色がもとに戻り終わったとき，スポイトの水は，色の変化以外に，何がどのように変化しましたか。5～10字で答えなさい。

⑺ 下線部③について，下の文の空らん（A）と（B）にあてはまる言葉として，最も適切な組み合わせを下のア～カの中から選び，記号で答えなさい。

「試験管に氷のつぶを入れていった結果，はじめに（　A　）の水の色が変わり，その後，色が変わった水が（　B　）。」

記号	（　A　）	（　B　）
ア	試験管の底	試験管から消えていった
イ	試験管の底	水面の方に上がっていった
ウ	試験管の中央	試験管から消えていった
エ	試験管の中央	全体に広がっていった
オ	水面近く	試験管から消えていった
カ	水面近く	試験管の底に沈んでいった

⑻ 次のa～eの内容は，【実験１】～【実験３】のうち，どの実験内容と直接関係がありますか。最も適切な組み合わせを次のア～カの中から選び，記号で答えなさい。ただし，どの実験内容とも直接関係がない場合は，「なし」とします。

a. 水の温度を上げると，水にとけるミョウバンやホウ酸の量がふえた。

b. 炭酸水をコップに注ぐと，たくさんの泡が出て，水面に上がってきた。

c. 冬のある日，電車のレールのつなぎめに，すき間があるのを見つけた。

d. できたてのみそしるをおわんに入れると，みそが底からわき上がってきた。

e. 気球が，空中を上がったり，下がったりしていた。

記号	a	b	c	d	e
ア	【実験３】	【実験２】	なし	【実験３】	なし
イ	【実験３】	なし	【実験１】	【実験３】	【実験２】
ウ	【実験３】	【実験２】	なし	なし	【実験２】
エ	【実験３】	【実験２】	【実験１】	なし	【実験２】
オ	なし	なし	【実験１】	【実験３】	【実験２】
カ	なし	【実験２】	【実験１】	【実験３】	なし

【社　会】（30分）　＜満点：60点＞

【注意】 漢字がわからない時は，ひらがなで書いてください。

1　世界地図を見ながら３人が話しています。あとの問いに答えなさい。

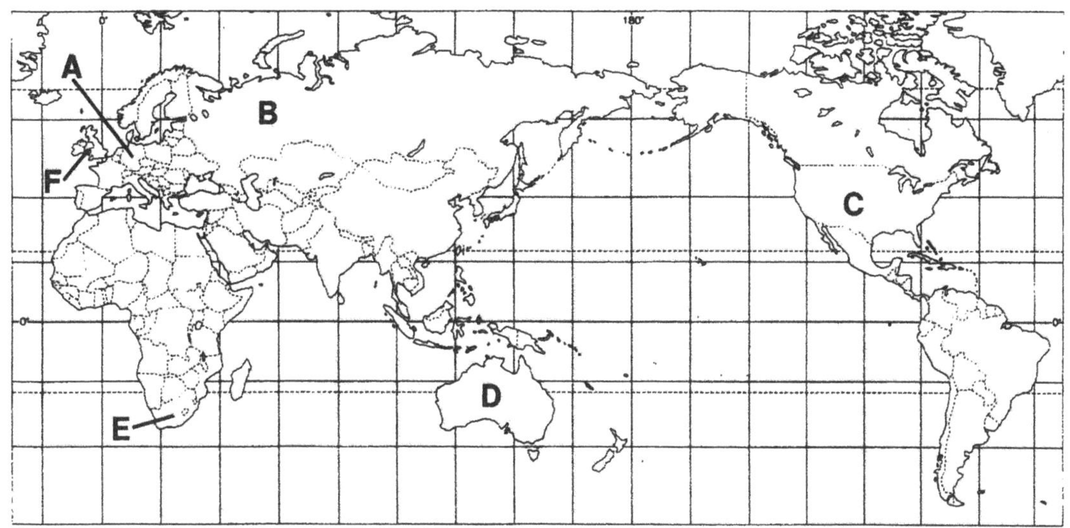

Ｘさん「私は南半球に住んでいます。私の国がある大陸の西側には，㋐大きな海が広がっています。その海を西に進むと南アメリカ大陸につきます。」

Ｙさん「私の国は一つの大陸をなしていて，日本に㋑鉄鉱石や石炭，天然ガスなどを輸出しています。私の国と日本とは，経度はあまり異なりませんが季節は逆です。」

Ｚさん「私の国は大陸の西側にあります。日本は㋒明治時代に，私の国の憲法を参考にしました。二つの国は第二次世界大戦で同盟を組みましたが，今は平和のために協力しています。」

問１　下線部㋐の海洋名を答えなさい。

問２　下線部㋑を原料とした工業について説明した文章の（①）～（④）にあてはまる言葉を答えなさい。

日本では，自動車や建物などの材料として使う（　①　）が大量に生産されています。その工場の多くは，千葉県，愛知県，兵庫(ひょうご)県，広島県，福岡県などの海沿いにあり，それらをつないだ広い範囲(はんい)は（　②　）とよばれていて，工業の発達した地域です。現在，世界の（　①　）生産量の１位は（　③　）で，日本は２位です。しかし，日本では自動車などに使われる品質の良い製品を生産して，外国に輸出しています。近年，（　④　）化が進むことをふせぐために，工場から排出(はいしゅつ)される二酸化炭素を減少させる取り組みが行われています。

問３　Ｙさんの国の位置を世界地図のＡ～Ｆから選び，記号で答えなさい。また，Ｚさんの国名を答えなさい。

問４　日本や世界の国土の広がりに関連した次の文章の空欄(くうらん)にあてはまる数や言葉を答えなさい。

日本は領土の面積が小さいものの（　1　）海里水域の面積は大きい。1970年代後半から，世界各国では，自国の水産資源を守るためにこの水域での外国の船による漁業を制限するようになった。日本の漁業もその影響を受けて，かつおやまぐろをとる（　2　）の生産量が減ってきた。

2　創太さんのつくった学習カードを読んで，問いに答えなさい。

学習カードⅠ

濃尾平野の南西部には、長良川、揖斐川、（ ア ）川という三つの大きな川の下流に位置した海面より土地の低い地域があります。人々は、①土地のまわりを囲むように堤防を築き、大きな排水機場を設置して、水害からくらしを守ってきました。この地域では、豊かな水を生かして水田や畑が広がっています。

学習カードⅡ

この地域で冬に雪が多いのは、北西の（ イ ）風が越後山脈にぶつかるからです。夏は南東の（ イ ）風によって晴れた日が多くなります。豊富な雪解け水と夏の日照時間の長さは稲の生育に適していて、②水田が広がっています。品種改良もすすみ、現在、米の生産量は日本一です。米を原料とした酒造りもさかんです。

学習カードⅢ

石狩平野では稲作が、根釧台地では③酪農がさかんです。人々は、冬の寒さや雪に備え、玄関や窓、屋根などのつくりをくふうしています。一方、夏はすずしく、6月から7月にかけて（ ウ ）がないのもこの地域の特色です。 ④古くからこの地方に住む人たちは、日本語とは異なる言葉をもち、独自の文化と歴史を築いてきました。

問1　文中の（ア）～（ウ）にあてはまる地名や言葉を答えなさい。

問2　下線部①について，土地のまわりをぐるりと堤防が囲んでいるこの地域を何というか答えなさい。

問3　下線部②について，近年，防災や環境の観点から水田のはたらきが見直されていますが，そのことについて正しく述べた文を次のア～エから一つ選び，記号で答えなさい。

ア　水田は水をたくわえるので，雨の降らない水不足のときにも作物を育てることができる。

イ　水をたくわえた水田は太陽の光を反射するので，寒い地域の気温を上げ，初夏の冷害を防ぐ。

ウ　水田は雨水を受け止めて川のはんらんを防いだり，土が流れ出さないようにしたりすることができる。

エ　水田には虫や小動物がいないので，きれいな地下水となって川や海に流れ出し環境を守っている。

問4　下線部③に関連して，根釧台地をはじめとしたこの地域では，以前はバターやチーズなどの乳製品を全国に出荷していました。ところが現在では，牛乳も全国の消費地に出荷されています。その理由として正しいものはA・Bのどちらですか。また，なぜそれを選んだのかをわかりやすく述べなさい。

A　高速船を使って翌日には大きな港に運べるようになったため。

B　飛行機を使って数時間で全国に運べるようになったため。

問5　下線部④について，この先住民族を何といいますか。

問6　学習カードでまとめた地域の都道府県について，

カードⅠの都道府県名を答えなさい。

カードⅡの位置を日本地図から選び記号で答えなさい。

カードⅢの都道府県庁所在地を答えなさい。

なお，地名はひらがなでもかまいません。

問7　次のページのA～Dは気温と降水量を表したグラフで，それぞれ日本地図のア，ウ，オ，クの都道府県庁所在地のいずれかを表しています。その組み合わせとして正しいものを表の（1）～（4）より一つ選び，記号で答えなさい。

	A	B	C	D
(1)	ア	ウ	ク	オ
(2)	ウ	ア	オ	ク
(3)	ク	ウ	ア	オ
(4)	ウ	ア	ク	オ

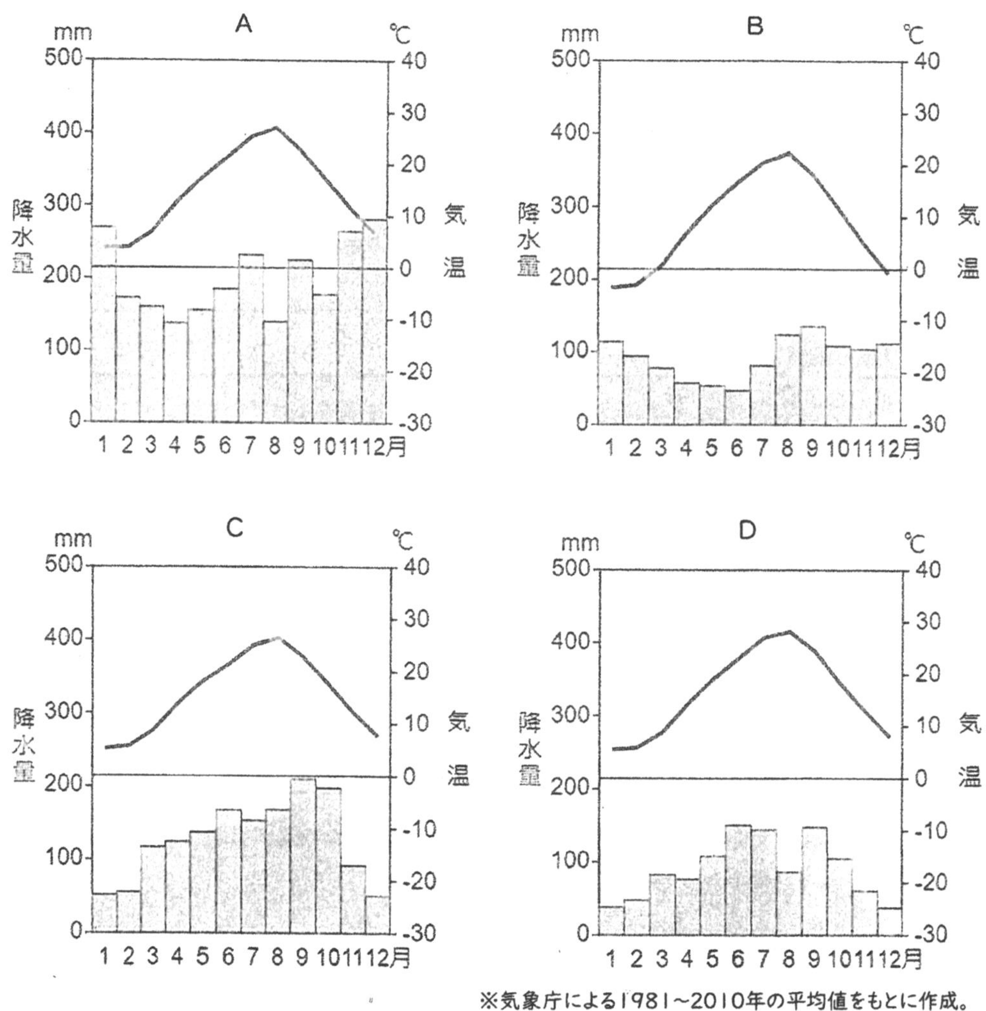

※気象庁による1981～2010年の平均値をもとに作成。

3 創太さんの小学校では，社会の授業で日本の世界遺産を紹介するパンフレットを作成しました。次は5人が作成したパンフレットの一部です。あとの問いに答えなさい。

パンフレットA

> 栃木(とちぎ)県にある日光東照宮(にっこうとうしょうぐう)は、①初代将軍　徳川家康をまつるために建てられました。その後、ばく大な費用と労働力で大規模な建て直しを進めました。全国の大名を引き連れて参拝(さんぱい)をくり返すことで、幕府の権力の大きさを示したと言われています。

パンフレットB

> 広島県にある厳島神社(いつくしまじんじゃ)は、平清盛たち平氏一族が厚く敬った神社です。この神社がある宮島(みやじま)は日本三景としても有名です。清盛は、武士で初めて（　②　）となりましたが、③平氏の政治に対して不満を持つ貴族や武士がしだいに増えていきました。

パンフレットC

２０１９年７月、「百舌鳥・古市古墳群」が、ユネスコの世界遺産に登録されました。４４の古墳が含まれ、中には ④日本最大の古墳もあります。この古墳は全長４８６ｍ、高さは３５ｍあり、完成した当時、たくさんのはにわが並んでいたと考えられています。

パンフレットD

東大寺の正倉院には、聖武天皇の持ち物や宝物がおさめられています。その中には、インドや西アジアでつくられたガラス食器や書物、仏像など、⑤中国から持ち帰ったと考えられるものもあります。また、⑥聖武天皇は、大仏づくりと、国ごとに国分寺を建てることを命じました。

パンフレットE

京都の北山にある鹿苑寺は、金閣とよばれ親しまれています。２・３層に金箔がはりめぐらされており、１９５５年に再建されています。また、京都の東山にある慈照寺は銀閣とよばれ、書院造という建築様式が今の和室のもとになりました。

問１　下線部①について，徳川家康が石田三成らの豊臣方の大名の軍勢に勝利したできごとを何というか答えなさい。

問２　パンフレットBの（②）にあてはまる語句を答えなさい。

問３　下線部③の理由を，次の語句を使い簡単に答えなさい。［語句：天皇，娘］

問４　下線部④に関して，日本最大の古墳の名称を答えなさい。

問５　問４の古墳の位置を次の資料のア～オから一つ選び，記号で答えなさい。

問６　下線部⑤に関して，この時代に，大陸の文化や文物を日本に持ち帰った使いを何というか答えなさい。

問７　下線部⑥の目的を簡単に答えなさい。

問８　パンフレットＥの時代の説明として正しいものをア～エからすべて選び，記号で答えなさい。

ア　足利尊氏の時代に幕府の力が最も強まり，金閣が建てられた。

イ　足利義満は明との国交を開き，その貿易で大きな利益を得た。

ウ　京都の花の御所に，極楽浄土（ごくらくじょうど）を表す平等院鳳凰堂（びょうどういんほうおうどう）が建てられた。

エ　足利義政のあとつぎなどをめぐって，応仁の乱という戦乱がおこった。

問９　Ａ～Ｅのパンフレットを時代が古いものから順に並べたときに，３番目にくるパンフレットの記号を答えなさい。

4　ある日の伸子（のぶこ）さんと先生の会話文を読んで，あとの問いに答えなさい。

伸子：この前，テレビ番組でA四大公害病が取り上げられていました。公害が原因で差別を受けたり，今も病気で苦しんでいる人がいたりすることを知ってびっくりしました。

先生：日本における公害病の歴史は古いんだよ。たとえば，足尾銅山鉱毒事件は聞いたことがあるかな。B産業の発達を優先するあまり，工場排（はい）水と煙が被害をもたらしたんだ。衆議院議員の田中正造が，人々の生命と豊かな環境を守るためにC国会でうったえたんだよ。

伸子：昔の人たちは，公害病の解決のために努力してきたのですね。でも環境（かんきょう）問題という言葉は今でもよく耳にしますよね。ごみの分別に地域のルールがあるのも，環境を守る取り組みの一つですか。

先生：そのとおりだね。皆が安心して生活できる環境を守るためにもD国の協力のもと，地方公共団体がまちづくりを進めているよ。

伸子：県や国，地域の人々の協力があってはじめて，私たちE市民の願いが実現されているのですね。

問１　下線部Ａについて，鉱山から川に流れたカドミウムが原因となり，神通（じんづう）川の下流で発生した公害病を何といいますか。

問２　下線部Ｂに関連して，日清戦争後，賠償金（ばいしょうきん）の一部を使って重工業が発展しましたが，このとき，北九州に建てられた世界遺産にもなっている次の写真の工場の名称を，答えなさい。

問３　下線部Ｃについて，国会の説明として正しいものを一つ選び，記号で答えなさい。

ア　憲法や法律にもとづいて，争いや犯罪を解決し，罪のあるなしを決める。

イ　最高裁判所の長官を指名し，裁判官を任命する。

ウ　国の収入と支出（予算）を話し合って決定する。

エ　法律や予算にもとづいて政治を行う。

問４　下線部Ｄについて，国や都からの補助や，市民が納める税でまちづくりが進められています。これに関連して，あとの問いに答えなさい。

⑴　私たちが納めた税がまちづくりに使われています。特に現在は，少子化や高齢化に対して，どのように予算を使うかが大きな課題となっています。伸子さんが住むＡ市の地方議会では，新たに何を建設するかを話し合い，次の提案が出されました。この提案について，下の資料に触れながら，あなたの考えを述べなさい。

Ａ市の地方議会の提案：
「子どもたちが利用できる児童館(児童センター)を新たに建設する」

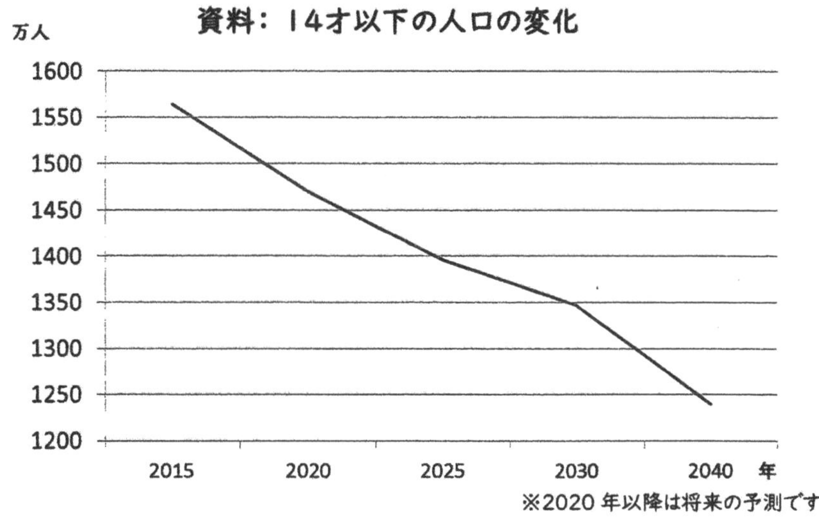

⑵　明治維新の際，土地の値段の３％を貨幣で納めさせるようになりました。このことを何というか，答えなさい。

⑶　右の円グラフは国の予算の支出を表しています。（ア）にあてはまる語句を答えなさい。

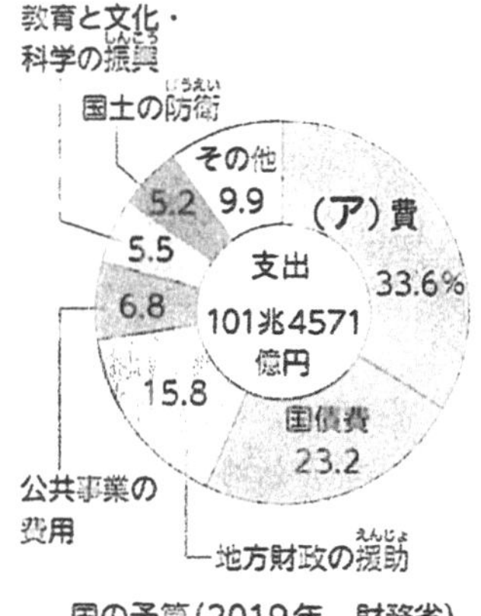

問５　下線部Ｅについて，市民の願いを実現する場として市議会があります。次の文章は市議会の仕事を説明しています。文中の①・②にあてはまる数や言葉を答えなさい。

市議会では市民のうち25才以上が市長や市議会議員に立候補できる。また，(　①　)才以上の市民が選挙で投票する権利を持っている。選挙で選ばれた議員は，児童館（児童センター）の設立やごみ処理，福祉(ふくし)や防災などについて話し合い，予算案を決定している。また，(　②　)の制定や改正の仕事も担(にな)っている。

た。」とありますが、このように物を人に例える表現を何というでしょうか。「～法」と続くようにひらがな三字で答えなさい。

問6　――線部(5)「あの瞬間、ぼくはギターで、ギターはぼくだったような気がする。」とありますが、この時のギターとの関係を含めて、ぼくの気持ちを五〇字以内で説明しなさい。

問7　――線部(6)「この場でだけ起きる小さな奇跡のようでもあった。」とありますが、「小さな奇跡」とはどのようなことですか。それが起きた理由も含めて、八〇字以内で説明しなさい。

いたような顔を見合わせる観客もいたが、一瞬あとには嵐(あらし)のような拍手がわき起こった。

コンサートは大成功だった。目立った(エ)シッパイはだれもおかさなかった。小さなミスはあっても、それに惑(まど)わされることはなかった。本番前のリハーサルで、ジョー先生が親指を立てて「オーケー！」と、さけんだときと同じか、ひょっとしたらもっとうまく演奏できたかもしれない。ぼくも例外ではなかった。

本番直前のみんなの不安と緊張は、演奏を始めるやいなや快い興奮に変わり、それが曲の調べにみがきをかけた。練習の成果にちがいないが、(6)この場でだけ起きる小さな奇跡(きせき)のようでもあった。

（今井恭子『ギフト、ぼくの場合』より）

注　＊葛藤…心の中に相反する動機・欲求・感情などが存在し、そのいずれをとるか迷うこと。
＊高揚感…精神や気分などが高まる感覚のこと。

問1　〰〰線部(ア)～(エ)のカタカナを漢字になおしなさい。

問2　――線部(1)「母さんのもらしたひと言に、ここぞとばかりに飛びついた。」とありますが、それはなぜですか。最も適切なものを選び、記号で答えなさい。

ア．再びギターを弾いていることは秘密にしておいて、コンサートの当日に母さんを驚(おどろ)かせようと思ったから。

イ．今でも父さんに憧(あこが)れてギターを弾いていることを、母さんに気づかれないように話題をそらしたかったから。

ウ．自分が堂々とギターを弾けないのは父親のせいだと思う気持ちを、母さんに気づかれたくなかったから。

エ．自分がギターを弾いていることを知られたくないため、母さんがコンサートに来ないようにしたかったから。

問3　――線部(2)「母さん、学校行事とかいつもサボってばかりなんだから。」と言った時の母さんの気持ちとして、最も適切なものを選び、記号で答えなさい。

ア．学校行事にも参加できないぐらい一生懸命に働く自分を、認めてほしいと思う気持ち。

イ．仕事のために普段(ふだん)の学校行事に参加できていないことを、申し訳なく思う気持ち。

ウ．学校行事にも参加できないぐらいに忙しい仕事のことを、恨(うら)めしく思う気持ち。

エ．仕事のためとはいえ学校行事に参加できていない自分を、許してほしいと思う気持ち。

問4　――線部(3)「そう信じて自分を納得させた。」とありますが、それはなぜですか。最も適切なものを選び、記号で答えなさい。

ア．うそをついてでも母さんを守ろうとした自分のことを、もっとほめてあげたかったから。

イ．うそをついたとしても、母さんとゆっくり話せた時間が何よりも大切だったと信じ込もうとしたから。

ウ．母さんに対してうそをついたということに理由をつけて、自分を正当化したかったから。

エ．母さんのぼくを思う気持ちに対して、うそはやめて誠実に向き合わなければと強く決意したから。

問5　――線部(4)「ギターもピアノもいっしょになって、優しく歌っ

した。心臓がのど元につき上げている。

弾けるだろうか?

初めてそう思った。

拍手(はくしゅ)に迎えられ、ぞろぞろとみんながそれぞれの位置に立つ。最後にジョー先生が登場し、全員そろって一礼して席に着いた。ぼくは客席から見て最前列、先生のすぐ左側だ。

汗(あせ)ばんだ手でおそるおそるギターを取り上げ、慎重(しんちょう)に腰(こし)をおろし、足台に足をのせたら、不思議なことに心はしんと静まっていった。すると、腕(うで)の中にしっくりとおさまった楽器から、名づけようのない熱いものがじかに胸に伝わってきた。胸の鼓動(こどう)は快いリズムに変わっている。

そして、いよいよ最初の一曲。ジョー先生作曲『フォーシーズンズ・山』だ。

先生のタクトに合わせ、全員そろって出だしのワンフレーズ。

弦(げん)をかき鳴らすと同時に、快い興奮が全身をつつんだ。

極端(きょくたん)に緊張しなければ、そこそこ弾けると思っていた。

ギターにまつわる＊葛藤(かっとう)や迷いにわずらわされることさえなければ。

だが、そんな心配は無用だった。最初の一音から、曲そのものに飲みこまれていった。

ギターを弾く喜びが、楽しさが、はっきりとよみがえった。二か月間の練習中にさえ一度も抱(いだ)いたことがなかった熱い思いが、胸をいっぱいに満たした。同時に、限りなく(ウ)ムシンになれた。父さんといっしょに、ボロンとやったあのころのように。

『フォーシーズンズ・山』は、観客にとってなじみのある曲ではなかったが、だれもが自分にとってのなつかしい山々を、その四季の移(うつ)ろいを、耳に聞くような心持ちになった。険しく気高い山ではない。人々の生活を身近に見下ろす山々を、リコーダーが、ピアニカが、うねるように歌いあげた。(4)ギターもピアノもいっしょになって、優(やさ)しく歌った。ときおり生き物の気配や鳥のさえずりを感じさせるのは打楽器だ。

「春」から始まる四楽章の曲が「冬」で終わるころには、それぞれの季節の主旋律(しゅせんりつ)は観客の頭に鮮明(せんめい)に刻みこまれていた。

そのあと『威風堂々(いふうどうどう)』、『海の見える街』、『カントリーロード』など、耳慣れた曲目が続いた。もう緊張したり不安を感じたりする生徒は。だれもいなかった。みんなひとつになって一曲一曲を楽しんで奏(かな)で、奏でる音楽と一心同体になった。この上ない＊高揚感(こうようかん)だった。これこそが音楽の力なのだろう。

『愛のロマンス』は、生徒たちによる最後の曲目だった。水を打ったように静まり返った体育館に、ぼくのギター・ソロが響(ひび)き始める。何百人もの観客の目がぼくひとりに、ぼくの指にくぎ付けになるのがわかった。が、それも一瞬(いっしゅん)のこと。あとはもう、自分がギターを弾いていることさえ忘れたようになって弾いた。

あとから思い出すと、(5)あの瞬間、ぼくはギターで、ギターはぼくだったような気がする。

ぼくのソロが終わると、つぎつぎに楽器が加わってゆき、ジョー先生独自のアレンジの『愛のロマンス』が展開した。最後はだれもが知る冒頭(ぼうとう)のメロディーをギターのソロで始め、同じメロディーを何度もくり返す。そのたびにつぎつぎに楽器が加わってゆき、最後に全楽器がそろったところで、バン!　と幕を閉じた。

こんな『愛のロマンス』は、だれも聞いたことがないだろう。おどろ

そんなことを思ってはいけないはずだから。許されないはずだから。

それに、母さんのことも気がかりだった。母さんにかくれて再びギターを弾いていることは、すごく後ろめたかった。もし母さんに知れたら、思い出したくもないつらいことばかりがよみがえり、母さんを苦しめるのはわかっている。

だからコンサートが近づくにつれ、ギターを上手に弾けるかどうかよりも、母さんに知られたくない、知られたらどうしよう、とそればかりが心配だった。

だから、ある日、⑴母さんのもらしたひと言に、ここぞとばかりに飛びついた。

「十一月四日、日曜日なのに午前中レジに入ってくれないかって、店長が言うの。バイトの子が休むからって。コンサートだもの、断るわね」

「えっ、行けばいいじゃん、行けば。来なくていいよ、コンサートなんか。来ないでよ。はずかしいよ、大したことないんだから。ぼくは、いっぱいいるリコーダーで、遠くからじゃ見えないくらいだし、どうせ何ふいてるのかもわからないしさ」

「でも、毎週練習してきたじゃない」

毎週？

母さんは、練習は水曜日だけのつもりでいる。まさか毎日のように準備室にこもっているなんて、㋐ソウゾウもしていない。ましてやギターを弾いているなんて。

胸がぎゅっと縮んだ。

「それにさ、ジョー先生も、今年はピアノ弾くかどうかわかんないらしいよ」

「そうなの？　だって、澤口常一のピアノ目当てで行く人も多いでしょうに」

「先生、チョー忙しいし、今年はなんか気が乗らないみたいでさぁ」

よくもこうペラペラと、うそがつけたものだ。

「そうなの？　でもねぇ、優太が一生懸命練習してきたんだし、行きたいのよ。⑵母さん、学校行事とかいつもサボってばかりなんだから。コンサート、せっかく日曜日なんだし」

「えー、ほんとにいいってば」

ぼくはそこで作戦を変えた。

「あ、それよりさ、がんばって練習したごほうびにラーメンおごってよ。日曜㋑シュッキンのお給料でさ。ねぇ、そうしようよ。駅のそばにできたラーメン屋、おいしいんだってよ」

母さんは、ラーメンのひと言で、やすやすと折れた。ほっとしたが、悲しかった。きっと久しぶりに外でラーメンを食べさせてやったら、ぼくがすごく喜ぶと思ったのだ。

胸が痛んだが、しょうがない。自分がまいた種だ。それに、たとえ大うそをついてもかくし通した方が母さんのためだ。知らない方がいいことは、たくさんある。⑶そう信じて自分を納得させた。

コンサートの当日、講堂には生徒や保護者のほか、外部からの観客も大勢つめかけた。身動きできないほど満員の立ち見席が、ジョー先生の人気を物語っていた。

開演の時間がせまるにつれ、緊張で徐々に体がこわばってゆく。ステージに出てゆくころには、一歩ごとにひざの関節がきしるような気が

み重なった上に、「おいしいコーヒー」が生まれてくるのです。

（旦部幸博『珈琲の世界史』より）

注　＊嗜好品…栄養としてではなく、香味や刺激を得るために食べたり飲んだりするもの。
＊南北回帰線…赤道をはさんで、南北にそれぞれ緯度二十三度二十六分にあたる線。
＊深煎り…時間をかけて、水気がなくなるまで熱すること。
＊褐色…黒みのある茶色。
＊スコッチウイスキー…スコットランド産のウィスキー。
＊コーヒーミル…コーヒー豆を細かく砕く器具。

問1　〰〰線部(ア)～(エ)のカタカナを漢字になおしなさい。

問2　文章中の空らん（★）にひらがな二字を入れて、ことわざを完成させなさい。

問3　文章中の空らん（A）に入る言葉として、最も適切なものを選び、記号で答えなさい。

ア．一般的　イ．専門的　ウ．具体的　エ．抽象的

問4　文章中の空らん（B）（C）に入る言葉として、最も適切なものを選び、記号で答えなさい。

ア．だから　イ．しかし　ウ．また　エ．もしくは
オ．ただし　カ．ときに

問5　――線部(1)「その大部分」とありますが、「その」が指し示している部分は何ですか。「～大部分」につながるように、文章中から十字以内でさがし、抜き出して答えなさい。

問6　――線部(2)「コーヒーの三原種」とありますが、これについて整理した、次の表の空らんにあてはまる言葉を、条件にしたがって文章中から抜き出して答えなさい。

名前	香りの特徴	味の特徴	【ウ　三字】
アラビカ種	【ア　五字】	適度な酸味	病虫害に弱い
ロブスタ種	香味はアラビカに劣る	【イ　十五字以内】	病虫害に強い
リベリカ種	（品質はアラビカに劣る）	（品質はアラビカに劣る）	ロブスタに劣る

問7　文章中の□で囲まれた段落の内容を、六〇字以内で要約しなさい。

問8　――線部(3)「焙煎の度合い（焙煎度）が「浅煎り→中煎り→深煎り」と進む」とありますが、深煎りになると、どのような味になりますか。四〇字以内で説明しなさい。

問9　コーヒーが生まれる過程をふまえて、文章中の空らん（D）（E）にあてはまる言葉を文章中から漢字二字でそれぞれ抜き出して答えなさい。

二　次の文章を読んで、あとの問いに答えなさい。

《ここまでの内容》
優太（ぼく）は父さんと離れて、母さんと二人で暮らしている。ギターはかつて、ぼくと父さんとをつなぐものだった。

やっぱりギターが好きだ。
ギターを弾くのが好きなんだ。
いつしかそう思っている自分に気づいたときは、おどろいた。

あり、通常は＊深煎りにしてブレンドの材料などに用いられます。（　Ｃ　）カフェイン含量が多いため、インスタントコーヒーなどの加工原料にも利用されています。

残りの一つ、リベリカ種も中央アフリカ西部が原産です。ただし、品質面ではアラビカに劣り、耐病性ではロブスタに劣るため、現在はアジアやアフリカの一部でわずかに栽培されているにすぎません。

> コーヒーノキは、年に1回～数回――国や地域によりますが、通常は雨季のはじめに――ジャスミンのような芳香のある真っ白な花を咲かせ、そのあと6～9ヵ月かけて「コーヒーチェリー」と呼ばれる、赤い（品種によっては黄色の）サクランボ大の果実が熟していきます。果実の中には通常、半球形の大きな種子が2つ、向かい合わせの状態で入っています。この種子こそが、私たちの利用するコーヒー豆です。

農園で収穫された果実は集積場に集められ、その中からコーヒー豆だけを取り出す工程にかけられます。果実の中のコーヒー豆は「パーチメント」という薄い殻で覆われており、ある程度乾燥した状態で機械的に少し力を加えてやれば、殻が剥がれて、中から薄緑色をしたコーヒーの生豆（なままめ、きまめ）を取り出せます。

この工程は「精製」と呼ばれており、

①乾式（ドライプロセス）　別名：ナチュラル

②湿式（ウェットプロセス）　別名：水洗式（ウォッシュト）

③半水洗式（セミウォッシュト）　別名：パルプトナチュラル、ハニー精製など

に大別され、どの方法を使うかは産地や生産者によっても異なります。

精製された生豆は、(ウ)ホカンや輸送中に(エ)ユウガイなカビが生えるのを防ぐために、水分量12％以下まで乾燥させてから消費国に輸出され、次の加工処理である「焙煎」が行われます。

焙煎とは、一言で言うと「生豆を乾煎りにする」こと。焙煎機という機械を使って、180～250℃くらいまで生豆を加熱します。その過程で水分が蒸発し、生豆は次第に＊褐色、黒褐色に変化し、香ばしい匂いと苦味を持った「焙煎豆」に生まれ変わるのです。

(3)焙煎の度合い（焙煎度）が「浅煎り→中煎り→深煎り」と進むに連れて、豆の色が黒くなっていくだけでなく、味や香りも大きく様変わりします。一般に浅煎りは苦味が弱く、焦がし砂糖やナッツのような香ばしさや酸味に秀でます。その後、深煎りになるにしたがって酸味は弱まり、苦味が強まるとともに、ビターチョコレートや＊スコッチウイスキーを思わせる重厚な香りや、複雑で奥深いコクのある味わいへと変化していきます。

焙煎された豆は、＊コーヒーミルで小さく砕いた後、その中の成分をお湯（または水）に溶かし出します。この工程が「抽出」です。ペーパードリップやネル（布）ドリップ、コーヒーサイフォンやエスプレッソなど、さまざまな種類のコーヒー抽出器具があり、そのどれを使ってどう淹れるかでも、コーヒーの味わいは変わります。

私たちが飲むコーヒーは、このように、じつに多くの過程を経て出来上がっています。生豆の品質や品種、（　Ｄ　）法の違い、焙煎度や（　Ｅ　）法、そしてその技術の良否など、さまざまな要因が積

【国　語】（四五分）〈満点：一〇〇点〉

【注意】 一、句読点（。）（、）などの記号や、かぎかっこ（「）（」）は字数として数えます。

二、文章中の難しい言葉には、＊をつけて、文章の最後に注をつけています。

一　次の文章を読んで、あとの問いに答えなさい。

我々が普段何気なく飲んでいるコーヒー。それは、コーヒーノキというアカネ科の植物の種子（コーヒー豆）から作られる飲み物です。お茶やココアと同様にカフェインを含み、たんにおいしい飲み物としてだけでなく、仕事や勉強の合間の気分転換や、眠気覚まし、ストレスの緩和などの(ア)コウカ――（　A　）な言い方をすれば、精神薬理的作用――を持つ＊嗜好品としても、世界中の人々に親しまれています。

現在、その総消費量は(イ)タンジュン計算で1日あたり、なんと約25億杯。水、お茶（1日約68億杯）に次ぐ世界第3位の飲み物です。ただし、1杯あたりに使う分量が、茶葉は約2gなのに対し、コーヒー豆は約10gのため、原料の総消費量では茶を上回っています。

国別で見ると北欧諸国の消費が最も多く、第1位のフィンランドは1人あたりの平均で1日3・3杯。アメリカは1・2杯で、日本は1・0杯……つまり、平均すると日本人全員が毎日1杯ずつ飲んでいる計算になります。

（中略）

コーヒーの原料となるコーヒーノキは、アフリカ大陸原産の常緑樹です。熱帯産で寒さに弱く、通称「コーヒーベルト」と呼ばれる＊南北回帰線の間の、熱帯から亜熱帯にかけての国々で栽培されています。

（　B　）「熱帯産」とは言っても、もともと標高が高い山地の森の中で、背の高い樹々の陰に生える植物のため、強い日差しや暑さにも割と弱く、年間を通じて気温が15～25℃になる標高1000～2000mの高地が、良質なコーヒー作りにはもっとも適しています。

世界のコーヒー豆の総生産量は、現在、年間約900万トン（60kg入り麻袋で取引され、それで換算すると約1億5000万袋）。最大生産国であるブラジルが世界の約3分の1を占め、以下、ベトナム、コロンビア、インドネシア……と続きます。(1)その大部分はアメリカ、ヨーロッパ、日本などの消費国への輸出品です。輸出総額は多い年で200億ドルにも上り、熱帯地方産の一次産品の中では石油に次いで第2位の、重要な取引商品だと言われています。なお、近年では生産国の国内消費も増えつつあります。

コーヒーノキの仲間（アカネ科コフェア属）は、現在125の植物種が知られていますが、主に栽培されているのは、アラビカ種とロブスタ種（植物学上の正式名称はカネフォーラ種）で、これにリベリカ種を加えた3種類を「(2)コーヒーの三原種」と呼んでいます。

このうちアラビカ種は、エチオピア西南部のエチオピア（アビシニア）高原が原産です。優れた香りと適度な酸味で、もっとも高く評価されていますが、病虫害に弱いのが（　★　）にキズ。これが現在、世界の生産量の6～7割を占めています。

残りの3～4割を占めるのがロブスタ種。中央アフリカの西部が原産で、香味の面ではアラビカ種に比べて低評価ですが、病虫害に強くて収量も多く、比較的低地でも栽培できることから、＊耐病品種として広まりました。酸味が乏しく、きつい苦みと独特の土臭さ（ロブスタ臭）が

大切なことはメモしておこうネ！

T・G

2021年度

解　答　と　解　説

《2021年度の配点は解答欄に掲載してあります。》

<算数解答>

1　(1)　13　(2)　$\frac{5}{8}$　(3)　0　(4)　97　(5)　500円

2　(1)　108°　(2)　火曜日　(3)　12cm　(4)　14日　(5)　49個　(6)　解説参照

3　(1)　111　(2)　357　(3)　1045

4　(1)　$214.2cm^3$　(2)　$216.18cm^2$　(3)　解説参照

5　(1)　時速21km　(2)　15km　(3)　28分後

○推定配点○

各5点×20　計100点

<算数解説>

1　(四則計算，数の性質，割合と比)

(1)　9＋12÷3＝13

(2)　$\frac{5}{6}\times\frac{3}{4}=\frac{5}{8}$

基本　(3)　右の筆算より，A＝0

```
      4 [7]
×   [4] 3
-----------
  [1][4] 1
[1][8] 8
-----------
[2][A][2] 1
```

基本　(4)　4，6の公倍数＋1で100に最も近い整数は12×8＋1＝97

基本　(5)　650÷(1＋0.3)＝500(円)

重要　2　(割合と比，グラフ，平面図形，2量の関係，仕事算，速さの三公式と比，平均算，論理)

基本　(1)　360÷210×63＝108(度)

(2)　金曜日から30－21＋2＝11(日)，曜日が後になるので11÷7＝1…4より，2030年元日は火曜日

(3)　50－30＝20(g)の重さで19.5－16.5＝3(cm)ばねが伸びるので，ばね自体の長さは16.5－3÷20×30＝12(cm)

(4)　仕事全体の量を20，30の最小公倍数60にすると，太郎さん，健太さんそれぞれの1日の仕事量は60÷20＝3，60÷30＝2である。したがって，仕事の日数は5＋(60－3×5)÷(3＋2)＝14(日)

(5)　右図において，○は空箱，●はお菓子を表す。空箱は3個ずつ150÷3＝50(行)あるので，お菓子の個数は50－1＝49(個)

```
○ ○ ○ ○
● ○ ○ ○
⋮       ⋮   } 50行
● ○ ○ ○
● ○ ○
```

(6)　(例)　片道の距離を20km，30kmの最小公倍数60kmにすると，往復の時間は60÷20＋60÷30＝5(時間)である。したがって，往復の平均時速は60×2÷5＝24(km)

重要　3　(数列・規則性)

1番目が6であり，N番目の数は6＋1＋2＋…＋(N－1)＝6＋N×(N－1)÷2で表される。

(1)　15番目の数…6＋15×14÷2＝111

(2)　7×2＋1＝6＋9＝15，9×2＋1＝7＋12＝19，42×2＋1＝34＋51＝85　したがって，□×2＋1＝331＋384＝715，□＝(715－1)÷2＝357

(3)　110 番目…6＋110×109÷2＝6＋55×109　　100番目…6＋100×99÷2＝6＋50×99　　したがって，これらの差は55×109－50×99＝55×100－50×100＋55×9＋50＝1045

重要 4　(平面図形，立体図形)

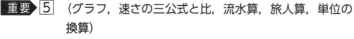

(1)　右図1より，(3×3×3.14÷2＋6×5)×4＋2×2×3.14÷2×6＝30×3.14＋120＝214.2(cm³)

(2)　(3×3×3.14÷2＋6×5)×2＋(6×3.14÷2＋5×2)×4＋2×2×3.14＋4×3.14÷2×6＝(9＋12＋4＋12)×3.14＋60＋40＝37×3.14＋100＝216.18(cm²)

(3)　右図2のような，展開図の例がある。

重要 5　(グラフ，速さの三公式と比，流水算，旅人算，単位の換算)

(1)　下りの分速…9÷20＝0.45(km)　　上りの分速…9÷(91－55)＝0.25(km)　　したがって，静水での分速は(0.45＋0.25)÷2＝0.35(km)，時速は0.35×60＝21(km)(図ア参照)

(2)　(1)より，下りの分速は0.45km，C地点を過ぎた後の川の速さは(0.45－0.35)÷2＝0.05(km)

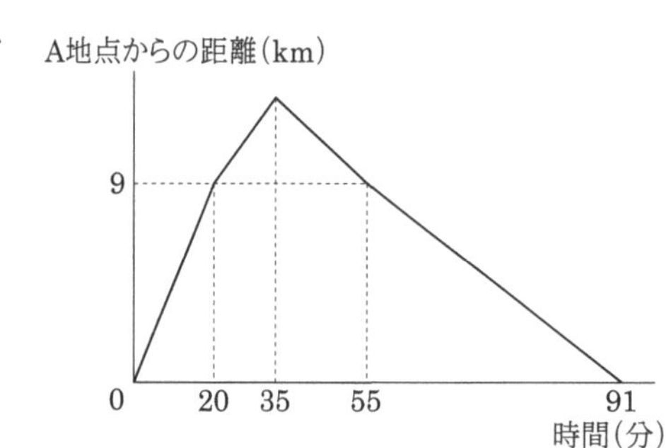

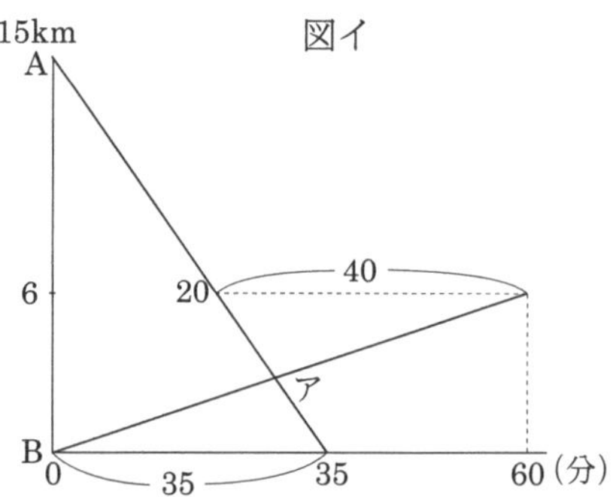

したがって，川の長さは0.45×20＋(0.35＋0.05)×(35－20)＝9＋6＝15(km)

(3)　(1)・(2)より，別の船の上りの分速は9÷60－0.05＝0.1(km)であり，BC間を6÷0.1＝60(分)で上る。図イにおいて，頂点アを共有する2つの三角形は相似であり，相似比は35：(60－20)＝7：8である。したがって，2そうの船が出会った時刻は60÷(7＋8)×7＝28(分後)

★ワンポイントアドバイス★

2(5)「空箱4個とお菓子1個」の交換は，交換したお菓子の空箱もさらにお菓子に交換するという意味である。3「数列・規則性」で差がつきやすいが，数列の規則に気付けば，難しい問題ではない。

＜理科解答＞

1　(1)　根　(2)　空気　(3)　結果　×　理由　D　(4)　ヨウ素液　(5)　子葉
(6)　a　×　b　△　c　○

2　(1)　1.2m　(2)　地点　④　理由　風通しの良い場所だから。　(3)　－2℃

(4) オ　(5) ア ○　イ 小さい　ウ 午後2時[14時]
3 (1) 7マス　(2) 1.4秒　(3) ガリレオ・ガリレイ　(4) 1.5秒　(5) ウ
4 (1) イ　(2) エ　(3) エ　(4) イ　(5) エ→カ→ウ　(6) 体積がへる。
(7) カ　(8) オ

○推定配点○
各2点×30(4(5)完答)　計60点

＜理科解説＞

1 (生物―植物)

重要 (1) インゲンマメの種子は，根から先に出る。

重要 (2) 条件①と③を比べると，発芽に空気が必要なことがわかる。

基本 (3) 条件⑤と⑥と⑦を比べると，発芽に光は必要ないが，20℃（適温）の条件が必要だとわかる。

重要 (4) でんぷんが必要かどうかを調べる薬品は，ヨウ素液である。

重要 (5) インゲンマメの種子は，子葉にでんぷんをたくわえている。

基本 (6) a インゲンマメは，水と空気と適当な温度の3つの条件がないと発芽しないので，aは×である。 b 肥料を与える条件は行っていないので，この実験結果から肥料を与えると早く発芽をさせることができるかどうかはわからないので，bは△である。 c 条件⑥からインゲンマメは白色LEDライトでも成長することができるとわかるので，cは○である。

重要 2 (気象)

(1) 気温は，地面から1.2～1.5mの高さで測る。

基本 (2) 気温の観測は，風通しの良い④が最も適している。

(3) 0℃よりも下の位置に温度計の液面があるので－2℃である。

(4) 日本付近の雲は，春には偏西風の影響で，雲は西から東に移動することが多い。7月から10月ごろ熱帯で発生するのは，台風である。冬は日本海側で雨や雪になることが多い。

(5) ア 黒っぽい雲は厚みがある雲であり，雨を降らしやすいので，アは○である。 イ 1日の中での気温の変化は晴れの日のほうが雨の日よりも大きい。 ウ 晴れの日の気温は午後2時ごろ最も高くなる。

3 (力のはたらき―物体の運動)

重要 (1) ふりこの長さは，支点からおもりの重心までの長さである。

重要 (2) ふりこの周期はふりこの長さによって決まる。よって，ふりこの長さが50cmのとき，表から10往復にかかる時間が，14秒なので，1往復にかかる時間は1.4秒となる。

(3) ふりこのきまりを発見したのは，ガリレオ・ガリレイである。

やや難 (4) ふりこの周期は右図1のように矢印4つ分を移動するのにかかる時間であると考える。右図2より，100cmのふりこは矢印2個分，25cmのふりこは矢印2個分で1往復するので，実験2のふりこの1往復にかかる時間は，1(秒)＋0.5(秒)＝1.5(秒)となる。

図1

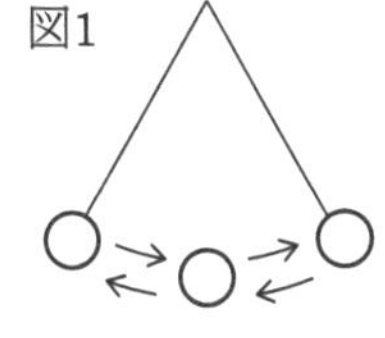

図2

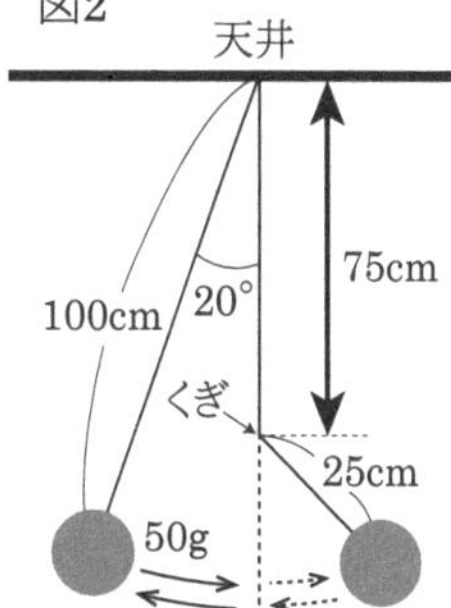

やや難 (5) 実験3から，棒をゆらす速さを速くすると③(一番長さの短いふりこ)が大きく動くので，棒をゆらす速さを遅くすると①(一番長さの長いふりこ)が大きくゆれると考えられる。2016年の熊本地震はゆれが1往復する時間が長い地震

であったので，高さの高い超高層ビルでのゆれが大きかったと考えられる。

4 (熱—熱の伝わり方)

重要 重要 (1) 球を加熱すると，球の体積が大きくなり，輪を通ることができなくなる。輪を通らなくなった直後に輪を十分に熱すると輪の大きさが大きくなり，球は輪を通る。

基本 (2) 熱した場所に近い所から順に熱が伝わる。このような熱の伝わり方を伝導という。

基本 (3) 暖かい空気は軽いので，①の天井と水平に風を吹き出すと，天井付近だけ暖まり，床は暖まらない。よって，エが正解となる。

基本 (4) 冷たい空気は重いので，②の下向きに風を吹き出すと，床だけが冷やされ，天井は冷やされない。よって，イが正解となる。

重要 (5) 暖まった水は軽くなるので，試験管の水の色は，エ→カ→ウの順に変化する。

やや難 (6) 暖まった水は冷えると体積が小さくなる。

基本 (7) 試験管に氷の粒を入れると，水の体積が小さくなり重くなる。よって，水面の水は下に沈み，暖い試験管の底の水が水面に行くため，水面の色が変わる。その後は色のついた水も冷やされるので，試験管の底に沈む。

(8) a 水に何かを溶かす実験は行っていないので，aはなしである。 b 炭酸水に溶けている二酸化炭素が水面に上がるためたくさんの泡がでるが，実験は行っていないので，bはなしである。 c 冬にレールは寒さによって，収縮する。熱による体積変化を調べたのは実験1である。 d 液体の対流を実験したのは，実験3である。 e 熱によって空気が軽くなったり重くなったりする実験をしたのは，実験2である。

★ワンポイントアドバイス★

選択肢をよく読み，消去法で対応しよう。

<社会解答>

1) 問1 大西洋 問2 ① 鉄鋼[鉄] ② 太平洋ベルト ③ 中華人民共和国[中国] ④ 地球温暖 問3 Yさん D Zさん ドイツ 問4 (1) 200 (2) 遠洋漁業

2) 問1 (ア) 木曽 (イ) 季節 (ウ) 梅雨 問2 輪中 問3 ウ
問4 (記号) A (理由) (例) 飛行機で牛乳を運ぶと輸送費がかかってしまい，一度に大量に運べる高速船の方が費用がかからないから。 問5 アイヌの人々
問6 (カードⅠ) 岐阜県 (カードⅡ) イ (カードⅢ) 札幌市 問7 (4)

3) 問1 関ヶ原の戦い 問2 太政大臣 問3 娘を天皇のきさきにして平氏中心の政治を行ったから 問4 大仙古墳[仁徳陵古墳] 問5 エ 問6 遣唐使 問7 仏教の力で世の中を治め，政治を安定させようとした 問8 イ・エ 問9 B

4) 問1 イタイイタイ病 問2 八幡製鉄所 問3 ウ 問4 (1) (例1) 資料によると，14才以下の人口が将来的に減少すると予測されているが，A市の提案が実現すれば，子育てしやすい環境を整えることができ，少子高齢化の解消につながると考えられる。 (例2) 資料によると，14才以下の人口が将来的に減少すると予測されているため，A市の提案では無駄な支出をすることになる。高齢者が安心して生活できるよう，新たに介護施設を建設する方が優先である。 (2) 地租改正 (3) 社会保障 問5 ① 18 ② 条例

○推定配点○
1 各1点×9　2 問4　7点　他　各1点×10
3 問3・問7　各5点×2　他　各1点×7(問8完答)
4 問4(1)　10点　他　各1点×7　計60点

＜社会解説＞

1 (地理―日本の国土と自然・産業・世界地理など)

基本 問1　ヨーロッパ，アフリカと南北アメリカに囲まれた世界第2位の海洋。

問2　①　一般的に鉄鉱石を高炉でコークスを用いて還元して製造。産業の中核を担うことから産業のコメと呼ばれる。　②　日本の人口や産業が集中，経済活動の大半が営まれている地域。　③　2000年以降中国の生産が急拡大，現在では世界の50%以上を生産している。　④　化石燃料の大量使用により温室効果を持つCO_2が増大，地球の温暖化を加速している。

問3　Y　石炭や鉄鉱石，天然ガスなどの最大の輸入先であるオーストラリア。　Z　ヨーロッパ最大の工業国であり，冷戦終結後の1990年に東西統一されたドイツ。

重要 問4　(1)　沿岸国が水域の生物，海底資源に対し管轄権を持つ排他的経済水域。海洋国日本は200カイリを含めると世界10位前後の大国となる。　(2)　かつては日本を代表する漁業であったが1970年代以降は急減，現在では養殖の3分の1程度に過ぎない。

2 (日本の地理―国土と自然・産業など)

問1　ア　飛驒・木曽山脈の間を南西に流れ伊勢湾にそそぐ大河。　イ　大陸と海洋の季節的な温度差で生ずる風。　ウ　オホーツク高気圧と小笠原高気圧が日本列島に停滞して発生。

問2　母屋は盛土をした高いところに建て，さらに高いところに避難所を設ける家もみられる。

問3　水田は大きな水がめであり自然のダムといわれる。夏には水面からの蒸発により気温の上昇が抑えられたり，いろいろな生物の成長の場になるなど多面的な機能を持っている。

問4　運賃の高い航空輸送は小型軽量で比較的価格の高いものの輸送に向いている。

問5　2019年にはアイヌ民族を日本の先住民族と初めて明記したアイヌ新法も成立，アイヌの人々の民族としての誇りが尊重される社会の実現を目指している。

問6　Ⅰ　岐阜市の長良川で篝火(かがりび)を焚いて行われる鵜飼は観光名所として知られる。　Ⅱ　冬季の積雪のため米の単作地帯となっており，コシヒカリなどのブランド米が有名である。　Ⅲ　日本第5位の大都市で北海道民の約40%が集中している。

重要 問7　A　冬季の雪による降水量が多い日本海側の気候。　B　気温が低く降水量も少ない北海道の気候。　C　夏の降水量の多い太平洋側の気候。　D　温暖で降水量の少ない瀬戸内の気候。

3 (日本の歴史―原始～近世の政治・文化・外交など)

問1　東西両軍が関ヶ原で激突したが戦闘はわずか1日で終了，豊臣秀頼は畿内の一大名に転落し徳川政権樹立への道が開かれることになった戦い。

問2　律令下で左・右大臣の上に位置する国政を統括する最高官。しかし，摂政・関白が常置されるようになった10世紀以降は名誉職となっていた。

問3　平清盛は一族を次々と政府の要職につけるとともに知行国や膨大な荘園を支配，さらに娘・徳子を天皇の后としその子・安徳天皇を皇位につけ平氏政権を確立した。

問4　5世紀ごろに築かれた3層の濠に囲まれた巨大古墳で仁徳天皇陵に指定されている。

問5　大陸と行き来する船の発着地である大阪湾を望む台地に，その権威を示すように建設された。

重要 問6　7～9世紀，15回にわたり派遣され日本の政治，文化の発展に大きく貢献した。その後，唐の衰退や民間交易の発展によりその意味が薄れ，894年菅原道真の建議により廃止された。

問7　当時は天然痘が大流行，有力貴族が反乱を起こすなど社会不安が高まっていた。聖武天皇は平城京を捨て5年もの間各地を彷徨(ほうこう)，やがて仏教による鎮護国家を目指した。

問8　足利義満は「日本国王臣源」と称して明に朝貢。応仁の乱は足利義政の後継や畠山氏など有力守護大名の家督争いを契機に発生。金閣や花の御所を建てたのは義満。

重要 問9　C(古墳)→D(奈良)→B(平安)→E(室町)→A(江戸)の順。

4　(総合―公害・近代の社会・政治のしくみ・地方自治など)

問1　鉱山から流出したカドミウムに汚染された農産物や飲用水を介して発生，「痛い痛い」と訴えたことから命名された。水俣病などと並ぶ4大公害裁判の一つ。

問2　日本最大の筑豊炭田の活用と中国大陸の鉄鉱石の輸入に便利な北九州の地に建設。日露戦争後は生産が急増，国内生産の7割を占めるなど重工業部門の産業革命に大きく貢献した。

重要 問3　予算は内閣が作成，国会の議決を経て成立する。アは裁判所，イとエは内閣。

問4　(1)　日本の出生数は一貫して低下，少子化に歯止めはかからず街づくりにも大きな影響を与えている。一方高齢化は進展し年金などの費用は拡大，厳しい財政運営が求められている。
(2)　収入が安定しない年貢では予算の作成もできず明治政府は地租を導入することで財政の安定を図った。　(3)　日本の高齢化率は28%を上回り世界でも群を抜いて高い。そのため年金や健康保険などが支出の3割以上を占め財政を圧迫している。

問5　①　2015年，公職選挙法が改正され高校生を含む18歳以上の人に選挙権が与えられた。
②　地方議会が法令の範囲内で制定する決まりで懲役などの罰則を設けることもできる。住民も一定数の署名でその制定や改廃を直接請求することが認められている。

★ワンポイントアドバイス★

記述問題はポイントを簡潔にまとめることが大切である。主語・述語など文のつながりに注意し字数などは後で調整しよう。

＜国語解答＞

一　問1　(ア)　効果　(イ)　単純　(ウ)　保管　(エ)　有害　問2　たま　問3　イ
問4　B　オ　C　ウ　問5　世界のコーヒー豆の(大部分)　問6　ア　優れた香り
イ　酸味が乏しく，きつい苦み　ウ　耐病性　問7　(例)　コーヒーノキは年に数回，白い花を咲かせ，その後に赤い果実が熟す。その中に半球形の種子が2つあり，これがコーヒー豆である。　問8　(例)　酸味は弱まり，苦みが強まるとともに，複雑で奥深いコクのある味わいへと変化する。　問9　D　精製　E　抽出

二　問1　(ア)　想像　(イ)　出勤　(ウ)　無心　(エ)　失敗　問2　エ　問3　イ
問4　ウ　問5　ぎじん(法)　問6　(例)　自分がギターを弾いていることさえ忘れるくらい，ギターを弾くことに夢中になって楽しんでいる気持ち。
問7　(例)　みんなひとつになって一曲一曲を楽しんで奏で，奏でる音楽と一心同体になっていった。そのことで，今まで以上の大成功の演奏をすることができたということ。

○推定配点○

一　問1・問2・問4　各2点×7　　問7・問8　各8点×2　　他　各4点×7

二　問1・問5　各2点×5　　問6　8点　　問7　12点　　他　各4点×3

計100点

＜国語解説＞

一　**(論説文－大意・要旨・細部の読み取り，指示語，接続語，空欄補充，漢字の書き取り，ことわざ)**

基本　問1　(ア)の「効」の訓読みは「き(く)」。(イ)は，簡単でこみいっていないこと。(ウ)は，保存して管理すること。(エ)は，害があること。

問2　「たまにキズ」の「たま(玉)」は宝石，「キズ」は表面についた傷のこと。ほとんど完全なのに，わずかな欠点があることのたとえ。

重要　問3　空らんAは，精神医学の用語である「精神薬理的作用」に対するものなので，ある分野にかかわるさまを表すイが適切。アは，広く行きわたって認められているさま。ウは，はっきりとした実体を備えているさま。エは，共通なものを抜き出して，それを一般化して考えるさま，または，実際の形態や内容をもたないさま。ウとエは反対語の関係にある。

問4　空らんBは，直前の「熱帯産」の意味を補う内容が続いているので，「ただし」が適切。空らんCは，直前の内容につけ加えた内容が続いているので，「また」が適切。

問5　傍線部(1)は，直前で述べているように「世界のコーヒー豆」を指し示している。

問6　アは「アラビカ種」の「香りの特徴」で，傍線部(2)直後の段落で「アラビカ種」は「優れた香り」であることを述べている。イは「ロブスタ種」の「味の特徴」で，「残りの……」で始まる段落で「ロブスタ種」は「酸味が乏しく，きつい苦み」であることを述べている。ウの項目について，「残りの一つ……」で始まる段落で「リベリカ種」が「ロブスタに劣る」のは「耐病性」であることを述べている。

やや難　問7　□部分では，コーヒーノキが年に数回，白い花を咲かせる→赤い果実が熟す→その果実の中に半球形の大きな種子が2つあり，これがコーヒー豆である，ということを述べているので，コーヒーノキの種子＝コーヒー豆ができるまでを，指定字数以内で端的に要約する。

重要　問8　傍線部(3)のある段落後半で，「深煎りになるにしたがって酸味は弱まり，苦みが強まるとともに」「複雑で奥深いコクのある味わいへと変化してい」くことを述べているので，これらの内容を指定字数以内で説明する。

重要　問9　空らんD直後に「法の違い」とあることから，Dには，「この工程は……」で始まる段落で，①～③で工程を大別して述べている「精製」があてはまる。空らんEは，Dの「精製」後の「焙煎」の次の工程なので，「焙煎された……」で始まる段落で述べている「抽出」があてはまる。

二　**(小説－心情・情景・細部の読み取り，漢字の書き取り，表現技法，記述力)**

基本　問1　(ア)は頭の中に思い描くこと。同音異義語で，新しいものをつくり出すという意味の「創造」と区別する。(イ)は，勤め先に出かけること。(ウ)は，心に迷いや雑念がないこと。(エ)の「失」を「矢」とまちがえないこと。

問2　傍線部(1)前で，「ぼく」がギターを弾いていることを母さんが知ったら，母さんを苦しめることになるのはわかっているので，母さんがコンサートに来て，ギターを弾いていることを知られたらどうしよう，と心配している「ぼく」の心情が描かれている。そのコンサートの日に仕事が入ってしまうかもしれないと言う母さんがコンサートに来ないようにしたかったため，「ぼく」は(1)のようにしているので，エが適切。コンサートに来ないようにしたい「ぼく」の心情を説明していない他の選択肢は不適切。

問3　傍線部(2)からは，普段は学校行事を「サボって」＝行けていないことを申し訳なく思い，だから優太(＝「ぼく」)が一生懸命練習してきたコンサートに行きたい，という母さんの気持ちが読み取れるので，イが適切。仕事で学校行事に参加できていないことを申し訳ないと思っていることを説明していない他の選択肢は不適切。

重要　問4　傍線部(3)は，ギターを弾いていることを知られないために母さんにうそをついているのは，「かくし通した方が母さんのためだ」という理由で，自分を正当化していることを表しているので，ウが適切。「自分を納得させた」＝母さんについているうそを正当化していることを説明していない他の選択肢は不適切。

問5　傍線部(4)は「ぎじん(擬人)法」である。

やや難　問6　傍線部(5)前で描かれている，「自分がギターを弾いていることさえ忘れたようになって弾いた」という「ぼく」の心情から，「ギターとの関係」＝自分がギターを弾いていることさえ忘れるくらい，ギターを弾くことに夢中になって楽しんでいる，という気持ちが読み取れるので，直前の描写をふまえて，「ぼく」が楽しんでいる気持ちを説明する。

やや難　問7　傍線部(6)の「この場」は，みんなで演奏しているステージのことで，「『春』から始まる……」から続く2段落で，「みんなひとつになって一曲一曲を楽しんで奏で，奏でる音楽と一心同体になっていった」こと，また，(6)前で，「コンサートは大成功」で，リハーサルより「もっとうまく演奏できたかもしれない」という「ぼく」の心情が描かれているので，これらの描写をふまえて，「小さな奇跡」＝コンサートで大成功の演奏をすることができたことを説明する。

★ワンポイントアドバイス★

論説文・説明文では，テーマをどのように説明しているか，論の流れを追っていくことが重要だ。

2020年度

★★★★★★★★★★★★★★★★★★★★★★★★

入　試　問　題

2020年度

創価中学校入試問題

【算　数】（45分）　＜満点：100点＞
【注意】 定規(じょうぎ)・コンパス・分度器・計算機を使わずに答えてください。

1 次の問いに答えなさい。

(1) $7+4\div0.5\times(12-5)$ を計算しなさい。

(2) $\frac{5}{6}+\frac{1}{3}-\frac{3}{4}$ を計算しなさい。

(3) ある数を７で割ると，商が12，あまりが５です。ある数とは何ですか，答えなさい。

(4) $4\times(6+2\times4)\div2\times7=\square\times\square$
この式の□には同じ数が入ります。□に入る数は何ですか，求めなさい。

2 次の問いに答えなさい。

(1) 11人で美術館に行きました。入館料は大人1300円，子ども500円で，11人の合計は11100円でした。大人と子どもの人数は何人ですか。

(2) ある中学校の部活動の人数の比を調べました。野球部とサッカー部の人数の比は ４：７，野球部とテニス部の人数の比は ３：５ でした。サッカー部の人数が21人のとき，テニス部の人数は何人ですか。

(3) １周480mの池の周りを１周するのに，Ａさんは６分，Ｂさんは４分かかります。Ａさんが進み始めて１分後に，ＢさんはＡさんがスタートしたところから反対方向に進み始めます。２人はＡさんがスタートしてから何分後に出会いますか。

(4) 下のグラフは，ある水族館の８月と９月の来場者の年代別の割合を表したものです。このグラフについて，Ａさん，Ｂさん，Ｃさんが次のページのように話していますが，この中に１人だけまちがったことを言っている人がいます。その人は誰(だれ)ですか。また，考えのもとになる計算を入れて，理由を説明しなさい。

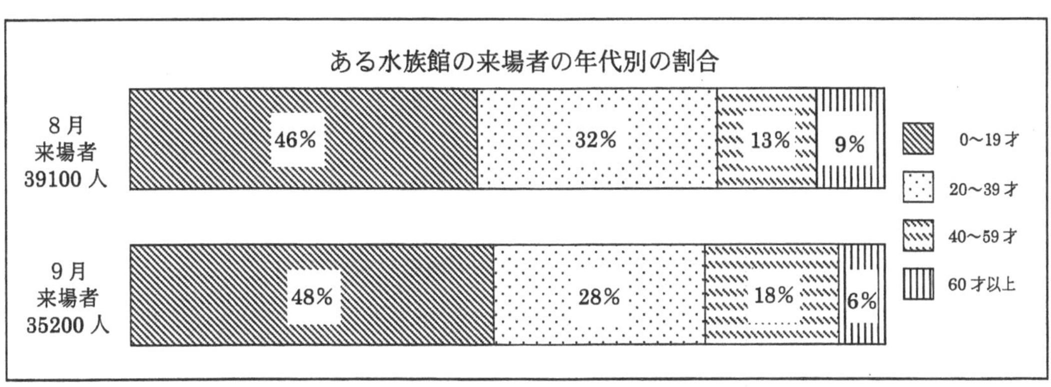

Aさん 「８月に比べて，9月は20才未満の人数が増えているね」

Bさん 「２か月とも，来場者の$\frac{3}{4}$以上が０～39才だね」

Cさん 「９月は，20才未満の来場者数は60才以上の８倍だね」

3 下の図のように，１㎝間隔（かんかく）のマス目の入った一辺15㎝の厚紙があります。この厚紙を線にそって四隅（よすみ）から同じ大きさの正方形を切り取り，残った厚紙でふたのない箱をつくるとき，次の問いに答えなさい。

⑴ 何通りの箱ができますか，答えなさい。

⑵ できた箱の辺の長さがすべて等しくなるとき，箱の容積を求めなさい。

⑶ できた箱の容積が最も大きくなるとき，切り取る正方形の一辺の長さを求めなさい。

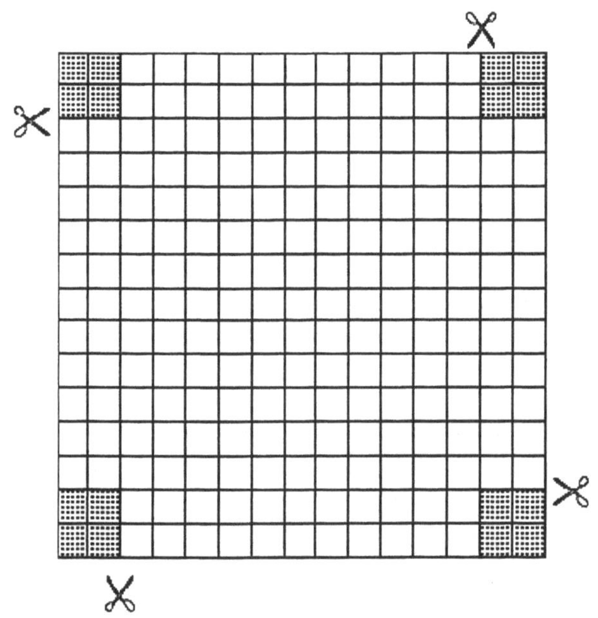

※ 図は一辺２㎝の正方形を切り取る場合のものです。

4 メイトくんの家では，犬を飼っています。普段（ふだん）は次のページの図１のような大きさの花だんのAのところに縄（なわ）でつないでいます。また，花だんは柵（さく）で囲まれており犬は花だんの中に入れません。このとき，次の問いに答えなさい。

ただし，円周率は3.14とし，犬の体長は考えないものとする。

⑴ 縄の長さが１ｍのとき，犬が動ける範囲（はんい）の面積を求めなさい。

⑵ 縄の長さを２ｍに伸（の）ばしたとき，犬が動ける範囲の面積を求めなさい。

⑶ 次に，縄の長さは２ｍのまま，縄の片方の端（はし）を，次のページの図２のAからBまでの直線の間を自由に動くようにしました。動ける範囲の面積を求めなさい。

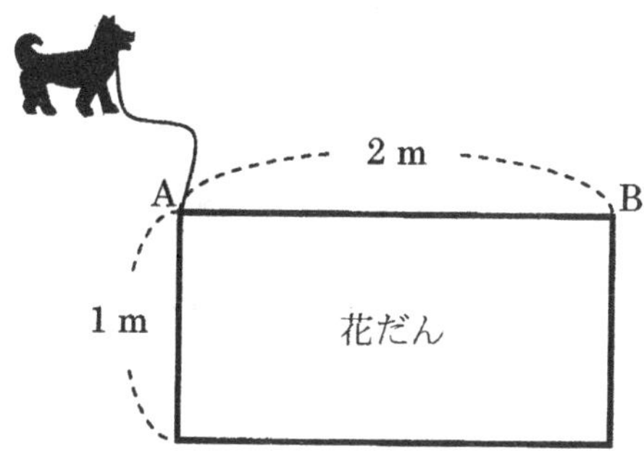

図２

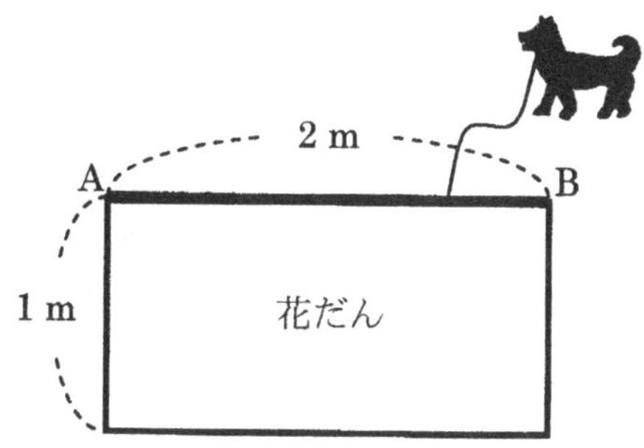

5 図１のように大きさのちがう正方形が２つ組み合わさっています。点Ｐは点Ａを出発して正方形の辺にそってＡ→Ｂ→Ｃ→Ｄ→Ｅ→Ｆの順に，秒速１㎝で動きます。

図２は点Ｐが動き始めてからの時間と三角形APFの面積の関係を表したグラフです。このとき，次の問いに答えなさい。

図１

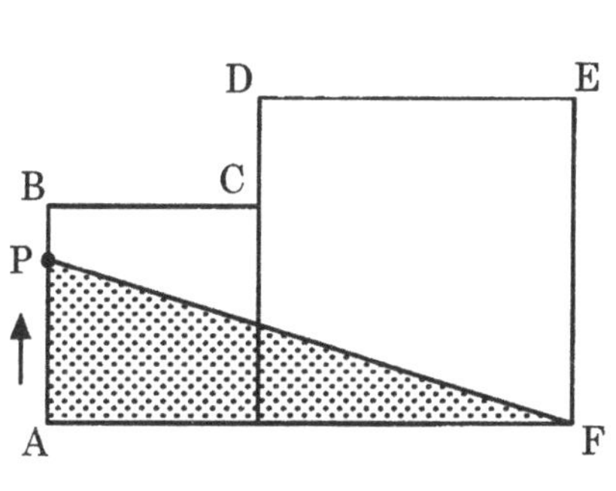

図２

三角形 APF の面積（㎠）

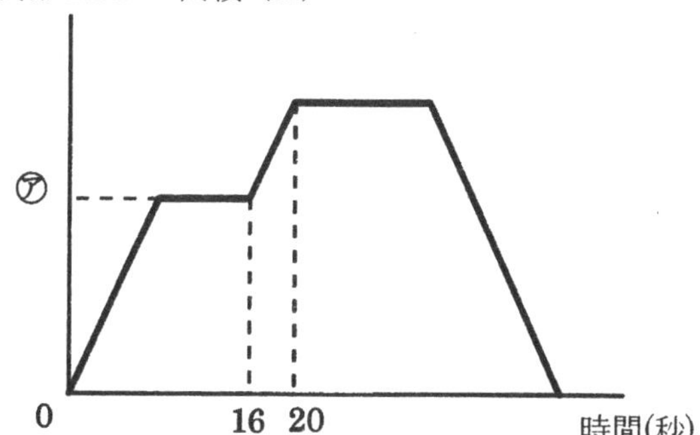

⑴ 小さい正方形の面積を求めなさい。

⑵ グラフの㋐にあてはまる数は何か，求めなさい。

⑶ 三角形APFの面積が，２つの正方形の面積の和の半分になるのは，何秒後ですか，求めなさい。ただし，何回かある場合は，すべて答えなさい。

6 整数を，あるきまりにしたがってマスをぬって表すことにしました。このとき，次の問いに答えなさい。

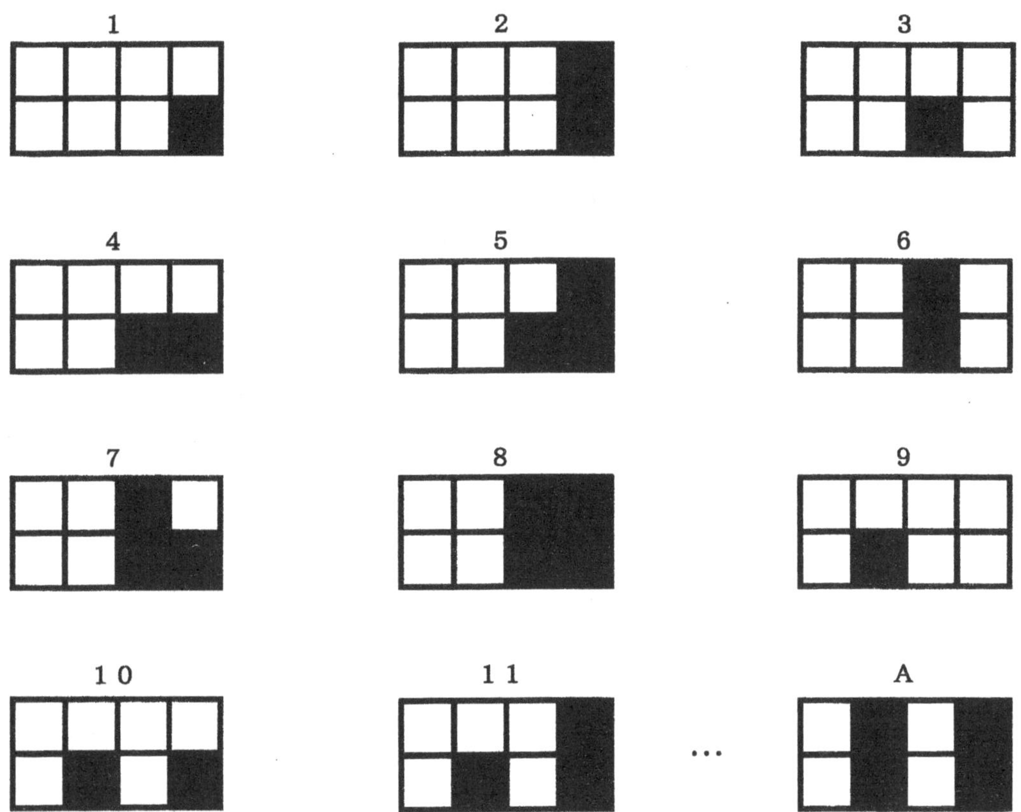

(1) 12番目の図形はどのようになるか，解答用紙にある図のマス目をぬりなさい。

(2) Aは何番目にくるか答えなさい。

(3) すべてのマスをぬりつぶした図形は何番目にくるか答えなさい。

【理　科】（30分）　＜満点：60点＞

【注意】 漢字がわからない場合は，ひらがなでもかまいません。

1　生き物について，次の各問いに答えなさい。

(1) 次の文の，空らん（A）～（D）にあてはまる，適切な言葉をそれぞれ答えなさい。

「人のからだの中の器官である（　A　）から吸収された養分や，肺でとり入れられた（　B　）は，（　A　）のひだの中や，肺の中にある小さなふくろをとりまいている（　C　）血管から血液にとり入れられて，全身に運ばれる。心臓はポンプのようなはたらきをしており，規則正しく縮んだり，ゆるんだりしながら血液を送り出している。この心臓の動きを（　D　）という。」

(2) 右の図は，人の心臓を正面から見たときの内部のつくりを簡単に示したものです。全身からもどってきた血液が，心臓の中の4つの部屋（図の**あ**～**え**）を通る順番について，**あ**～**え**の記号で答えなさい。ただし，順番は解答用紙の→（矢印）にあてはめて答えること。

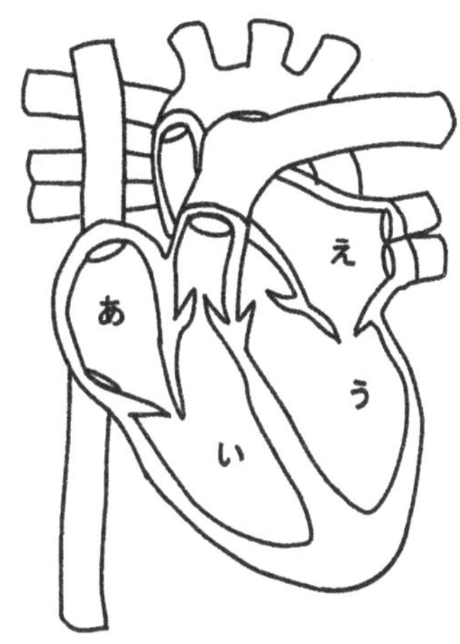

(3) 血液の流れについて理解を深めるために，けんび鏡を使い，メダカのおびれを流れる血液の観察をしました。けんび鏡の使い方について，ピントを合わせる手順は以下の通りです。

「まず，対物レンズを真横から見ながら，調節ねじを回して，対物レンズにプレパラートをできるだけ近づけます。次に，接眼レンズをのぞきながら，調節ねじを少しずつ回し，対物レンズからプレパラートを遠ざけていき，はっきりと見えるところで止めます。」

この手順で操作する理由を20文字以内で答えなさい。

(4) 人は植物とはちがって養分を自分でつくることができないので，食べ物を食べることにより体の中にとり入れています。他の動物やこん虫も同じように，食べ物を食べることにより，体の中に養分をとり入れて生きています。

① このような，生き物どうしの「食べる」「食べられる」という関係のつながりを何というか，答えなさい。

② 生き物どうしの「食べる」「食べられる」という関係のつながりと，生き物の数について，右のピラミッドのような図で表すことがあります。図のA～Dに，あてはまる生き物の組み合わせとして，適切なものを次のページの表のア～カから**2つ選び**，記号で答えなさい。なお，生き物の数は長方形の大きさで表しています。

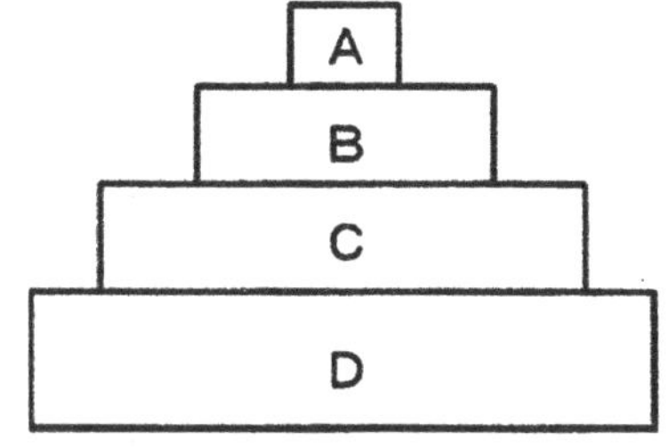

記号	A	B	C	D
ア	ザリガニ	ミジンコ	メダカ	イカダモ
イ	ザリガニ	メダカ	ミジンコ	イカダモ
ウ	ザリガニ	メダカ	イカダモ	ミジンコ
エ	イタチ	カエル	ヘビ	バッタ
オ	イタチ	ヘビ	カエル	バッタ
カ	ヘビ	イタチ	カエル	バッタ

2 天体の動きや見え方について，次の各問いに答えなさい。

(1) 太陽が西にしずむころ，月が図の方角に見えたとき，月のかたちはどのように見えますか。最も適切なものを，**<月のかたち>**の**ア**～**キ**から選び，記号で答えなさい。

<月が見えた方角>

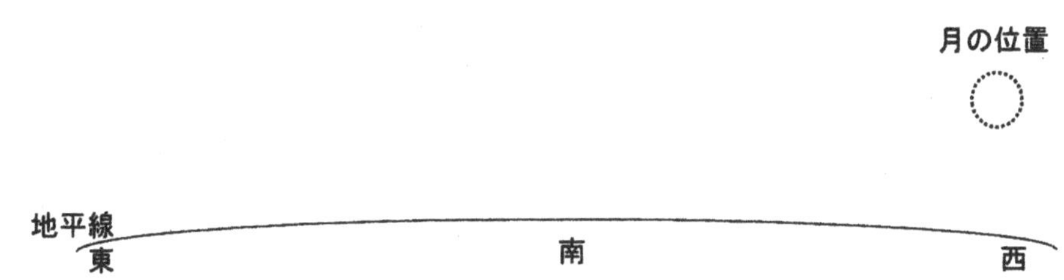

<月のかたち>

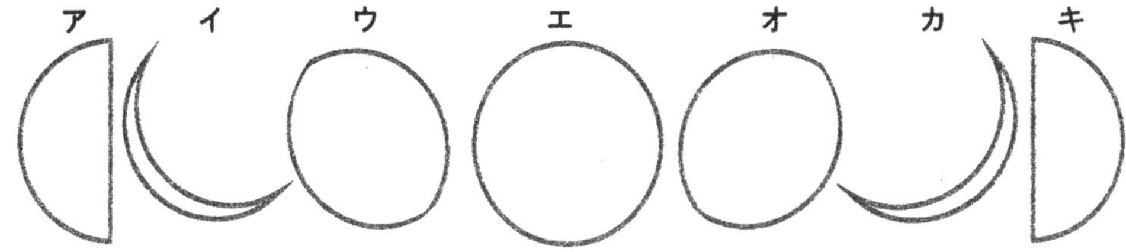

(2) 次のページの図は東京で観察した，ある日の午後10時に南の空で見られた，星のスケッチです。明るく見えた星ほど，大きく表すようにしました。これについて，次の各問いに答えなさい。

① ベテルギウスとリゲルをふくむ星座の名前は何ですか。

② この観察とスケッチをした季節は，春夏秋冬のいつですか。

③ 同じ日の同じ場所で南に向かって**午後８時**に星空を観察したとき，この星座は図の**A**～**D**のうち，どちらの方向に何度かたむいて見えていたのかを答えなさい。

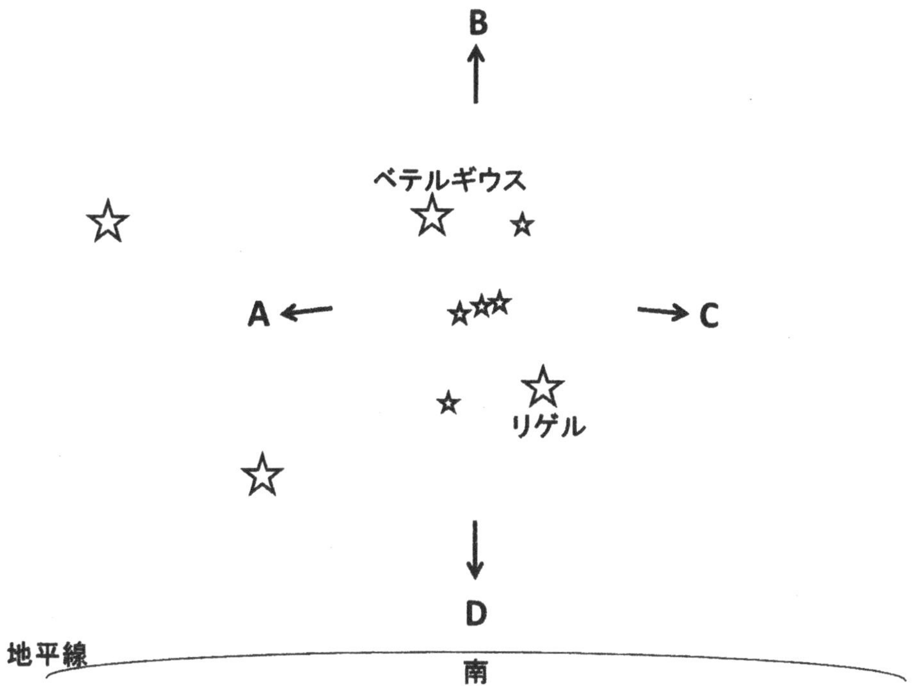

⑶ 国立天文台の発表によると2020年6月21日に日本全国で部分日食が起こります。日食が起こるとき，太陽は西側（太陽に向かって右側）から欠けはじめます。この理由は「地球上から見て太陽は月よりも [X] から」です。

[X] にあてはまる適切な言葉を答えなさい。

⑷ 地球で日食が起きているときに，月面から地球の方を見たとすると，どのようなことが見られるでしょうか。最も適切なものを，次のア～オから選び，記号で答えなさい。

ア．地球全体が月のかげの中に入っており，地球が暗くなっている。

イ．地球の半分が月のかげの中に入っており，地球が半月のように見える。

ウ．地球の上にうつった，丸い月のかげが動いていく。

エ．地球のうしろに，太陽の一部が輪（リング）のように見える。

オ．地球のうしろから太陽がのぼってくる。

[3] 電磁石のはたらきについて調べる実験をしました。次の各問いに答えなさい。

（図1，図2は次のページにあります。）

【実験1】 図1のような回路を作り，スイッチを入れて電流を流すと，電流計のはりと方位磁針が図1のように動くことが確認できました。

⑴ 電流計の－(マイナス)たんしの5Aに導線をつなぎ，電流を流したところ電流計のはりが図2のようになりました。流れる電流は何Aですか。小数第一位まで答えなさい。

⑵ 回路から電流計を外して，かん電池とスイッチを導線で直接つなぎました。この状態でかん電池の向きを，図1の向きと逆にしたとき，方位磁針のN極は，図1の中の**ア～エ**のどの向きを指しますか。最も適切なものを選び，記号で答えなさい。

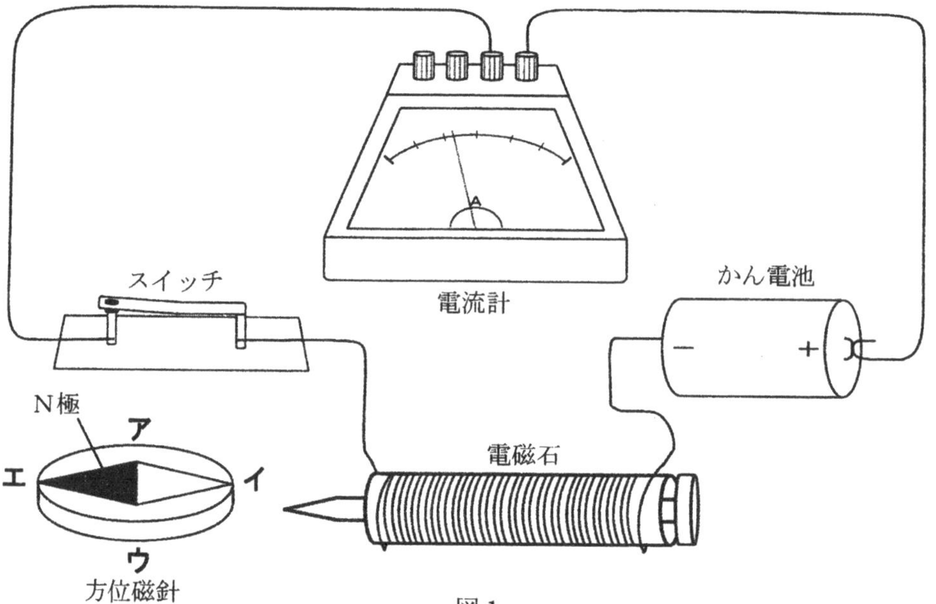

図１

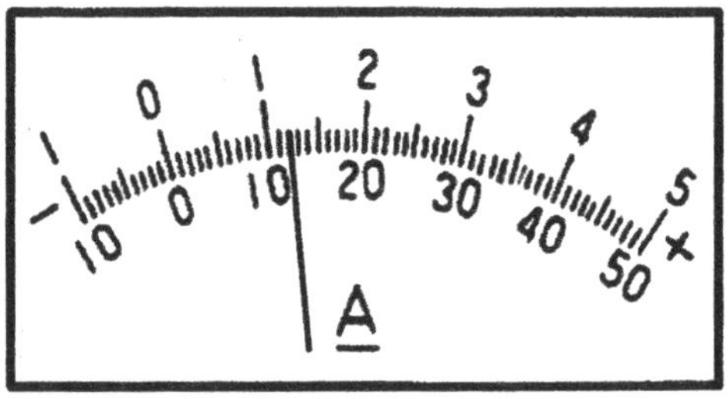

図２

【実験２】　電磁石の強さを調べるために，エナメル線のまき数とかん電池のつなぎ方を変えて電流を流し，図３のように一度に電磁石につくゼムクリップの個数を調べました。表は実験の結果をまとめたものです。

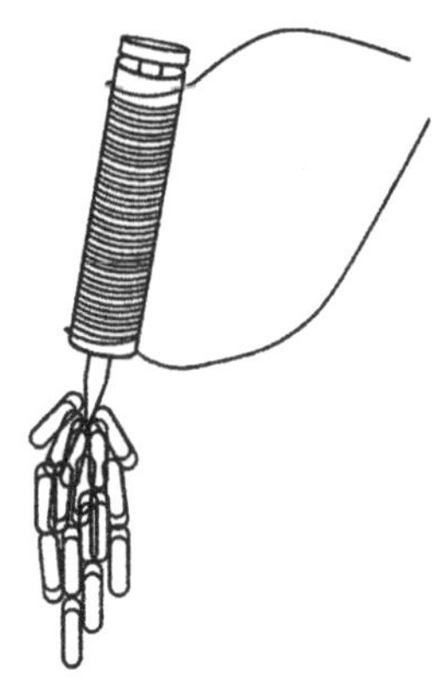

図３

		エナメル線の巻き数		
		50 回	100 回	200 回
かん電池のつなぎ方	１個	X 個	①	32 個
	２個直列	②	③	④
	２個並列	Y 個	※	※

表　電磁石につくゼムクリップの数
（※は結果を省略しています）

⑶ 前のページの表のYの値は，Xの値と比べておよそどのくらいになりますか。最も近いものを次のア～エから選び，記号で答えなさい。

ア．約半分になる。　イ．約2倍になる。　ウ．約3倍になる。　エ．ほとんど変わらない。

⑷ 電磁石の強さと回路に流れる電流の強さの関係を調べるためには，表の①～④うち，どれとどれの結果を比べればよいですか。最も適切な組み合わせを，次のア～カから選び，記号で答えなさい。

ア．①と②　イ．①と③　ウ．①と④　エ．②と③　オ．②と④　カ．③と④

⑸ 身の回りで電磁石の性質を利用したものとして，適切なものを次のア～オから**すべて選び**，記号で答えなさい。

ア．リサイクルセンターにある大型クレーンで鉄とアルミニウムを分ける。

イ．アイロンの熱で服を伸ばす。

ウ．せん風機のはねを回して風を起こす。

エ．けい光灯を光らせる。

オ．電気ストーブで空気を温める。

4 ものの燃え方について書かれた，メイトくんと理科の先生との会話文を読み，次の各問いに答えなさい。

メイト：これは何ですか。

先生：これは，七輪（しちりん）という道具です。底に入れた木炭を燃やすことで，上の金あみに置いたものを加熱することができます。

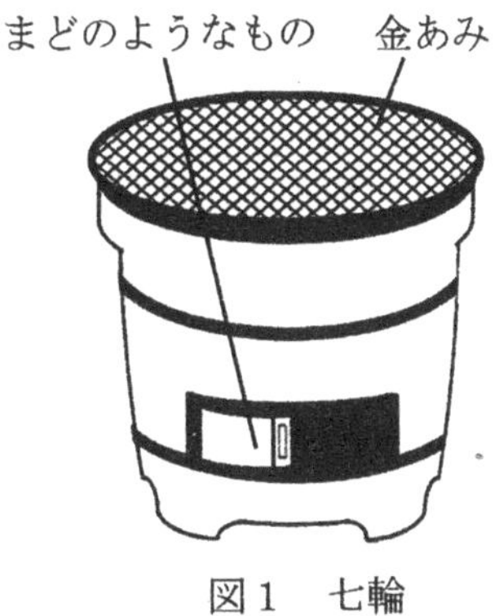

図1　七輪

メイト：下の方にある，まどのようなものは何ですか。

先生：これは，温度を調節するためについています。窓を開けると…。

メイト：①中の木炭のようすが変わりはじめました！

先生：少し温度が変わってきているのが，わかりますか。それでは，ここで問題です。金あみの代わりに，穴の開いていない鉄板を，七輪とすきまを作らないように置いて，下の窓も閉めてしばらくおくと，中の木炭はどうなるでしょうか。

メイト：木炭が燃えなくなりますか…。

先生：その通りです！実は，ものが燃えるためには，いくつかの条件が必要になります。その中に，「ものが燃えるためには，［　A　］」という条件があります。窓を閉めた状態で鉄板を置くと，この条件がたりなくなって，火が消えてしまいます。

メイト：おもしろいですね。もしかしたら実験室で使った［　B　］の火を消すときもこの条件がたりなくなるからですか。

先生：その通りです。よく気づきましたね。他にも，ものが燃えるためには，②「ある一定以上の温度が必要」，「燃えるものが必要」という条件があります。ちなみに，「燃えるもの」の中には，燃えないように見える鉄などの金属もありますよ。

メイト：金属も燃えるんですか！それは，びっくりです。

先生：よかったら，今度，一緒に実験をしてみましょう。

後日，メイトくんは先生と次の手順でスチールウールの燃え方を調べる実験をしました。

【手順１】 燃やす前のスチールウールの重さをはかった。

【手順２】 スチールウールを皿の上にのせて，ライターで火をつけた。

【手順３】 スチールウールが完全に燃え切った後に重さをはかった。

【手順４】 スチールウールの重さを変えて，【手順１】～【手順３】を何回かくりかえし，スチールウールを燃やす前と，燃やした後の重さの関係を下のグラフにまとめた。

【手順５】 図２のように底に水を入れたビンを，［気体X］で満たし，火のついたスチールウールを入れた後，金属の板でふたをした。このときのスチールウールの燃え方を観察した。

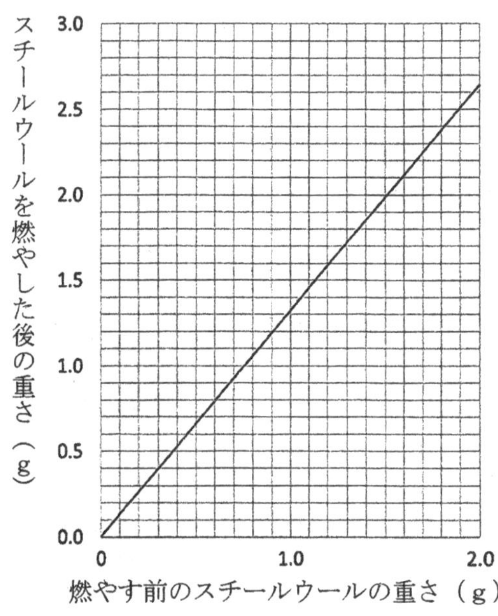

図２

⑴ 会話文の下線部①について，七輪の下についている窓のようなものを開けた後，木炭のようすと七輪の内部の温度はどのように変化しましたか。最も適切なものを，次のア～エから選び，記号で答えなさい。

ア．木炭の赤い光が強くなり，温度が上がる。

イ．木炭の赤い光が強くなり，温度が下がる。

ウ．木炭の赤い光が弱くなり，温度が上がる。

エ．木炭の赤い光が弱くなり，温度が下がる。

⑵ 会話文の［A］には，ものが燃えるための条件が入ります。「ものが燃えるためには」の後に続くように，［A］にあてはまる条件を，簡単に答えなさい。

⑶ 会話文の［B］には，火をつけて使用する実験道具が入ります。その実験道具の名前と，実験道具の火の消し方をそれぞれ答えなさい。

⑷ 会話文の下線部②の条件を利用して，燃えている火を消す方法として，最も適切な組み合わせを，次のページの表のア～エの中から選び，記号で答えなさい。

記号	ある一定以上の温度が必要	燃えるものが必要
ア	花火の残り火を、バケツの水をかけて消す。	燃えている木の周りの木を切り倒して、山火事の広がりを防ぐ。
イ	火がついたじゅうたんに、布団をかぶせて消火する。	風のない晴れた日の夜、キャンプファイヤーの火を放置して消す。
ウ	燃えている木の周りの木を切り倒して、山火事の広がりを防ぐ。	風のない晴れた日の夜、キャンプファイヤーの火を放置して消す。
エ	ろうそくのしんを、ピンセットでつまみ、火を消す。	火がついたじゅうたんに、布団をかぶせて消火する。

⑸ 実験の【手順５】の結果，スチールウールは，火花を出して激しく燃えました。【手順５】の文章中の［気体X］にあてはまる気体の名前を答えなさい。

⑹ 燃やす前のスチールウールの重さが0.6gだったとき，燃やした後の物質の重さは約何gになっていますか。小数第一位まで答えなさい。

⑺ **メイトくんと先生が行ったスチールウールを燃やす実験の結果からわかったこと**として，最も適切なものを次のア～エから選び，記号で答えなさい。

ア．スチールウールは，燃えると気体Xと結びつき，燃やす前よりも重くなることがわかった。

イ．スチールウールは，気体Xの中で火花を出しながら激しく燃え，燃やす前よりも重さは，軽くなることがわかった。

ウ．スチールウールは，燃えても気体Xとは結びつかないが，燃やす前よりも重くなることがわかった。

エ．スチールウールは，燃えると重くなることがわかったが，気体Xと結びつくかは，この実験結果からはわからない。

【社　会】（30分）　＜満点：60点＞

【注意】 漢字がわからない時は，ひらがなで書いてください。

1 〔Ⅰ〕～〔Ⅲ〕の文章は，それぞれ日本のある県について述べたものです。これを読んで，問いに答えなさい。

〔Ⅰ〕 南部の海沿いに①石油化学工場が集まっているほか，秋吉台（あきよしだい）でとれる石灰石（せっかいせき）を原料としたセメント工業もさかんです。西部の海には関門橋や関門トンネルがあります。②壇ノ浦（だんのうら）は源平（げんぺい）の合戦でよく知られている場所です。

〔Ⅱ〕 西部には大きな山々が連なっています。伝統こけしを作る地域も点在しています。③北上川によってできた平野は米どころとして知られていました。江戸（えど）時代から続く七夕まつりには，多くの観光客が集まります。かきの養殖（ようしょく）も復興しつつあります。

〔Ⅲ〕 日本海側の入り組んだ海岸としてよく知られる若狭湾（わかさわん）には，多くの④原子力発電所があります。県の⑤栽培（さいばい）漁業センターでは，ふぐやヒラメを育てています。⑥めがねフレームや衣類などの軽工業が発達しました。

問1 〔Ⅰ〕の県，〔Ⅱ〕〔Ⅲ〕の県庁所在地を答えなさい。

問2 〔Ⅰ〕～〔Ⅲ〕の県の位置を地図のA～Jより選び，記号で答えなさい。

問3　下線部①について，石油化学工場が海沿いに多くあるのはなぜですか。

問4　下線部②に関連して，壇ノ浦の戦いで敗れた平氏の頭（かしら）だった平清盛（たいらのきよもり）について説明した次のア～エのうち，**まちがっているもの**を一つ選び記号で答えなさい。

ア　朝廷（ちょうてい）や貴族に仕えて勢力争いにかかわり，武士集団の中心となった。

イ　武士で初めて征夷大将軍（せいいたいしょうぐん）となり，朝廷の重要な役職を一族で固めた。

ウ　平治の乱に勝利すると，やがて政治の実権をにぎるようになった。

エ　むすめを天皇のきさきにして，政治に大きな影響力（えいきょうりょく）をもった。

問5　下線部③に関連して，北上川は長さが249㎞で日本では第5位の長さです。それでも，日本は国土のはばがせまく，山地が海岸の近くまでせまっているため，日本の川と大陸を流れる川とを比べると，次のような特色があります。（　）にあてはまる適切な語句を答えなさい。

山地が海岸の近くまでせまっているところが多いため，日本の川は，大陸を流れる川と比べると，（　　　　）な流れの川が多いです。

問6　下線部④に関連して，発電についての文章の（　）にあてはまる言葉をア～カより選び，記号で答えなさい。

2011年の福島第一原子力発電所での事故をきっかけに，原子力発電そのものを見直そうという意見が多くなりました。また，（　1　）な社会を実現するためにも，太陽の光を利用した太陽光発電，植物の一部や動物のふん尿（にょう）などを使った（　2　）発電などの環境（かんきょう）にやさしいエネルギーの開発が急がれています。

ア　再生可能

イ　持続可能

ウ　環境保全

エ　シェールガス

オ　バイオマス

カ　エコタウン

問7　下線部⑤の栽培漁業についてあてはまるものをア～エより**すべて**選び，記号で答えなさい。

ア　魚や貝の卵をふ化させて，稚魚（ちぎょ）や稚貝を育てて海や川に放流する。

イ　海や川，湖の生けすなどで，魚や貝，のりなどを育てて出荷（しゅっか）する。

ウ　水温や水質の管理のほか，エサの中身やあたえ方も工夫（くふう）している。

エ　日本で最も生産量の多い漁業だったが1990年頃（ごろ）から減少してきた。

問8　下線部⑥に関連して，この地域のめがねフレームの生産は100年以上前に始まり，全国的に知られるようになりました。このように伝統を生かした工業の特色として，**まちがっているもの**をア～エより一つ選び，記号で答えなさい。

ア　輪島塗（わじまぬり）や河内木綿（かわちもめん），南部鉄器というように，地域の特産品となっている。

イ　高い技術が必要なため，職人が長年にわたって技術をみがく必要がある。

ウ　外国への輸出が増えたので，大規模な生産工場が増えてきている。

エ　人々の生活の変化によって，生産額や労働者数などは減ってきている。

2 創太さんとお父さんの会話を読んで，問いに答えなさい。

創太：　お父さん，冬休みにとまったホテルで，外国人のお客さんから話しかけられたでしょう。昨日，クラスの友だちも，駅で外国人に話しかけられたそうだよ。

父　：　日本は今，外国人観光客を増やす取り組みをしているからね。東京のような都市だけでなく，地方のまちの魅力（みりょく）も知ってもらえるようにしているんだ。

創太：　だから，ぼくたちの旅行先にも多くの外国人が来ていたんだね。でも，旅行者だけでなく，お店にも外国人の店員さんがいたよ。

父　：　そうだね。①日本は［　　　　］が進んでいるから，ますます働き手が不足すると考えられる。これからも外国から日本に働きに来る人が増えるだろうね。

創太：　日本語の上手な店員さんもいるけど，そうでない人もいるよ。外国人の店員さんは日本のくらしに困らないのかなあ。

父　：　外国から日本に来た人たちは，どんなときに困るだろうね。創太はどう思うかい。

創太：　災害や病気のときは，ぼくだって困るよ。外国の人は，日本語がわからないと，不安でたまらないだろうね。

父　：　そうだね。台風や地震（じしん）のときに外国語の字幕で情報を伝えるなど，マスメディアも工夫（くふう）し始めたね。

創太：　去年のラグビーワールドカップでは，台風で試合が中止になった②カナダチームは，その後も残ってボランティアをしたんだってね。立派だなぁ。

父　：　ラグビーといえば，日本チームの活躍（かつやく）もすばらしかったけど，創太はどこの国が印象に残ったかな。

創太：　③ニュージーランドだよ。試合前の，先住民の踊り（おど）がかっこよかったよ。

父　：　お父さんの会社にも，ニュージーランドから働きにきている人がいるから，今度，家に招待しようか。

創太：　わぁ，楽しみだなぁ。あっ！　でも，ぼくは英語がしゃべれないよ……。そうだ，お父さんのスマートフォンに通訳してもらおうっと。

父　：　おいおい，中学では英語もしっかり勉強するんだよ。

問１　下線部①に関連して，次のページの問いに答えなさい。

資料「日本の年齢（ねんれい）別人口の割合の変化」（総務省資料ほか）

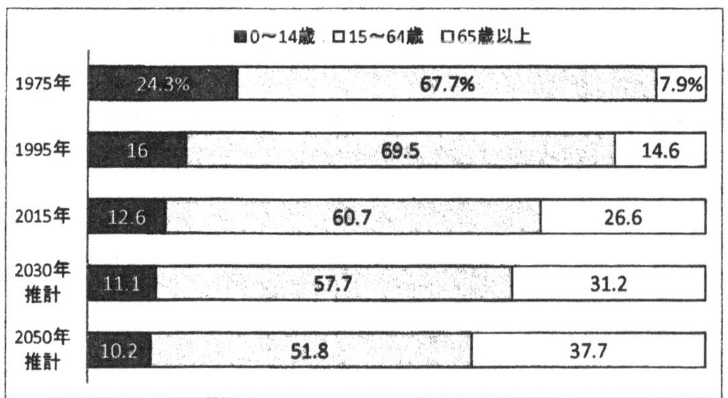

⑴　前のページの文中の □ にあてはまる言葉を，前のページの資料を参考に答えなさい。

⑵　国内の労働力不足を補うために，いろいろな対策が考えられます。次のA・Bからあなたが進めたい対策を一つ選び，なぜ進めたいのか，その長所と短所をいれて，あなたの意見を述べなさい。

A　人工知能による天気予測と，カーナビの原理を利用した無人トラクターを使って，田畑を耕したり，種をまいたりする農作業を行う。

B　外国人が日本で働きやすいよう法律を改正し，国や都道府県などに必要な相談・支援(しえん)センターを設置して，外国人労働者を増やす。

問2　下線部②，③の国について，次の問いに答えなさい。

⑴　②，③の国を下の世界地図の**ア**～**ク**より選び，記号で答えなさい。

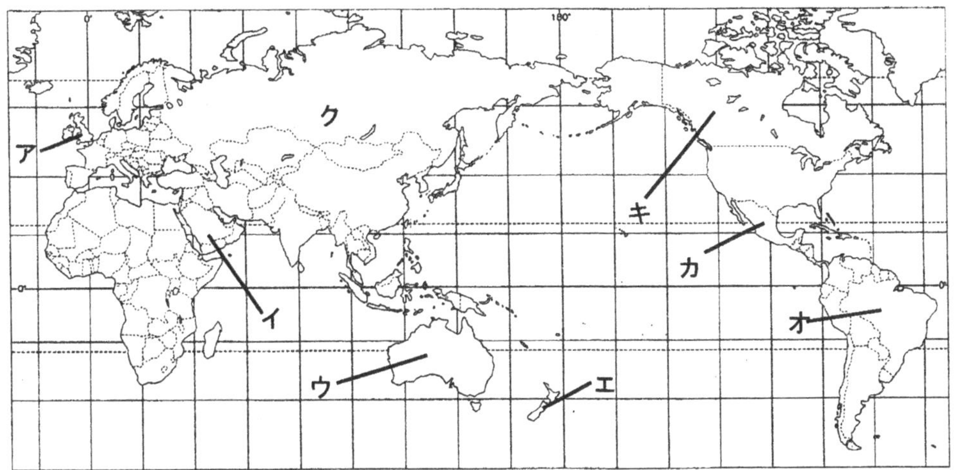

⑵　次のグラフは世界の都市（日本の東京，サウジアラビアのリヤド，カナダのバンクーバー，ニュージーランドのクライストチャーチ）の気温と降水量を表しています。カナダのバンクーバーとニュージーランドのクライストチャーチの組み合わせとして正しいものを次のページのア～オより一つ選び，記号で答えなさい。

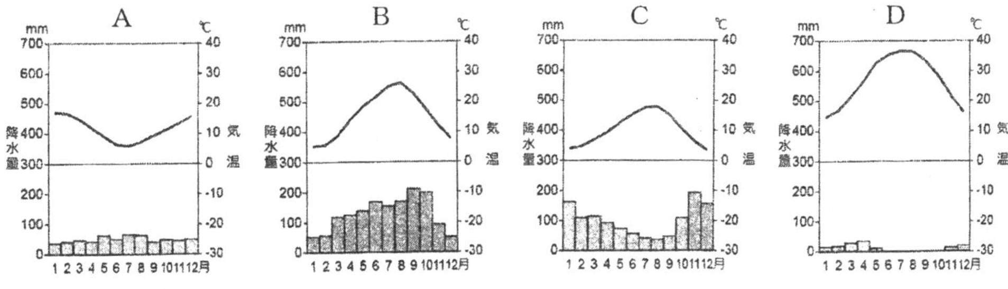

（気象庁資料など）

	カナダ バンクーバー	ニュージーランド クライストチャーチ
ア	C	A
イ	B	D
ウ	D	C
エ	A	C
オ	C	B

3 伸子さんは歴史の勉強をするために人物カードを作成しました。あとの問いに答えなさい。

人物カードA

聖徳太子の死後，中臣鎌足（なかとみのかまたり）（後の藤原鎌足（ふじわらのかまたり））とともに，①天皇をしのぐ力をもっていた豪族（ごうぞく）を倒し新たな国づくりをはじめた。②中国の制度を手本として，全国へ支配を広げていく仕組みを整備した。

人物カードB

応仁（おうにん）の乱が起きたときの将軍である。応仁の乱により，室町（むろまち）幕府の支配は弱まった。しかし③文化の発展に貢献（こうけん）し，銀閣を建設した。銀閣のそばには東求堂（とうぐどう）がたてられ，④たたみがしきつめられ，障子やふすまが使われた。

人物カードC

薩摩藩（さつまはん）出身で西郷隆盛（さいごうたかもり）や木戸孝允（きどたかよし）などとともに⑤倒幕（とうばく）運動の中心となった。欧米（おうべい）を手本として天皇を中心とした新しい国づくりをめざし，⑥改革を行った。政治とともに，欧米からは新しい文化も取りいれられ，大きく発展した。

人物カードD

平安時代に強い権力を握った人物。３人の娘（むすめ）を天皇の后（きさき）にして，天皇と結びつきを強めて政治の実権を握った。この人物の娘の教育係であった紫式部（むらさきしきぶ）は，現代にも残る⑦古典文学を残した。

人物カードE

⑧元が日本にせめてきたときの執権（しっけん）。集団戦法で火薬を使う元軍の攻撃（こうげき）に苦しみながらも，御家人（ごけにん）の必死の抵抗（ていこう）や暴風雨などにより，元軍は引き上げた。しかし，⑨この戦いがきっかけとなって幕府は衰えていった。

問１　下線部①に関して，当時天皇をしのぐ力を持っていた豪族とは何氏ですか。

問２　下線部②について，このあと中国の制度にならい，租・調・庸をはじめとする税制度が整えられました。調の説明として正しいものを次のア～エから一つ選び，記号で答えなさい。

ア　地元の土木工事をする。　　イ　都や九州の警備をする。

ウ　収穫の約３％を稲で納める。　　エ　織物や地方の特産物を納める。

問３　下線部③について，この時代に栄えた文化として**まちがっているもの**を一つ選び，記号で答えなさい。

ア　生け花　　イ　狂言　　ウ　歌舞伎　　エ　水墨画

問４　下線部④について，たたみがしきつめられ障子やふすまが使われた，このような部屋のつくりを何といいますか。

問５　下線部⑤について，次のア～エの文は江戸時代に起こったできごとについて説明したものです。ア～エのできごとを起きた年代が古い順番に並びかえなさい。

ア　15代将軍の徳川慶喜が政権を天皇に返し，約260年続いた江戸幕府の政治が終わった。

イ　薩摩藩と長州藩は協力して幕府を倒すために，坂本龍馬らのはたらきかけで軍事同盟を結んだ。

ウ　江戸幕府の元役人であった大塩平八郎が生活に苦しんでいる民衆を助けようと打ちこわしを起こした。

エ　アメリカとの間に日米和親条約を結び，下田と函館の２港を開いた。

問６　下線部⑥について，欧米の国に追いつくために工業を盛んにし，新しい軍隊を整えていった政策を何といいますか，**漢字４文字**で答えなさい。

問７　下線部⑦について，紫式部が書いた代表的な古典文学を答えなさい。

問８　下線部⑧について，元軍が攻めてきた場所を次の地図上のア～オから一つ選び，記号で答えなさい。

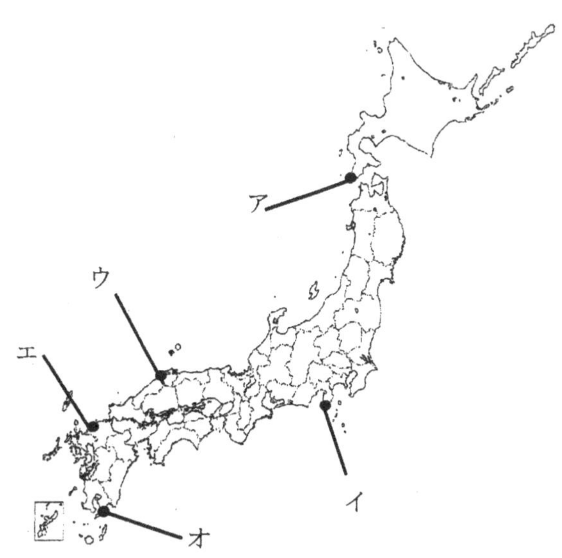

問９　下線部⑨について，このように幕府が衰えていった理由を説明しなさい。

問10　Ａ～Ｅのカードを古い順に並べたときに，３番目にくるカードの記号を答えなさい。また，その人物の名前を答えなさい。

4　6年生の歴史の授業で歴史新聞をつくることにしました。次のページの歴史新聞の内容について問いに答えなさい。

問１　A　には日本が，アメリカやイギリスなどの連合国が降伏(こうふく)を進めたポツダム宣言を受け入れ，降伏した年月日が入ります。あてはまる年月日を答えなさい。

問２　傍線部(ぼうせんぶ)①について，修好通商条約で結ばれた不平等条約は「日本に関税自主権がない」ことのほかに，もう一つはどのようなことですか。10字以内で説明しなさい。

問３　傍線部②について，不平等条約の改正に成功し，関税自主権の回復に貢献(こうけん)した外務大臣の名前を答えなさい。

問４　傍線部③に関連して，現在の日本の政治について答えなさい。

⑴　国会では，議論を通して法律をつくることで国民の人権を守っています。このように国会がもつ，法律をつくることができる権限を何といいますか。

⑵　日本の政治においては国会，内閣，裁判所が仕事を分担し，権力を集中させないようにしています。このようなしくみを何といいますか。

問５　傍線部④の国際連合について，あとの問いに答えなさい。

⑴　国際連合の中で，貧困などによって生活が困難な子どもたちを守るために中心となって活動をしている組織を何といいますか。

⑵　国際連合は加盟国が運営する資金を分担しあうことで運営されています。

2018年までは日本の分担率は世界で２番目でしたが，2019年は経済特区を設けるなどして近年経済成長がめざましい国の分担率が２位になりました。下のグラフのＸにあてはまる国名を答えなさい。

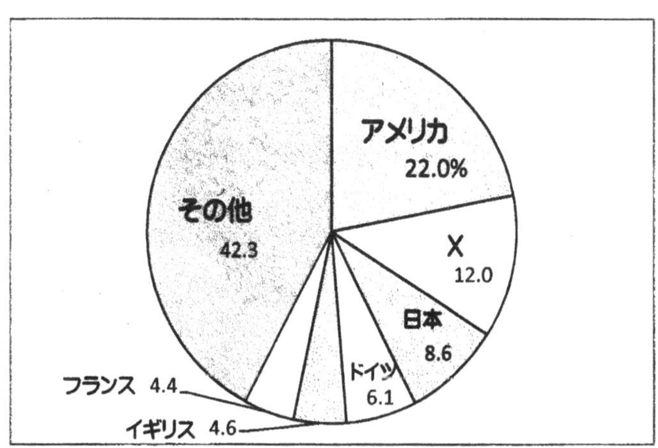

2019年国連通常予算分担率　（外務省）

歴史新聞

6年A組

1班

明治時代～太平洋戦争における日本と外国との関係について

不平等条約が改正される

江戸時代の終わりに幕府が欧米諸国と結んだ「修好通商条約」は日本にとって大変不利な内容でした。①不平等な条約があることで、ノルマントン号事件など、日本人が不利益をこうむる事件もおきました。そのため、日本人はこうした不平等な条約の改正を強く求めました。条約の改正はなかなか進みませんでしたが、②当時の外務大臣の粘り強い交渉もあり、不平等条約の改正に成功しました。

日清・日露戦争始まる

日本は明治の初めに朝鮮に不平等な条約を結ばせて、勢力を広げようとしました。1894年に朝鮮で内乱が起きると日本と清はそれぞれ軍隊を送り、戦争になりました。

この戦争に勝った日本は清から賠償金を獲得しました。その後、中国東北部(満州)に勢力を伸ばそうとしていたロシアと対立し、1904年に日露戦争が起きました。日本は多くの戦死者を出しながら戦争に勝ちました。しかし、戦争の費用負担で苦しんだ国民の間には不満が残りました。

戦争から平和の時代へ

日清・日露戦争に勝利した日本は国際的な地位を向上させ、経済的にも栄えてきました。しかし、昭和時代になると世界中が不景気になり、それを解決しようとした日本は中国への侵略を開始しました。

1940年代になると、日本はイタリアやドイツと軍事同盟を結び、アジアの地域の支配を目指して、アメリカやイギリスなどの国々と戦争になりました。戦争が長引くと、食料や物が不足し、人々の生活は苦しくなりました。

［A］、日本は降伏し、多くの犠牲を払った太平洋戦争は終わりました。日本はその後、アメリカを中心とする連合国軍に占領されました。日本政府はその指示のもとで、軍中心の政治から③民衆中心の政治へと改革していきました。

国際社会でも戦争への反省から平和を守ることを目的とした④国際連合が設立されました。

国際連合の本部

ますが、このときの坪田の気持ちを述べたもののうち、最も適切なものを次から選び、記号で答えなさい。

ア．自分の思いをわかってくれる中原の存在にほっとしながら、苦しむ自分自身をとても情けなく思っている。

イ．自分の気持ちを勇気をもって打ちあけたのに、まるで反応がなく無愛想な中原の様子に、腹が立っている。

ウ．自分の本当の気持ちを他人事としてとらえられてしまい、そんな中原にはもう会いたくないと思っている。

エ．自分の気持ちを中原に伝えたためにその反応が気にかかっていたが、物足りなく感じ、がっかりしている。

問5　――線部④「そんな、急に、そんなこと言われても」とありますが、「そんなこと」とはどのようなことですか。四〇字以内で答えなさい。

問6　――線部⑤「いいやつだな、いやそんな簡単な言葉じゃない。／もっと、違う、別の何か。／今この胸に広がった気持ちをなんて言えばいいんだろう」とありますが、坪田は中原をどのように思ったのですか。このときの坪田の気持ちを「中原は、」からはじめて、八〇字以内で答えなさい。

「そっか。だったらさあ、俺んちから通えば？」
「は？」
　何を言っているのかわからなかった。
「だから高校。坪田も西森高校だろ？　行くとしたら。だったら俺んちから通えばいいじゃん、って」
「いやいやいや、意味わかんないんだけど」
「だから、俺んちに下宿（他人の家で生活すること）すれば？　いやマジな話。おふくろに訊いてみたらさ、いいわよってあっさり。うち兄貴と二人兄弟なんだけど、男の子がひとり増えたところでそう変わんないからって。そういうとこ、鷹揚（ゆったりとしている様子）なんだよ、うちの親。幸い空いている部屋あるしさ。昔、じいちゃんが使ってた部屋だけど。あ、大丈夫、幽霊とかは今んとこ出てないから、多分、わかんないけど。もしそこがヤなら、俺の部屋シェアでもいいし。かなり狭くなるけど。そこクリアできれば」
「ちょ、ちょっと待って。④そんな、急に、そんなこと言われても」
「うん、まあそうだよな。でも早めに言っといたほうがいいかなって。そういうのもあるってこと」
「なんで、そんな、なんでそこまで」
　だって俺たちそんな親しいわけじゃないだろ、と言いかけてやめた。多分中原にとっては、そういうことではないのだろう。
「まあまだ時間的には余裕あるから、きちんと気持ち固まったら、改めてうちの親からそっちのうちに話すると思うし。具体的なことはそれからで」
　真剣な目で見る。
「お前ってさあ」
　言いかけて次の言葉が出てこない。
「なんだよ？」
「いや、なんでもない」
　⑤いいやつだな、いやそんな簡単な言葉じゃない。もっと、違う、別の何か。今この胸に広がった気持ちをなんて言えばいいんだろう。

（鈴木るりか『１４歳、明日の時間割』より）

問１　〰〰線部㋐〜㋓のカタカナを漢字になおしなさい。

問２　――線部①「しばらくの沈黙があって」とありますが、このときの坪田の気持ちを述べたもののうち、最も適切なものを次から選び、記号で答えなさい。

ア．自分が大切にしているこの町と友人達を悪く言われたように感じて強い憤りを覚え、驚く中原に落胆している。

イ．自分の思う進路を否定した中原に対して大きな声で反論してしまい、申し訳ない気持ちでいっぱいになっている。

ウ．自分の悩みをかるく思われたために自身の感情を中原にぶつけてしまい、どうしていいかわからなくなっている。

エ．自分とそこまで親しいわけでもないのに将来をわかったかのように言われ、どうしようもない怒りを感じている。

問３　――線部②「ラクなほうに、ラクなほうに」とありますが、この場面で坪田がこう考えてしまうのはなぜですか。その理由にあたる部分を文章中から一五字以内でさがし、抜き出して答えなさい。

問４　――線部③「それはそれで「ちぇっ」という気分だった」とあり

イレベル問題なんか見たくもない。もう嫌だよ。嫌なんだよっ」

中原にこんなことを言っても仕方がないとわかっているのに、最後まで吐き出してしまった。言いながら自分は単に逃げたいだけなのだということも、理解していた。

②ラクなほうに、ラクなほうに。自分の情けなさに惨めな気持ちになる。

「そんなに嫌なのか、東京に行くの」

「ああ」

ぶっきらぼうに答える。

「いたいんだよ、ここに。ずっと」

甘えだと自分ではわかっている。勉強が思うようにいかないから、そっちに流れようとしている。言ったって仕方がないことなのに。

中原が空を仰いだ。

「俺、行くわ」

きまりが悪くなってそう言うと、中原も、

「おう」

と短く答えた。

中原がしたように、夜空を見上げると、星のまたたきが目にしみた。

次の日、なんとなく中原と顔を合わせづらかったが、彼は全くいつもと変わりない様子だった。安堵する反面、昨夜のことなど、あまりにも全く気にも留めていないとしたら、③それはそれで「ちぇっ」という気分だった。

でも所詮そんなものなんだろう。全ては他人事だ。誰にとっても。

それから二週間ほどたった。相変わらず塾で出される数学の難問には歯が立たず、自分は本格的にダメなんじゃないか、と考え出すと、いてもたってもいられない気持ちになる。

一方で、自分はなぜこんなことで苦しめられなきゃいけないんだ、という理不尽な怒りが湧いてくる。こんなこと、社会に出たらきっとなんの役にも立たない。現に大人はみんなそう言っている。学校の勉強なんか、大人になったらなんの役にも立たないって。

だったらなんでこんなに苦しめるんだよ。この(ウ)クツウになんの意味があるんだよ。

塾の帰り、バスを降りると、中原が立っていた。ランニングの途中ではないらしい。

僕の顔を見ると、ニコッと笑う。

「この前、この時間だったからさ」

「何、わざわざ待ってたの？」

「わざわざ、っていうわけじゃないけど、いやまあそうかな」

並んで歩き出す。なんだろう、なんの用事だろう。考えていると、

「あのさあ、この前のことなんだけど」

中原が足元に(エ)シセンを落としながら言う。

「何？」

わかっているけれど、わざとそう言う。

「東京行きたくないっていうの。こっちの高校行きたいって。あれ、本気か？」

「もちろんだよ」

で答えなさい。

問8　次の文章を入れるとしたら、どこになりますか。直前の十字を答えなさい。

信頼関係のない相手との交換の難しさは、ドラマでよく見る誘拐事件の身代金の受け渡しを思い浮かべてもらえればわかりやすいでしょうか。誘拐犯も被害者と警察側もどちらも相手に騙されないように必死になります。そんな関係では継続的な交換などできません。

問9　――線部④「生物史上例のない巨大で発展した社会を作り上げた」とありますが、どうしてそれができたのですか。次の二つの言葉を使って八十字以内で説明しなさい。

助け合い　分業

二　次の文章を読んで、あとの問いに答えなさい。

《ここまでの内容》
冬二月。田舎町に住む中学二年生の坪田は、卒業後に父親の転勤で東京に行くことが決まっているため、東京の高校を受験しなければならない。他のクラスメートの多くが地元の高校へ進学するなか、彼は孤独感を覚えつつ塾に通うのだが、全く結果が出ない。

バス停で降りたのは僕ひとりで、あたりはすっかり暗くなっていた。

知らずに深いため息が出る。

「よおっ」

後ろで声がした。振り返ると同じクラスの中原だった。ランニングをしていたようだ。

「こんな時間に、どうしたんだよ？」

屈託のない笑顔を浮かべ訊いてくる。

「塾の帰りだよ」

「へぇ、大変だな。ああ、坪田って東京の高校行くんだっけ？」

「うん、まあ。中原は、あれだろ、西森高校だろ？」

「まあ、多分な。ほかに選択の余地ねーし。ここじゃ選べるとこ、(ア)カギられてっからな」

「もったいないよ。お前だったら、もっといいとこ行けるのに」

「いや、十分さ。ここでまた代わり映えのしない生活だよ。その間に坪田はシティボーイか。いいよなー、東京。俺も行きたいよ。十代のこの貴重な三年間をどこで過ごすかって、その後の人生に(イ)イガイに影を落とすような気がするもんな。俺も違う風景を見てみたいよ。こんな果物と野菜の畑ばっかじゃないとこのさ。羨ましいよ」

「じゃあ代わってくれよっ。そんなこと言うならっ」

自分でもイガイなほど大きな声が出た。驚いた顔で中原が見ている。

「あ、ごめん。俺、ちょっと」

目をそらして、横を向く。

「いや、俺こそ、なんかごめん」

①しばらくの沈黙があって、

「東京、行きたくねーの？」

中原が訊いてきた。

「い、行きたくなんかねーよ。みんなとおんなじ、ここにいてここの高校行きてーよ。部活も修学旅行も同じように楽しんで、ここで変わらず暮らしたいよ。もう塾にも行きたくないし、模試も受けたくないし、ハ

た獲物は他の家族とも分け合います。食料の分かち合いは狩猟生活社会に見られる共通の特徴のひとつです。

このような助け合いの精神は現在でもそこら中に見られます。困っている人を見かけたら、たいていの人は助けようとするでしょう。そして、助けられた人はお礼をしようとするでしょう。チンパンジーとは違ってヒトは進んで助け合う生き物です。もちろん個人差はあるでしょうが、どんな冷淡な人でもチンパンジーに比べればよっぽど親切なはずです。

こうした他人を信頼して思いやって助け合うというヒトの稀有な性質が、血縁のない個体間での協力を可能にしたと考えられています。

このような信頼と助け合いの精神は、③ヒトの持つ特殊な心のおかげだと考えられています。もっと具体的にいえば、ヒトの持つ高い共感能力によります。相手がうれしければ自分もうれしくなり、相手が悲しければ自分も悲しくなり、笑いかけられれば、ついこちらも笑ってしまうという能力です。共感とは相手の感情が自分の感情になるということです。

さらに、ヒトは相手の気持ちを想像することができます。相手の気持ちが想像できるようになると、相手を助ければ相手が自分に(ウ)カンシャすることを予想できるようになります。そうなれば相手からの助けも期待することができます。そうすれば私があなたを助け、あなたが私を助けるという助け合いの関係が生まれます。助け合いが続けば相手との信頼関係が生まれます。自分が協力すれば、きっと相手も協力してくれることが信じられるようになるのです。

信頼関係が築かれたことによって、初めて物と物を交換することが可能になります。交換は信頼できる相手としかできません。信頼できない相手は、偽物を渡してくるかもしれませんし、受け取るだけ受け取って逃げてしまうかもしれないからです。

交換ができるようになって初めて分業が可能になります。交換ができるのであれば、生活必需品をすべて自分で作る必要はなくなり、それよりも人が欲しがるような素晴らしい物を作ればよくなります。専門家が(エ)タンジョウし、技術が発達していくことになります。〔　3　〕ヒトは④生物史上例のない巨大で発展した社会を作り上げたのです。

（市橋伯一『協力と裏切りの生命進化史』より）

問1　〰〰線部(ア)～(エ)のカタカナを漢字になおしなさい。

問2　文章中の空らん〔1〕～〔3〕に入ることばとして最も適切なものを次のア～オの中からそれぞれ選び、記号で答えなさい。

ア．つまり　イ．もしくは　ウ．ですから　エ．かくして　オ．ところが

問3　文章中の空らん【A】に入れる漢字一字を答えなさい。

問4　文章中の空らん【B】には「めったにない」という意味の言葉が入ります。ひらがな二字で答えなさい。

問5　——線部①「大きく異なり」とありますが、どのような点が異なるのですか。二十字以内で説明しなさい。

問6　——線部②「ナミビアのサン民族やアラスカ・カナダのイヌイット」が助け合いを貫くために大事にしていた考え方を、文章中の漢字二字で答えなさい。

問7　——線部③「ヒトの持つ特殊な心」とありますが、ヒトの心はどのようなところが特殊なのですか。文章中の言葉を使って四十字以内

【国　語】〈四五分〉〈満点：一〇〇点〉

【注意】一、句読点（。）（、）などの記号や、かぎかっこ（「」）（『』）は字数として数えます。

二、文章中の難しい言葉には、（　）の中に、分かりやすいように説明をつけています。なお、（　）の中は、文章の字数として数えません。

一　次の文章を読んで、あとの問いに答えなさい。

血縁関係がない個体どうしが協力できるのは、どうもヒトに備わる稀有（めずらしいこと）な性質のようです。例えば、チンパンジーはヒトと(ア)イデンシにしてわずか１・２％しか違わず、知能もヒトの(イ)ヨウジよりも高いくらいで、そのふるまいも人間じみています。しかし、人間であれば当たり前にすることをチンパンジーは決してしません。交換と助け合いです。

チンパンジーは食物の交換をしません。たとえ自分が食べきれないほどたくさんの食べ物を持っていて、もっとおいしいものとの交換を持ちかけられたとしても応じません。チンパンジーは、一瞬であっても今持っている食べ物を失うことを嫌うのです。

［　１　］、ヒトはそうではありません。人間の社会は交換にあふれています。ものを買うときは必ず商品とお金を交換します。クレジットカードを使えば、先に商品だけを手に入れて後で支払うこともできます。最近ではネットオークションで、個人どうしがもののやり取りも行います。ほとんどの人はちょろまかすようなことはしませんし、交換することになんの抵抗も感じません。このヒトがなんの【　A　】もなく行っている交換を、チンパンジーはできないのです。

チンパンジーは助け合いもしないことが知られています。ただ、他のチンパンジーを助けることはあります。他のチンパンジーのために檻を開けてあげたり、人間を助けるようなふるまいも観察されています。【　B　】にではありますが、食物を他のチンパンジーに分け与えることもあるようです。

しかし、チンパンジーが他の個体を助けた場合、助けられたほうのふるまいは人間の場合とは①大きく異なります。チンパンジーはたとえ助けてもらってもお返しをしないのです。助けたほうもお返しを期待しないようです。［　２　］、「助ける」という行為はあっても、それは「助け合い」にまで発展しないのです。

これに対して、ヒトは助け合います。ヒトが大昔から行っていた助け合いの習慣は、現在も主に狩猟採集生活を送っている民族を見るとよくわかります。②ナミビアのサン民族やアラスカ・カナダのイヌイットです。

サン民族は、１から20の家族からなる50から１００人程度の集団で狩猟採集生活をして暮らしています。男たちが狩猟で得た肉は一族全体で分かち合います。実際に獲物を仕留めた者でも、獲物を仕留めそこなった者でも取り分は平等です。平等主義の原則を達成するためにサン民族は並々ならぬ努力をしています。

例えばルールとして獲物の所有権は仕留めた者ではなく、矢など狩猟具を作った者に与えられます。狩猟具は共有品です。誰でも矢を作ることはできるので、狩りの上手い下手にかかわらず平等に獲物を手に入れることができるしくみになっています。イヌイットも同様で、漁でとれ

大切なことはメモしておこうネ！

T.G

2020年度

解　答　と　解　説

《2020年度の配点は解答欄に掲載してあります。》

＜算数解答＞

1　(1)　63　(2)　$\frac{5}{12}$　(3)　89　(4)　14

2　(1)　(大人)　7人　(子ども)　4人　(2)　20人　(3)　3分後

(4)　(まちがっている人)　Aさん　(説明)　解説参照

3　(1)　7通り　(2)　125cm^3　(3)　3cm

4　(1)　2.355m^2　(2)　10.205m^2　(3)　18.13m^2

5　(1)　64cm^2　(2)　80　(3)　18.4秒後・33.6秒後

6　(1)　解説参照　(2)　20番目　(3)　80番目

○推定配点○

各5点×20(2(1)・(4)各完答)　計100点

＜算数解説＞

1　(四則計算，概数，割合と比)

(1)　7＋8×7＝7×9＝63

(2)　$\frac{7}{6}-\frac{9}{12}=\frac{5}{12}$

(3)　7×12＋5＝89

(4)　2×14×7＝14×14

基本 2　(鶴亀算，割合と比，速さの三公式と比，旅人算，グラフ，論理)

(1)　大人…(11100－500×11)÷(1300－500)＝5600÷800＝7(人)　子ども…11－7＝4(人)

(2)　野球部の人数…21÷7×4＝12(人)　テニス部の人数…12÷3×5＝20(人)

(3)　Aさんの分速…480÷6＝80(m)　Bさんの分速…480÷4＝120(m)　したがって，2人が出会うのは(480－80)÷(80＋120)＋1＝3(分後)

(4)　Aさん…20才未満の人数は8月が39100×0.46＝17986(人)，9月が35200×0.48＝16896(人)であり，9月は人数が増えていない。

重要 3　(立体図形，平面図形，場合の数)

(1)　切り取る4隅の正方形の1辺は1cmから(15－1)÷2＝7(cm)まで，7通り可能である。

(2)　15÷3＝5(cm)より，1辺が5cmの箱の容積は5×5×5＝125(cm^3)

(3)　箱の容積は，以下の表より，切り取る4隅の正方形の1辺が3cmのときに最大になる。

1cmを切り取る…15－1×2＝13(cm)，13×13×1＝169(cm^3)

2cmを切り取る…15－2×2＝11(cm)，11×11×2＝242(cm^3)

3cmを切り取る…15－3×2＝9(cm)，9×9×3＝243(cm^3)

4cmを切り取る…15－4×2＝7(cm)，7×7×4＝196(cm^3)

図ア

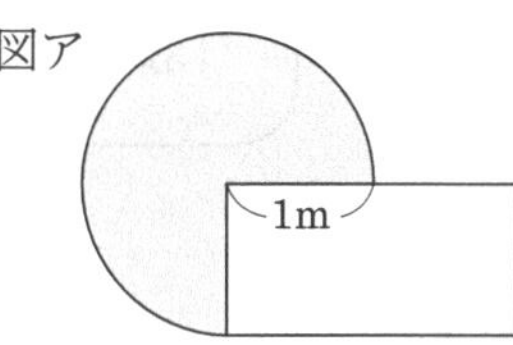

重要 4　(平面図形，図形や点の移動)

(1)　図アより，1×1×3.14÷4×3＝2.355(cm^2)

図イ

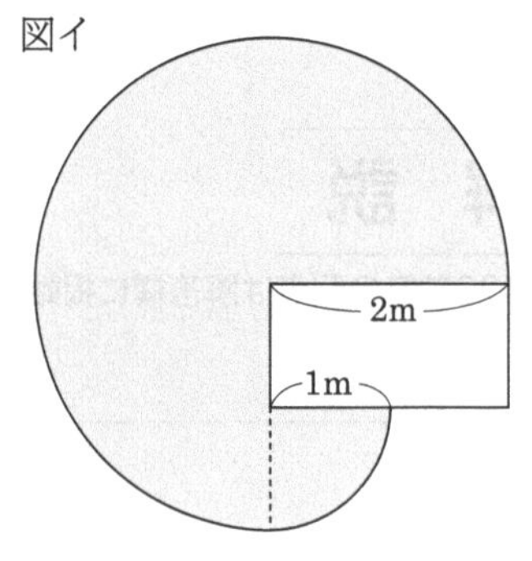

図ウ

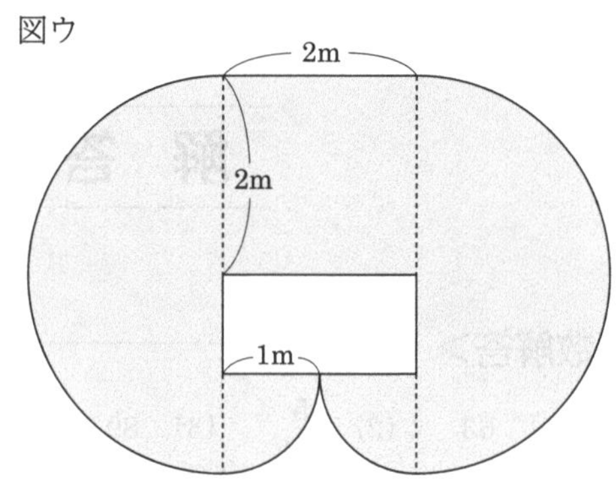

(2)　図イより，$2\times2\times3.14\div4\times3+1\times1\times3.14\div4=10.205$(cm²)

(3)　図ウより，$2\times2+2\times2\times3.14+1\times1\times3.14\div2=4+14.13=18.13$(cm²)

5　**(平面図形，グラフ，速さの三公式と比)**

重要　(1)　グラフより，点Pは16秒で小さい正方形の2辺の長さだけ進んでおり，この正方形の1辺は$1\times16\div2=8$(cm)　したがって，小さい正方形の面積は$8\times8=64$(cm²)

(2)　グラフより，大きい正方形のCDの長さは$1\times(20-16)=4$(cm)であり，(1)より，大きい正方形の1辺は$8+4=12$(cm)　したがって，点Pが辺BC上にあるとき，三角形APFの面積㋐は$8\times(8+12)\div2=8\times20\div2=80$(cm²)

D　E　B　C　P　A　F

三角形APF
の面積(cm²)
㋐
0　16 20　時間(秒)

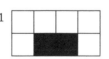

やや難　(3)　(1)・(2)より，三角形APFの面積が$(64+12\times12)\div2=104$(cm²)になるとき，三角形APFの高さは$104\times2\div20=10.4$(cm)

1回目の時刻…$16+(10.4-8)\div1=18.4$(秒後)

2回目の時刻…点Pが頂点Fに着く時刻は$20+12\times2=44$(秒後)であり，求める時刻は$44-10.4\div1=33.6$(秒後)

重要　6　**(数列・規則性，平面図形)**

(1)　3進法により，$12=3\times3\times1+3\times1$であり，図1のようになる。

図1

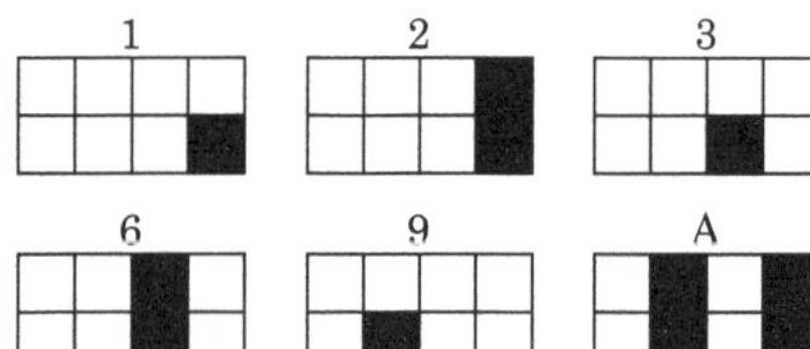

(2)　Aは，$3\times3\times2+2=20$

(3)　$(3\times3\times3+3\times3\times1+3+1)\times2=80$

★ワンポイントアドバイス★

5「平面図形，グラフ，速さの三公式と比」で差がつきやすいが，問題の条件を的確につかんで取り組めば，難しい問題ではない。6「数列・規則性，平面図形」は「3進法」の問題であり，3，$3\times3=9$，$3\times3\times3=27$を利用する。

<理科解答>

[1] (1) A 小腸 B 酸素 C 毛細 D 拍動 (2) あ→い→え→う
(3) 対物レンズでプレパラートを割らないため。 (4) ① 食物連鎖 ② イ・オ

[2] (1) カ (2) ① オリオン座 ② 冬 ③ (方向) A (かたむき) 30度
(3) 移動する速度が速い (4) ウ

[3] (1) 1.2A (2) イ (3) エ (4) イ (5) ア・ウ

[4] (1) ア (2) 新しい空気[酸素]が必要 (3) (実験道具の名前) アルコールランプ
(実験道具の火の消し方) 火にふたをかぶせる (4) ア (5) 酸素 (6) 約0.8g
(7) エ

○推定配点○

[1] (3) 3点 他 各2点×8((2)完答) [2] 各2点×7 [3] 各2点×5((5)完答)
[4] (2) 3点 他 各2点×7 計60点

<理科解説>

重要 [1] **(生物－人体・動物)**

(1) 養分は小腸の柔毛で，酸素は肺の肺胞で体内に吸収される。肺胞で吸収された酸素は，肺を取り巻く毛細血管によって心臓に送られ，全身に酸素がいきわたる。心臓が血液を送るためにする動きを拍動(心拍)という。

(2) 全身から戻ってくる血液は，右心房(あ)→右心室(い)→肺→左心房(え)→左心室(う)の順に心臓をめぐる。

(3) 接眼レンズをのぞきながら，対物レンズにプレパラートを近づけると，対物レンズとプレパラートが接触して，対物レンズに傷をつけてしまう恐れがある。そのため，対物レンズとプレパラートをぎりぎりまで近づけてから遠ざけてピントを合わせる。

(4) ① 生物どうしの食う・食われる関係を食物連鎖という。 ② 池の中の様子では，Dがイカダモ，Cがミジンコ，Bがメダカ，Aがザリガニとなる。陸上での様子では，Dがバッタ，Cがカエル，Bがヘビ，Aがイタチとなる。

[2] **(天体－地球と太陽・月・星と星座)**

重要 (1) 夕方，南西の空に見えるのは三日月である。

重要 (2) ① ベテルギウスとリゲルを含む星座はオリオン座である。 ② オリオン座は冬の星座で

基本 ある。 ③ 星は1時間で15度東から西に動いて見える。よって，2時間前のオリオン座の位置は，東(A)の方に15(度/時)×2(時間)＝30(度)傾いて見える。

基本 (3) 日食が，太陽に向かって右側からかけていくのは，地球上から見て太陽は月よりも移動する速度が速いからである。

やや難 (4) 日食は，地球に月の影がうつって起こる現象である。地球は自転しているので，丸い月の影は地球上を動いて見える。

[3] **(電流－電流のはたらき・電磁石)**

重要 (1) 5Aの－端子とつなぐと，5Aまではかることのできる目盛りになる。

重要 (2) かん電池の向きを逆にすると，電磁石のN極の位置も逆になるので，方位磁針のN極はイの方向を向く。

(3) かん電池を2個直列につなぐと，かん電池1個分の電流が流れるので，かん電池1個のときと

同じ数のクリップをくっつけることができる。

(4) 比べる実験は，比べるもの以外すべて同じ条件にする。電磁石の強さと回路に流れる電流の強さを比べたいのだから，電流の条件だけが違う①と③を比べる。

(5) 大型クレーンを電磁石にすると，鉄だけをくっつけ，他の場所に落とすことができる。モーターを利用した電化製品は，電磁石を利用している。

4 **(物質と変化－燃焼)**

基本 (1) 下にある窓のようなものを開けると，新しい酸素が七輪内に入り込みやすくなるため，木炭はよく燃え，温度が上がる。

基本 (2) 七輪のまどの様なものを閉め，金網の代わりに鉄板をのせると，新しい酸素が入ってこなくなり木炭が燃えなくなる。そのため，物が燃えるためには十分な酸素がなくてはいけないことがわかる。

重要 (3) アルコールランプの火を消すときに，ふたをかぶせるのは，新しい酸素とふれさせないようにするためである。

(4) 花火の残り火をバケツの水をかけて消すのは，ある一定の温度以下の温度にするためである。燃えている木の周りを木を切り倒すのは，燃えるものをなくすためである。火がついたじゅうたんに，布団をかぶせるのは，新しい酸素と触れさせないためである。風のない晴れた日の夜，キャンプファイヤーの火を放置して消すのは，燃えるものをなくすためである。ろうそくのしんをピンセットでつまむのは，燃えるものをなくすためである。よって，最も適切な組み合わせはアである。

重要 (5) 酸素は助燃性の性質を持つ。

重要 (6) グラフから，燃やす前のスチールウールの重さが0.6gだったとき，燃やした後の重さは0.8gだとわかる。

(7) スチールウールは燃焼後重くなったことは，グラフからわかるが，酸素と結びついたかどうかはこの実験結果からではわからない。

★ワンポイントアドバイス★

問題文の条件情報を丁寧に整理しよう。

<社会解答>

1 問1 〔Ⅰ〕 山口県 〔Ⅱ〕の県庁所在地 仙台市 〔Ⅲ〕の県庁所在地 福井市
問2 〔Ⅰ〕 E 〔Ⅱ〕 J 〔Ⅲ〕 C 問3 (例) 原料[石油]の輸入や製品の輸出に便利だから。 問4 イ 問5 短くて急 問6 (1) イ (2) オ
問7 ア・ウ 問8 ウ

2 問1 (1) 少子高齢化 (2) 記号 A[B] 意見 (例) 機械は値段が高い(せまい田畑には使えない)が，農家の人たちは高齢化しているので無人トラクターは便利で必要である。[外国から働きに来る人が増えると日本人の働く場所が減ってしまうが，労働力不足がとても進んでいるので，働きやすい環境を整えて多くの外国人に働きに来てもらう必要がある。] 問2 (1) ② キ ③ エ (2) ア

3 問1 蘇我(氏) 問2 エ 問3 ウ 問4 書院造 問5 ウ→エ→イ→ア
問6 富国強兵 問7 源氏物語 問8 エ 問9 (例) 御家人たちは必死に戦ったのに，幕府から恩賞の土地をもらうことができず，不満をもつようになったから。
問10 (記号) E (人物) 北条時宗

4 問1 1945年8月15日 問2 (例) 治外法権を認めた 問3 小村寿太郎
問4 (1) 立法(権) (2) 三権分立 問5 (1) ユニセフ[国連児童基金]
(2) 中国

○推定配点○

1 問3 4点 問5 2点 他 各1点×11(問7完答)
2 問1 (1) 2点 (2) 8点 問2 各1点×3
3 問2・問3・問8 各1点×3 問9 4点 他 各2点×6(問10完答)
4 問2 3点 問3・問5(1) 各2点×2 他 各1点×4 計60点

<社会解説>

1 (地理・歴史—国土と自然・産業・古代の政治など)

問1 〔Ⅰ〕 古代の周防(すおう)・長門国。中世には大内氏，近世には毛利氏により統治された県。
〔Ⅱ〕 江戸時代に伊達藩62万石の城下町として発展，東北の政治・経済の中心都市。
〔Ⅲ〕 古くは北庄と呼ばれる福井平野中央部に位置する都市。

基本 問2 〔Ⅰ〕 本州最西端の県。関門海峡を隔てて九州と相対する。 〔Ⅱ〕 8世紀には多賀城が築かれ陸奥の国府や鎮守府が置かれるなど朝廷の東北経営の中心となった県。 〔Ⅲ〕 かつての越前・若狭国。木ノ芽峠を挟んで嶺北・嶺南と呼ばれ気候や風土も異なる。

重要 問3 山口県南部の周南市や東部の岩国市周辺には巨大な石油化学コンビナートが建設。この地域は石灰岩が豊富で昔からセメント工業のほか肥料などの化学工業が発達していた。

問4 保元・平治の乱で対立勢力を一掃した平清盛は1167年に太政大臣に就任し武家として初めて政権を掌握。「平氏にあらざれば人にあらず」といわれる平氏全盛時代を築いた。

問5 季節によって水量が大きく変化する日本の川は洪水も起こりやすい。明治期にお雇い外国人として来日したオランダ人技師は，日本の川を「まるで滝のようだ」と表現した。

重要 問6 (1) 1992年，リオデジャネイロで開催された「地球サミット」でのスローガン。 (2) 生物を意味する「バイオ」とまとまった量を意味する「マス」の合成語。二酸化炭素の吸収と排出がプラスマイナスゼロとなるため，カーボンニュートラルの発電といわれる。

問7 最後まで人の手で管理する養殖と異なり，最後は自然の手に任せる漁業。養殖も含めてこうした育てる漁業は急速に進歩し漁獲量も増えている。

問8 それぞれの地域で得られる原料を生かした地域性の強い工業。農家の副業などから発達したものが多く，大量生産には不向きな労働集約的な工業が多い。

2 (地理・政治—世界地理・国民生活など)

問1 (1) 2008年をピークに日本は人口減少社会に突入，高齢者の割合は28%を超え超高齢社会となった。一方，2016年に100万人を割った新生児の数は昨年とうとう90万人を下回り少子化に歯止めはかかっていない。 (2) 深刻な労働力不足に対しては労働力を増やすだけでなく，労働生産性を上げることで労働力に対する需要を減らすといった対応も大切である。

基本 やや難 問2 (1) ② 北米大陸の北半分を占める国で，国土面積はロシアに次ぐ2位。 ③ オーストラリア東方の島国。南北2つの島を中心とする火山国。 (2) バンクーバーもクライストチャーチも暖流と偏西風の影響を受け気温の年較差が小さい西岸海洋性気候。

③ **(日本の歴史—古代～近代の政治・社会・文化など)**

問1　大和政権の財政や外交などを担当，大陸文化を代表する仏教を受け入れ排仏派の物部氏を滅ぼした。天皇と姻戚関係を持ち実権を握ったが入鹿の代に乙巳(いっし)の変で滅ぼされた。

問2　絹その他の特産物を納める税。庸(都での10日間の労役の代わりに布を納める)とともに都まで運搬する義務(運脚)も課せられ大きな負担となった。アは雑徭，イは衛士や防人，ウは租。

問3　能や狂言の影響を受けて発展。1600年ごろ，出雲の阿国が京で始めた「かぶき踊り」が前身といわれる。元禄の頃完成した日本を代表する伝統芸能。

問4　室町時代後期から安土桃山時代にかけて成立した武家の住宅で，今日の日本住宅の源流となる様式。銀閣の初層や東求堂の同仁斎がその代表として知られる。

問5　大塩平八郎の乱(1837年)，日米和親条約(1854年)，薩長同盟(1866年)，大政奉還(1867年)。

問6　欧米諸国の強大な軍事，経済力を目の当たりにした新政府はこれら諸国に対抗できる国家づくりを目指し，官営模範工場の建設や徴兵制による軍事強化に乗り出した。

基本 問7　光源氏の恋愛を中心に貴族社会の様子を描いた54帖からなる長編小説。11世紀初頭に成立，日本国文学の最高峰ともいわれる。

問8　文永の役では約3万人，弘安の役では約14万人もの大軍が襲来。対馬，壱岐といった島々を攻略し博多湾に上陸し壮絶な戦いを繰り広げた。

問9　重い軍事負担に苦しんだ御家人だが戦後の恩賞はなく幕府に対する信頼度は低下。一方貨幣経済の浸透で生活はますます困窮し幕府を支えてきた御家人制は崩壊していった。

重要 問10　A(飛鳥時代—中大兄皇子)→D(平安時代—藤原道長)→E(鎌倉時代—北条時宗)→B(室町時代—足利義政)→C(明治時代—大久保利通)の順。

④ **(日本と世界の歴史・政治—近・現代の政治・外交・政治のしくみ・国際社会など)**

問1　ドイツ降伏後の1945年7月，ベルリン郊外のポツダムで会談した米英ソ3国首脳は日本に対する降伏勧告を発表。当初日本はこれを無視したが原爆の投下やソ連の参戦で受諾を決定。

問2　ノルマントン号では船長以下イギリス船員は全員避難したが日本人乗客25名は全員死亡。領事裁判で船長は無罪とされ不平等条約に対する国民の怒りは全国に沸き上がった。

問3　ポーツマス条約の全権を務めるなど明治を代表する外交官。

重要 問4　(1)　国会は国権の最高機関であって唯一の立法機関(憲法41条)。　(2)　フランスのモンテスキューが法の精神の中で主張。権力の濫用を防ぎ国民の自由や権利を守るための考え。

問5　(1)　第二次世界大戦により深刻な栄養不良になっていた児童を救済するために設立された機関。その活動に対してはノーベル平和賞も贈られている。　(2)　加盟国の支払い能力に応じて分担。アメリカをはじめ滞納する国も多く，国連からは人件費も払えないと悲鳴が上がっている。

★ワンポイントアドバイス★

分野をまたいだ出題は今後も増えることが予想される。学習する際には地理・歴史・政治という分野にとらわれずいろいろな方向から考える習慣をつけよう。

＜国語解答＞

㊀ 問1 (ア) 遺伝子 (イ) 幼児 (ウ) 感謝 (エ) 誕生 問2 1 オ 2 ア 3 エ 問3 苦 問4 まれ 問5 (例) たとえ助けてもらってもお返しをしない点。 問6 平等 問7 (例) 高い共感能力を持っているところと相手の気持ちを想像することができるところ。 問8 もしれないからです。 問9 (例) 助け合いを続けることで信頼関係ができ，物と物を交換できるようになる。それにより分業が可能となり専門家が生まれ，技術が発達し巨大で発展した社会を作ることができた。

㊁ 問1 (ア) 限(られて) (イ) 意外 (ウ) 苦痛 (エ) 視線 問2 ウ 問3 勉強が思うようにいかないから 問4 エ 問5 (例) 東京に行かずに西森高校に行くなら自分の家に下宿し，そこから通えばいいということ。 問6 (例) (中原は,)そんなに親しいわけではない自分に対して，その悩みを真剣にとらえて具体的に行動を起こしてくれた。坪田は，そんな中原を心からすごいと思っている。

○推定配点○

㊀ 問1・問2 各2点×7 問3・問4 各4点×2 問7 8点 問9 12点 他 各5点×3 ㊁ 問1 各2点×4 問5 8点 問6 12点 他 各5点×3 計100点

＜国語解説＞

㊀ **(論説文－要旨・段落構成・細部の読み取り，接続語，空欄補充，漢字の書き取り)**

基本 問1 (ア)は生物の細胞の中にあり，親から子孫など細胞から細胞へ伝えられる因子のこと。(イ)の「幼」を「幻」などとまちがえないこと。(ウ)の「謝」は「言(ごんべん)」であることに注意。(エ)は物事や状態が新しく作り出されること。

問2 1は直前の内容(チンパンジーは食物の交換をしないこと)とは反対の内容(ヒトはそうではないこと)が続いているので，オが入る。2は直前の内容を言い換えた内容が続いているので，アが入る。3は直前の内容を受けて，新しい展開になったことが続いているので，このようにして，という意味のエが入る。

問3 「苦(く)もなく」は，簡単に，苦労せずに，という意味。

問4 「まれ」は，同じ意味で「まれに見る」という表現で用いることもある。

問5 傍線部①はチンパンジーが人間と大きく異なることで，直後で「チンパンジーはたとえ助けてもらってもお返しをしない」と述べているので，この部分を指定字数以内にまとめる。

問6 傍線部②直後の2段落で，「サン民族」は狩猟で得た肉を一族全体で分かち合い，「平等」主義の原則を達成するために並々ならぬ努力をしており，「イヌイット」も同様に，獲物を他の家族と分け合うことを述べている。

重要 問7 傍線部③後で，ヒトは「高い共感能力」を持っていること，「相手の気持ちを想像することができる」ことを述べているので，これらの内容を③の「特殊」であることの具体的な説明としてまとめる。

問8 ぬけている文章の「信頼関係」「交換」については，本文最後の3段落で述べているので，整理すると，相手の気持ちが想像できるようになると，助け合いの関係が生まれ，その関係が続くと信頼関係が生まれる→信頼関係が築かれたことによって，初めて物と物を交換することが可能になり，交換は信頼できる相手としかできない→ぬけている文章＝信頼関係のない相手との交換はできない，という説明→交換ができるようになると，分業が可能になる，という流れになる。

やや難　問9　傍線部④までの流れを，「こうした他人を……」から始まる段落までさかのぼって整理すると，血縁のない個体間での協力を可能にした，信頼と助け合いの精神は，ヒトの持つ高い共感能力によるものである→ヒトは相手の気持ちを想像することもできるので，助け合いの関係が生まれ，助け合いが続けば相手との信頼関係が生まれる→信頼関係が築かれたことによって，初めて物と物との交換が可能になる→交換できるようになって，初めて「分業」が可能になる→「分業」によって専門家が誕生し，技術が発達していく→「巨大で発展した社会」を作り上げた，という流れになる。④の「巨大で発展した社会」を作り上げるためにどのような過程をヒトがたどったかを，指定された言葉を使いながら，④ができた理由を具体的にまとめていく。

二　(小説－心情・情景・細部の読み取り，指示語，漢字の書き取り，記述力)

基本　問1　(ア)の音読みは「ゲン」。熟語は「限度(げんど)」など。(イ)は，考えていたことと大きく違っていること。同音異義語で，それをのぞいたという意味の「以外」と区別する。(ウ)は体や心に感じる痛みや苦しみ。(エ)は目で見ている方向。

問2　傍線部①は，東京の高校に行くことになっている坪田を羨ましがる中田に対し，「じゃあ代わってくれよっ」と大きな声を出してしまい，驚く中田にあわてて謝り，目をそらした後の様子である。冒頭の説明にあるように，坪田は東京の高校を受験しなければならないので塾に通っているが，全く結果が出ないのに，東京に行く坪田を羨ましがる中田に感情的な言葉を言ってしまい，謝ったものの，どう話せばよいかわからず沈黙しているので，ウが適切。東京の高校を受験しなければならないという悩みと，何を話せばよいかわからず沈黙になっていることを説明していない他の選択肢は不適切。

問3　傍線部②後で，②の方へ流れることを「勉強が思うようにいかないから，そっちに流れようとしている」という坪田の心情が描かれている。

重要　問4　傍線部③は，自分の気持ちを中原に話したものの，中原がそのことを全く気にも留めていない様子であることにがっかりし，物足りない気持ちを表しているので，エが適切。「全く気にも留めていない」中原にがっかりしていることを説明していない他の選択肢は不適切。

問5　直前までで中原が話していることを整理する。東京には行きたくなくて，地元の西森高校に行きたいという坪田の気持ちを確かめた中原は，それならば自分の家に下宿して，自分の家から西森高校に通えばいいということを坪田に提案している。この提案が，傍線部④の「そんなこと」の具体的な内容なので，中原の提案を指定字数以内にまとめる。

やや難　問6　坪田と中原は「そんなに親しいわけじゃない」のに，中原は悩んでいる坪田の気持ちを真剣にとらえて，自分の家に下宿して西森高校に通えばいい，と具体的に考えて行動を起こしてくれている。そんな中原を坪田は心からすごいと思っていることを，傍線部⑤のように描いているので，中原への心情を具体的に説明していく。

★ワンポイントアドバイス★

小説では，登場人物それぞれの心情の変化を場面ごとにつかんでいくことが重要だ。

解答用紙集

○月×日　△曜日　天気（合格日和）

◆ご利用のみなさまへ
＊解答用紙の公表を行っていない学校につきましては、弊社の責任において、解答用紙を制作いたしました。
＊編集上の理由により一部縮小掲載した解答用紙がございます。
＊編集上の理由により一部実物と異なる形式の解答用紙がございます。

人間の最も偉大な力とは、その一番の弱点を克服したところから生まれてくるものである。 ――カール・ヒルティ――

東京学参株式会社

創価中学校　2024年度

◇算数◇

※ 143％に拡大していただくと，解答欄は実物大になります。

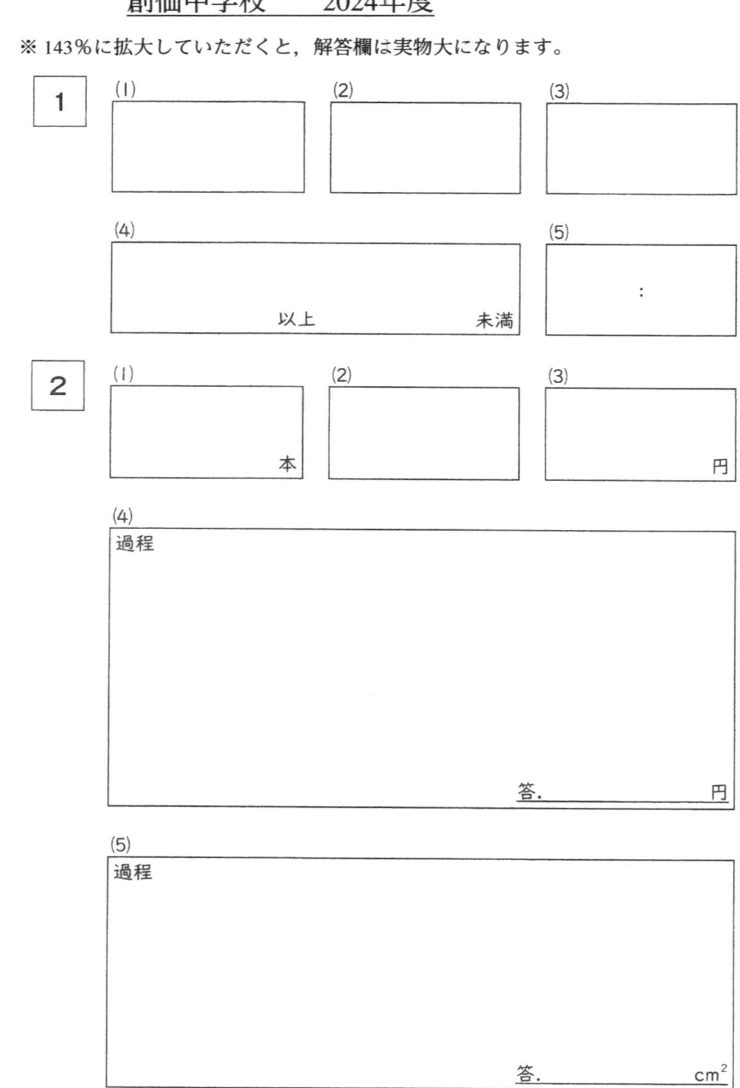

1
(1)
(2)
(3)
(4) 以上 未満
(5) :

2
(1) 本
(2)
(3) 円
(4) 過程
答. 円
(5) 過程
答. cm^2

3
(1) 通り
(2) 通り
(3) 通り

4
(1) cm^3
(2) cm^3
(3) cm^2

5
(1) 分後
(2) :
(3) 分 秒
(4) m

創価中学校　2024年度

◇理科◇

※ 145％に拡大していただくと，解答欄は実物大になります。

1

(1)

(2)

(3)

(4)

2

(1)

(2)①

(2)②

(3)①　：

(3)②　g

3

(1)

(2)①

(2)②　g

(3)

(4)

食塩	ミョウバン

創価中学校　2024年度

◇社会◇

※ 147%に拡大していただくと，解答欄は実物大になります。

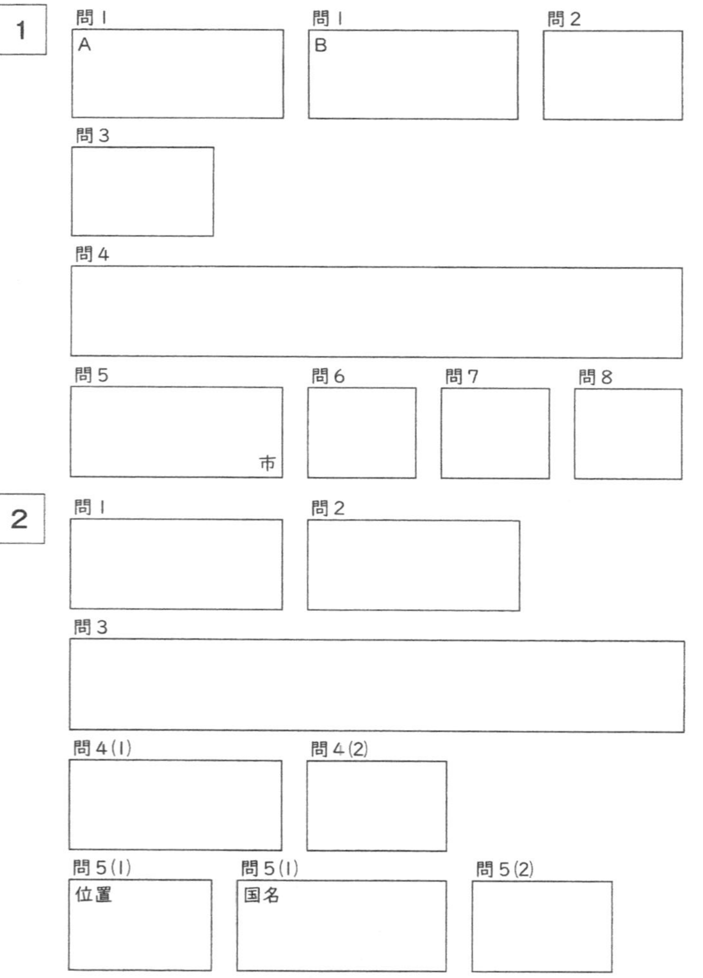

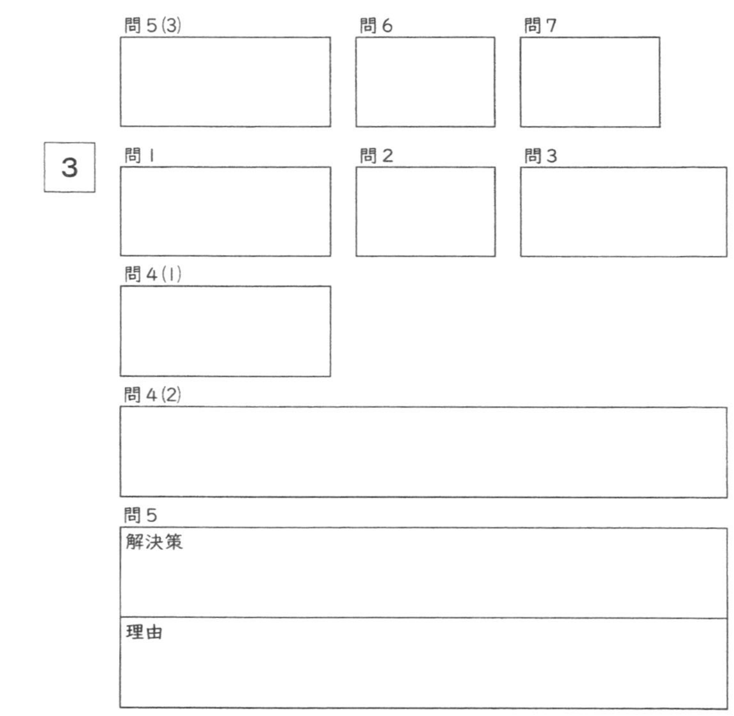

創価中学校　２０２４年度

※122%に拡大していただくと、解答欄は実物大になります。

一

問1　(ア)　(イ)　(ウ)　(エ)　(オ)

問2　A　B　C

問3

問4

問5　Ⅰ　Ⅱ

問6

問7

二

問1　(ア)　(イ)　(ウ)　(エ)

問2　Ⅰ　Ⅱ　Ⅲ

問3

問4　5　10

問5

問6　1　2　3

問7

問8　20　40　60　80　100

創価中学校　2024年度

◇英語◇

※ 130%に拡大していただくと，解答欄は実物大になります。

1

Part 1 (1)　Part 1 (2)　Part 1 (3)　Part 1 (4)　Part 2 (1)　Part 2 (2)

Part 3 (1)

Part 3 (2)

2

1 (1)　1 (2)

2

3

1 (1)　1 (2)

2 (1)

2 (2)

4

1　2　3　4

5

6　7

5

創価中学校　2023年度

◇算数◇

※ 152%に拡大していただくと，解答欄は実物大になります。

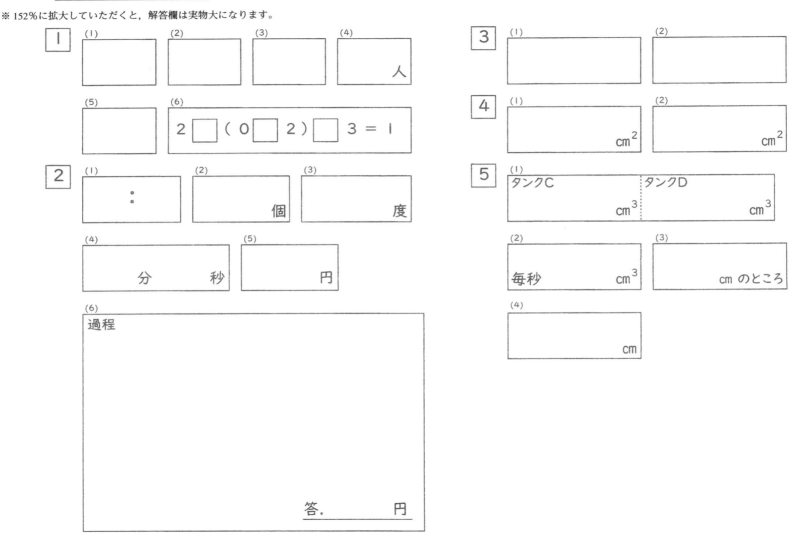

1

(1)

(2)

(3)

(4) 人

(5)

(6) 2 □ (0 □ 2) □ 3 = 1

2

(1) ：

(2) 個

(3) 度

(4) 分 秒

(5) 円

(6) 過程

答. 円

3

(1)

(2)

4

(1) cm^2

(2) cm^2

5

(1) タンクC cm^3 タンクD cm^3

(2) 毎秒 cm^3

(3) cm のところ

(4) cm

創価中学校　2023年度

◇理科◇

※ 130%に拡大していただくと，解答欄は実物大になります。

1

（1）水温

℃以上

（1）明るい時間の長さ

時間以上

（2）

5

10

15

（3）A

（3）B

（3）C

（4）

2

（1）

がわ

（2）

（3）2つ選ぶ

（4）予想した気体

（4）実験操作

3

（1）

豆電球

かん電池

スイッチ

（2）

（3）

と

（4）a

（4）c

（5）

（6）

（7）

創価中学校　2023年度

◇社会◇

※ 114%に拡大していただくと，解答欄は実物大になります。

1

問1 A	問1 B	問2	問3
問4			
問5	問6	問7	
問8　市	問9①	問9②	

2

問1	問2	問3	問4	
問5　記号	問5　都道府県名	問6		問7

3

問1(1)	問1(2)	問2	問3
問4			
問5(1)			
問5(2)　選んだゴールに丸を付ける 1・4・8	選んだ理由		

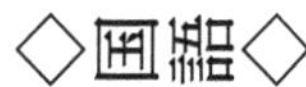

創価中学校　２０２３年度

※154%に拡大していただくと、解答欄は実物大になります。

一

問1 (ア) (イ) (ウ) (エ)

問2 A B C

問3 ① 1つ目 2つ目

問4

問5

問6 (1) (2)

問7 上の空らんにAかBを記入してください。

二

問1 (ア) (イ) (ウ) (エ) (オ)

問2 I II III

問3 a b c d

問4 ①

問5

問6 ②

問7

創価中学校　2023年度

◇英語◇

※ 145%に拡大していただくと，解答欄は実物大になります。

1

Part 1

(1) (2) (3) (4)

Part 2

(1) (2)

Part 3

(1)

(2)

2

1

(1) (2)

2

3

1 (1)

1 (2)

2 (1)

2 (2)

4

1

(1) (2) (3) (4)

2

3

4

5

創価中学校　2022年度

◇算数◇

※ 161％に拡大していただくと，解答欄は実物大になります。

1

(1)

(2)

(3)

(4)

(5) 点

(6) 5 □ (12 □ 3 □ 7) = 55

2

(1) 本

(2) kg

(3) 分 秒

(4) 通り

(5) 人

(6) 説明

3

(1) 個

(2) 番目

(3)

4

(1) 毎秒 cm

(2) cm^2

(3)

5

(1) cm^3

(2) 説明

(3) およそ cm

創価中学校　2022年度

◇理科◇

※ 133％に拡大していただくと，解答欄は実物大になります。

1

(1)

(2)

(3)

2

(1)

(2)

3

(1)

(2)

(3)

(4) しるし

(4) 説明

【実験２】の方が、

(5)

4

(1)

くち
口→　　→こう門

(2)

(3)

(4) ①

(4) ②

創価中学校　2022年度

◇社会◇

※ 118%に拡大していただくと，解答欄は実物大になります。

1

問1	問2	問3【国名】	【位置】
問4	問5	問6	
問7(1)	(2)		
(3)			

2

問1	問2	問3	問4
問5			
問6	問7		
問8	問9	問10	

3

問1	問2
問3【問題点】	
【解決策とその理由】	

◇国語◇

創価中学校　２０２２年度

※145％に拡大していただくと，解答欄は実物大になります。

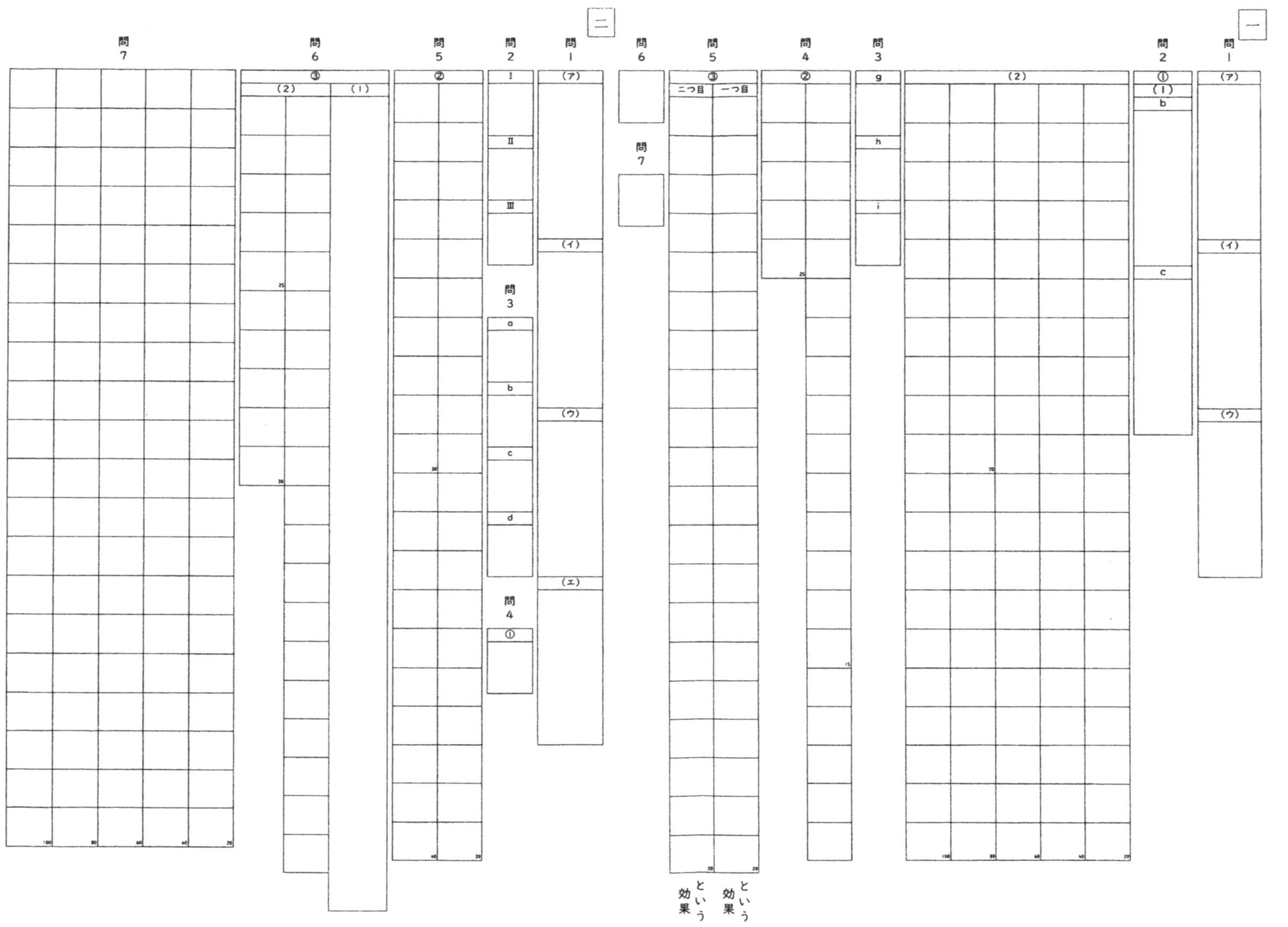

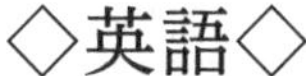

※ 145％に拡大していただくと，解答欄は実物大になります。

1

Part 1

(1)	(2)	(3)	(4)

Part 2

(1)	(2)

Part 3

(1)

(2)

2

1 (1)	1 (2)	2 (1)	2 (2)

3

rainbow =

3

1

→ → →

2 (1)

2 (2)

4

1

2 (1)

2 (2)

5

創価中学校　2021年度

◇算数◇

※ 160％に拡大していただくと，解答欄は実物大になります。

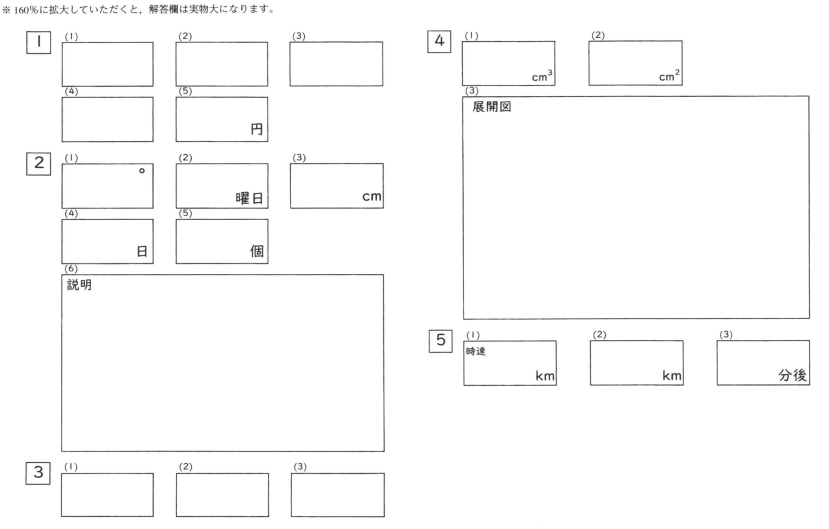

1
(1)
(2)
(3)
(4)
(5) 円

2
(1) °
(2) 曜日
(3) cm
(4) 日
(5) 個
(6) 説明

3
(1)
(2)
(3)

4
(1) cm^3
(2) cm^2
(3) 展開図

5
(1) 時速 km
(2) km
(3) 分後

創価中学校　2021年度

◇理科◇

※ 138%に拡大していただくと，解答欄は実物大になります。

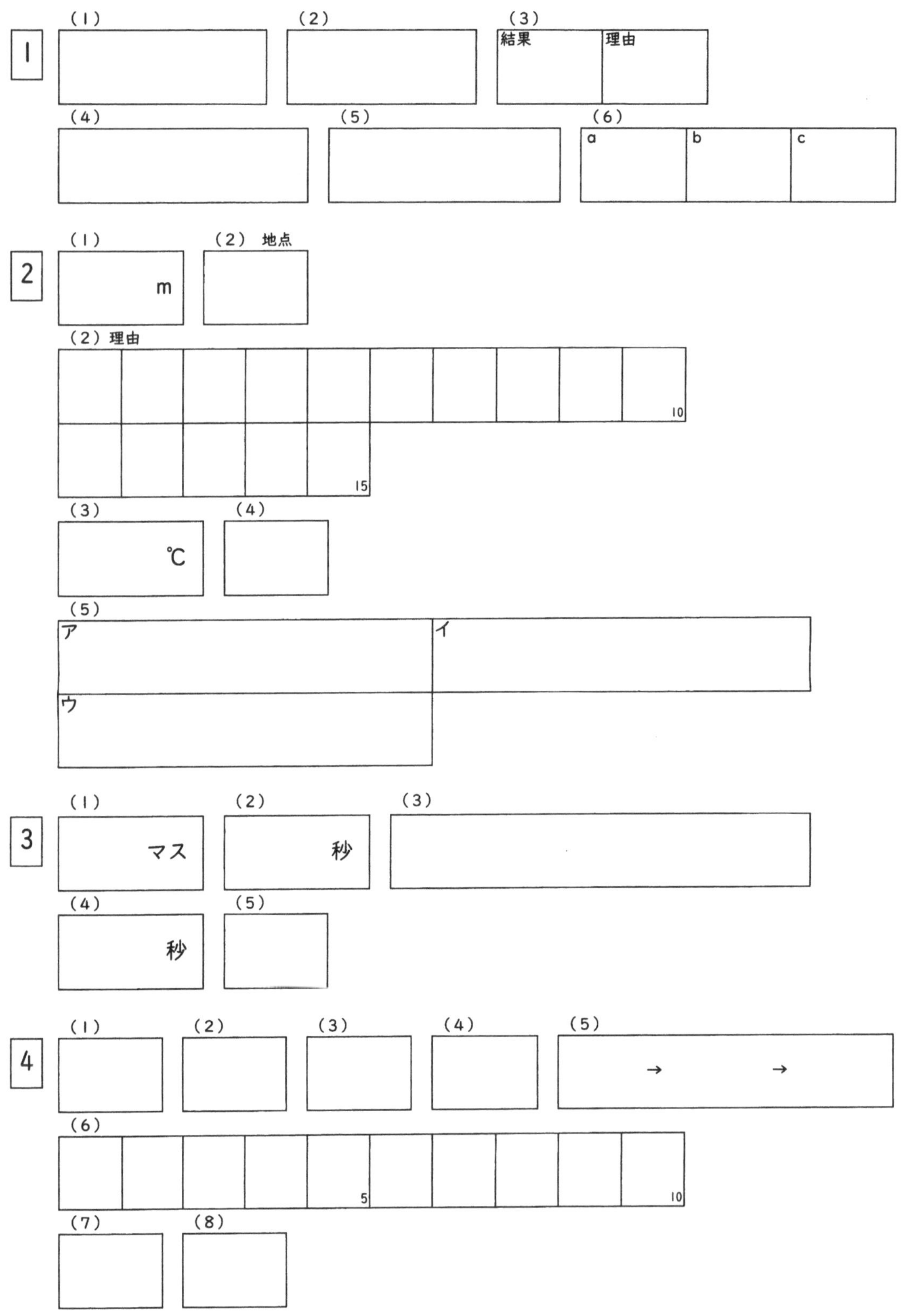

創価中学校　2021年度

◇社会◇

※ 134%に拡大していただくと，解答欄は実物大になります。

1

問1	問2①	②
③	④	問3 Yさん【位置】
Zさん【国名】	問4(1)	(2)

2

問1(ア)	(イ)	(ウ)	問2	問3
問4【記号】	【なぜそれを選んだのか】			
問5　の人々	問6 カードⅠ【都道府県名】	カードⅡ【位置】		
カードⅢ　市	問7			

3

問1	問2	
問3		
問4	問5	問6
問7		
問8	問9	

4

問1	問2	問3	
問4(1)			
(2)	(3)	問5①	②

◇国語◇

創価中学校　２０２１年度

※140％に拡大していただくと、解答欄は実物大になります。

一

問1 (ア) (イ) (ウ) (エ)

問2

問3

問4 B C

問5 大部分

問6 ア イ ウ

問7

問8

問9 D E

二

問1 (ア) (イ) (ウ) (エ)

問2

問3

問4

問5 法

問6

問7

創価中学校　2020年度

◇算数◇

※ 151%に拡大していただくと，解答欄は実物大になります。

1

(1)

(2)

(3)

(4)

2

(1) 大人　人　子ども　人

(2) 人

(3) 分後

(4) まちがっている人

説明

3

(1) 通り

(2) cm^3

(3) cm

4

(1) m^2

(2) m^2

(3) m^2

5

(1) cm^2

(2)

(3)

6

(1)

(2) 番目

(3) 番目

創価中学校　2020年度　◇理科◇

※ 132%に拡大していただくと，解答欄は実物大になります。

1

(1) A　B　C　D

(2) →　→　→

(3)

(4)①　(4)②

2

(1)　(2) ①　座　(2) ②　(2) ③ 方向　かたむき　度

(3)　(4)

3

(1) A　(2)　(3)　(4)　(5)

4

(1)　(2)

(3) 実験道具の名前

(3) 実験道具の火の消し方

(4)　(5)　(6) 約　g　(7)

創価中学校　2020年度

◇社会◇

※ 140%に拡大していただくと，解答欄は実物大になります。

1

問1〔I〕　県	〔II〕の県庁所在地　市	〔III〕の県庁所在地　市

問2〔I〕	〔II〕	〔III〕	

問3

問4	問5	問6（1）	（2）

問7	問8

2

問1（1）

（2）記号	意見

問2（1）②	③	（2）

3

問1	問2	問3	問4

問5　→　→　→	問6

問7	問8

問9

問10　記号	人物

4

問1　年　月　日

問2									

問3	問4（1）	（2）

問5（1）	（2）

◇国語◇

創価中学校　２０２０年度

※135%に拡大していただくと、解答欄は実物大になります。

一

問1 (ア) (イ) (ウ) (エ)

問2 1 2 3

問3 A

問4 B

問5 ①

問6 ②

問7 ③

問8

問9 ④

二

問1 (ア) られて (イ) (ウ) (エ)

問2 ①

問3 ②

問4 ③

問5 ④

問6 ⑤ 中原は、

MEMO

大切なことはメモしておこうネ！

T.G

東京学参の

中学校別入試過去問題シリーズ

＊出版校は一部変更することがあります。一覧にない学校はお問い合わせください。

東京ラインナップ

あ　青山学院中等部(L04)
麻布中学(K01)
桜蔭中学(K02)
お茶の水女子大附属中学(K07)
か　海城中学(K09)
開成中学(M01)
学習院中等科(M03)
慶應義塾中等部(K04)
啓明学園中学(N29)
晃華学園中学(N13)
攻玉社中学(L11)
国学院大久我山中学
（一般・CC）(N22)
（ＳＴ）(N23)
駒場東邦中学(L01)
さ　芝中学(K16)
芝浦工業大附属中学(M06)
城北中学(M05)
女子学院中学(K03)
巣鴨中学(M02)
成蹊中学(N06)
成城中学(K28)
成城学園中学(L05)
青稜中学(K23)
創価中学(N14)★
た　玉川学園中学部(N17)
中央大附属中学(N08)
筑波大附属中学(K06)
筑波大附属駒場中学(L02)
帝京大中学(N16)
東海大菅生高中等部(N27)
東京学芸大附属竹早中学(K08)
東京都市大付属中学(L13)
桐朋中学(N03)
東洋英和女学院中学部(K15)
豊島岡女子学園中学(M12)
な　日本大第一中学(M14)
日本大第三中学(N19)
日本大第二中学(N10)
は　雙葉中学(K05)
法政大学中学(N11)
本郷中学(M08)
ま　武蔵中学(N01)
明治大付属中野中学(N05)
明治大付属八王子中学(N07)
明治大付属明治中学(K13)
ら　立教池袋中学(M04)
わ　和光中学(N21)
早稲田中学(K10)
早稲田実業学校中等部(K11)
早稲田大高等学院中学部(N12)

神奈川ラインナップ

あ　浅野中学(O04)
栄光学園中学(O06)
か　神奈川大附属中学(O08)
鎌倉女学院中学(O27)
関東学院六浦中学(O31)
慶應義塾湘南藤沢中等部(O07)
慶應義塾普通部(O01)
さ　相模女子大中学部(O32)
サレジオ学院中学(O17)
逗子開成中学(O22)
聖光学院中学(O11)
清泉女学院中学(O20)
洗足学園中学(O18)
捜真女学校中学部(O29)
た　桐蔭学園中等教育学校(O02)
東海大付属相模高中等部(O24)
桐光学園中学(O16)
な　日本大中学(O09)
は　フェリス女学院中学(O03)
法政大第二中学(O19)
や　山手学院中学(O15)
横浜隼人中学(O26)

千・埼・茨・他ラインナップ

あ　市川中学(P01)
浦和明の星女子中学(Q06)
か　海陽中等教育学校
（入試Ⅰ・Ⅱ）（T01）
（特別給費生選抜）（T02）
久留米大附設中学(Y04)
さ　栄東中学(東大・難関大)（Q09）
栄東中学(東大特待)（Q10）
狭山ヶ丘高校付属中学(Q01)
芝浦工業大柏中学(P14)
渋谷教育学園幕張中学(P09)
城北埼玉中学(Q07)
昭和学院秀英中学(P05)
清真学園中学(S01)
西南学院中学(Y02)
西武学園文理中学(Q03)
西武台新座中学(Q02)
専修大松戸中学(P13)
た　筑紫女学園中学(Y03)
千葉日本大第一中学(P07)
千葉明徳中学(P12)
東海大付属浦安高中等部(P06)
東邦大付属東邦中学(P08)
東洋大附属牛久中学(S02)
獨協埼玉中学(Q08)
な　長崎日本大中学(Y01)
成田高校付属中学(P15)
は　函館ラ・サール中学(X01)
日出学園中学(P03)
福岡大附属大濠中学(Y05)
北嶺中学(X03)
細田学園中学(Q04)
や　八千代松陰中学(P10)
ら　ラ・サール中学(Y07)
立命館慶祥中学(X02)
立教新座中学(Q05)
わ　早稲田佐賀中学(Y06)

公立中高一貫校ラインナップ

北海道　市立札幌開成中等教育学校(J22)
宮　城　宮城県仙台二華・古川黎明中学校(J17)
市立仙台青陵中等教育学校(J33)
山　形　県立東桜学館・致道館中学校(J27)
茨　城　茨城県立中学・中等教育学校(J09)
栃　木　県立宇都宮東・佐野・矢板東高校附属中学校(J11)
群　馬　県立中央・市立四ツ葉学園中等教育学校・
市立太田中学校(J10)
埼　玉　市立浦和中学校(J06)
県立伊奈学園中学校(J31)
さいたま市立大宮国際中等教育学校(J32)
川口市立高等学校附属中学校(J35)
千　葉　県立千葉・東葛飾中学校(J07)
市立稲毛国際中等教育学校(J25)
東　京　区立九段中等教育学校(J21)
都立大泉高等学校附属中学校(J28)
都立両国高等学校附属中学校(J01)
都立白鷗高等学校附属中学校(J02)
都立富士高等学校附属中学校(J03)
都立三鷹中等教育学校(J29)
都立南多摩中等教育学校(J30)
都立武蔵高等学校附属中学校(J04)
都立立川国際中等教育学校(J05)
都立小石川中等教育学校(J23)
都立桜修館中等教育学校(J24)
神奈川　川崎市立川崎高等学校附属中学校(J26)
県立平塚・相模原中等教育学校(J08)
横浜市立南高等学校附属中学校(J20)
横浜サイエンスフロンティア高校附属中学校(J34)
広　島　県立広島中学校(J16)
県立三次中学校(J37)
徳　島　県立城ノ内中等教育学校・富岡東・川島中学校(J18)
愛　媛　県立今治東・松山西中等教育学校(J19)
福　岡　福岡県立中学校・中等教育学校(J12)
佐　賀　県立香楠・致遠館・唐津東・武雄青陵中学校(J13)
宮　崎　県立五ヶ瀬中等教育学校・宮崎西・都城泉ヶ丘高校附属中学校(J15)
長　崎　県立長崎東・佐世保北・諫早高校附属中学校(J14)

公立中高一貫校「適性検査対策」問題集シリーズ

総合編

作文問題編

資料問題編

数と図形編

生活と科学編

実力確認テスト編

私立中・高スクールガイド

THE(ザ) 私立

私立中学＆高校の学校生活がわかる！

東京学参の
高校別入試過去問題シリーズ

＊出版校は一部変更することがあります。一覧にない学校はお問い合わせください。

東京ラインナップ

あ　愛国高校(A59)
　　青山学院高等部(A16)★
　　桜美林高校(A37)
　　お茶の水女子大附属高校(A04)
か　開成高校(A05)★
　　共立女子第二高校(A40)★
　　慶應義塾女子高校(A13)
　　啓明学園高校(A68)★
　　国学院高校(A30)
　　国学院大久我山高校(A31)
　　国際基督教大高校(A06)
　　小平錦城高校(A61)★
　　駒澤大高校(A32)
さ　芝浦工業大附属高校(A35)
　　修徳高校(A52)
　　城北高校(A21)
　　専修大附属高校(A28)
　　創価高校(A66)★
た　拓殖大第一高校(A53)
　　立川女子高校(A41)
　　玉川学園高等部(A56)
　　中央大高校(A19)
　　中央大杉並高校(A18)★
　　中央大附属高校(A17)
　　筑波大附属高校(A01)
　　筑波大附属駒場高校(A02)
　　帝京大高校(A60)
　　東海大菅生高校(A42)
　　東京学芸大附属高校(A03)
　　東京農業大第一高校(A39)
　　桐朋高校(A15)
　　都立青山高校(A73)★
　　都立国立高校(A76)★
　　都立国際高校(A80)★
　　都立国分寺高校(A78)★
　　都立新宿高校(A77)★
　　都立墨田川高校(A81)★
　　都立立川高校(A75)★
　　都立戸山高校(A72)★
　　都立西高校(A71)★
　　都立八王子東高校(A74)★
　　都立日比谷高校(A70)★
な　日本大櫻丘高校(A25)
　　日本大第一高校(A50)
　　日本大第三高校(A48)
　　日本大第二高校(A27)
　　日本大鶴ヶ丘高校(A26)
　　日本大豊山高校(A23)
は　八王子学園八王子高校(A64)
　　法政大高校(A29)
ま　明治学院高校(A38)
　　明治学院東村山高校(A49)
　　明治大付属中野高校(A33)
　　明治大付属八王子高校(A67)
　　明治大付属明治高校(A34)★
　　明法高校(A63)
わ　早稲田実業学校高等部(A09)
　　早稲田大高等学院(A07)

神奈川ラインナップ

あ　麻布大附属高校(B04)
　　アレセイア湘南高校(B24)
か　慶應義塾高校(A11)
　　神奈川県公立高校特色検査(B00)
さ　相洋高校(B18)
た　立花学園高校(B23)
　　桐蔭学園高校(B01)
　　東海大付属相模高校(B03)★
　　桐光学園高校(B11)
な　日本大高校(B06)
　　日本大藤沢高校(B07)
は　平塚学園高校(B22)
　　藤沢翔陵高校(B08)
　　法政大国際高校(B17)
　　法政大第二高校(B02)★
や　山手学院高校(B09)
　　横須賀学院高校(B20)
　　横浜商科大高校(B05)
　　横浜市立横浜サイエンスフロンティア高校(B70)
　　横浜翠陵高校(B14)
　　横浜清風高校(B10)
　　横浜創英高校(B21)
　　横浜隼人高校(B16)
　　横浜富士見丘学園高校(B25)

千葉ラインナップ

あ　愛国学園大附属四街道高校(C26)
　　我孫子二階堂高校(C17)
　　市川高校(C01)★
か　敬愛学園高校(C15)
さ　芝浦工業大柏高校(C09)
　　渋谷教育学園幕張高校(C16)★
　　翔凜高校(C34)
　　昭和学院秀英高校(C23)
　　専修大松戸高校(C02)
た　千葉英和高校(C18)
　　千葉敬愛高校(C05)
　　千葉経済大附属高校(C27)
　　千葉日本大第一高校(C06)★
　　千葉明徳高校(C20)
　　千葉黎明高校(C24)
　　東海大付属浦安高校(C03)
　　東京学館高校(C14)
　　東京学館浦安高校(C31)
な　日本体育大柏高校(C30)
　　日本大習志野高校(C07)
は　日出学園高校(C08)
や　八千代松陰高校(C12)
ら　流通経済大付属柏高校(C19)★

埼玉ラインナップ

あ　浦和学院高校(D21)
　　大妻嵐山高校(D04)★
か　開智高校(D08)
　　開智未来高校(D13)★
　　春日部共栄高校(D07)
　　川越東高校(D12)
　　慶應義塾志木高校(A12)
さ　埼玉栄高校(D09)
　　栄東高校(D14)
　　狭山ヶ丘高校(D24)
　　昌平高校(D23)
　　西武学園文理高校(D10)
　　西武台高校(D06)
た　東京農業大第三高校(D18)
は　武南高校(D05)
　　本庄東高校(D20)
や　山村国際高校(D19)
ら　立教新座高校(A14)
わ　早稲田大本庄高等学院(A10)

北関東・甲信越ラインナップ

あ　愛国学園大附属龍ヶ崎高校(E07)
　　宇都宮短大附属高校(E24)
か　鹿島学園高校(E08)
　　霞ヶ浦高校(E03)
　　共愛学園高校(E31)
　　甲陵高校(E43)
　　国立高等専門学校(A00)
さ　作新学院高校
　　　（トップ英進・英進部）(E21)
　　　（情報科学・総合進学部）(E22)
　　常総学院高校(E04)
た　中越高校(R03)＊
　　土浦日本大高校(E01)
　　東洋大附属牛久高校(E02)
な　新潟青陵高校(R02)
　　新潟明訓高校(R04)
　　日本文理高校(R01)
は　白鷗大足利高校(E25)
ま　前橋育英高校(E32)
や　山梨学院高校(E41)

中京圏ラインナップ

あ　愛知高校(F02)
　　愛知啓成高校(F09)
　　愛知工業大名電高校(F06)
　　愛知みずほ大瑞穂高校(F25)
　　暁高校（3年制）(F50)
　　鶯谷高校(F60)
　　栄徳高校(F29)
　　桜花学園高校(F14)
　　岡崎城西高校(F34)
か　岐阜聖徳学園高校(F62)
　　岐阜東高校(F61)
　　享栄高校(F18)
さ　桜丘高校(F36)
　　至学館高校(F19)
　　椙山女学園高校(F10)
　　鈴鹿高校(F53)
　　星城高校(F27)★
　　誠信高校(F33)
　　清林館高校(F16)★
た　大成高校(F28)
　　大同大大同高校(F30)
　　高田高校(F51)
　　滝高校(F03)★
　　中京高校(F63)
　　中京大附属中京高校(F11)★
　　中部大春日丘高校(F26)★
　　中部大第一高校(F32)
　　津田学園高校(F54)
　　東海高校(F04)★
　　東海学園高校(F20)
　　東邦高校(F12)
　　同朋高校(F22)
　　豊田大谷高校(F35)
な　名古屋高校(F13)
　　名古屋大谷高校(F23)
　　名古屋経済大市邨高校(F08)
　　名古屋経済大高蔵高校(F05)
　　名古屋女子大高校(F24)
　　名古屋たちばな高校(F21)
　　日本福祉大付属高校(F17)
　　人間環境大附属岡崎高校(F37)
は　光ヶ丘女子高校(F38)
　　誉高校(F31)
ま　三重高校(F52)
　　名城大附属高校(F15)

宮城ラインナップ

さ　尚絅学院高校(G02)
　　聖ウルスラ学院英智高校(G01)★
　　聖和学園高校(G05)
　　仙台育英学園高校(G04)
　　仙台城南高校(G06)
　　仙台白百合学園高校(G12)
た　東北学院高校(G03)★
　　東北学院榴ヶ岡高校(G08)
　　東北高校(G11)
　　東北生活文化大高校(G10)
　　常盤木学園高校(G07)
は　古川学園高校(G13)
ま　宮城学院高校(G09)★

北海道ラインナップ

さ　札幌光星高校(H06)
　　札幌静修高校(H09)
　　札幌第一高校(H01)
　　札幌北斗高校(H04)
　　札幌龍谷学園高校(H08)
は　北海高校(H03)
　　北海学園札幌高校(H07)
　　北海道科学大高校(H05)
ら　立命館慶祥高校(H02)

★はリスニング音声データのダウンロード付き。

都道府県別 公立高校入試過去問 シリーズ

- 全国47都道府県別に出版
- 最近数年間の検査問題収録
- リスニングテスト音声対応

公立高校入試対策 問題集シリーズ

- 目標得点別・公立入試の数学（基礎編）
- 実戦問題演習・公立入試の数学（実力錬成編）
- 実戦問題演習・公立入試の英語（基礎編・実力錬成編）
- 形式別演習・公立入試の国語
- 実戦問題演習・公立入試の理科
- 実戦問題演習・公立入試の社会

高校入試特訓問題集 シリーズ

- 英語長文難関攻略33選（改訂版）
- 英語長文テーマ別難関攻略30選
- 英文法難関攻略20選
- 英語難関徹底攻略33選
- 古文完全攻略63選（改訂版）
- 国語融合問題完全攻略30選
- 国語長文難関徹底攻略30選
- 国語知識問題完全攻略13選
- 数学の図形と関数・グラフの融合問題完全攻略272選
- 数学難関徹底攻略700選
- 数学の難問80選
- 数学　思考力―規則性とデータの分析と活用―

2404A

〈ダウンロードコンテンツについて〉

本問題集のダウンロードコンテンツ、弊社ホームページで配信しております。現在ご利用いただけるのは「2025年度受験用」に対応したもので、**2025年3月末日**までダウンロード可能です。弊社ホームページにアクセスの上、ご利用ください。
※配信期間が終了いたしますと、ご利用いただけませんのでご了承ください。

中学別入試過去問題シリーズ
創価中学校　2025年度
ISBN978-4-8141-3180-8

[発行所] 東京学参株式会社
〒153-0043　東京都目黒区東山2-6-4

書籍の内容についてのお問い合わせは右のQRコードから ⇒

※書籍の内容についてのお電話でのお問い合わせ、本書の内容を超えたご質問には対応できませんのでご了承ください。

2024年4月17日　初版